U0743288

中国工程院院士

是国家设立的工程科学技术方面的最高学术称号，为终身荣誉。

中国工程院院士传记

张寿荣自传

钢铁人生

张寿荣　口述
钟　钢　采写

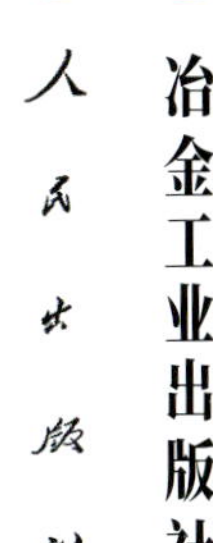

冶金工业出版社
人民出版社

图书在版编目(CIP)数据

张寿荣自传：钢铁人生／张寿荣，钟钢著．—北京：冶金工业出版社，2021.12

（中国工程院院士传记）

ISBN 978-7-5024-8946-5

Ⅰ.①张…　Ⅱ.①张…　②钟…　Ⅲ.①张寿荣—传记　Ⅳ.①K826.16

中国版本图书馆 CIP 数据核字（2021）第 209281 号

张寿荣自传　钢铁人生

出版发行　冶金工业出版社　　**电　　话**　(010)64027926

地　　址　北京市东城区嵩祝院北巷 39 号　　**邮　　编**　100009

网　　址　www.mip1953.com　　**电子信箱**　service@mip1953.com

责任编辑　曾　媛　美术编辑　彭子赫　版式设计　郑小利

责任校对　郑　娟　责任印制　李玉山

三河市双峰印刷装订有限公司印刷

2021 年 12 月第 1 版，2021 年 12 月第 1 次印刷

710mm×1000mm　1/16；19.25 印张；6 彩页；258 千字；294 页

定价 110.00 元

投稿电话　(010)64027932　投稿信箱　tougao@cnmip.com.cn

营销中心电话　(010)64044283

冶金工业出版社天猫旗舰店　yjgycbs.tmall.com

（本书如有印装质量问题，本社营销中心负责退换）

张寿荣院士在鞍钢

张寿荣院士工作照

张寿荣院士讲质量管理

张寿荣院士参加“双七百”技术改造研究会

张寿荣院士和生产现场人员交流

张寿荣院士与时任武钢领导人黄墨滨、刘淇研究工作

张寿荣院士参加第一届中国国际炼铁讨论会

张寿荣院士 1988 年在澳大利亚参加学术会议

张寿荣院士与国际继续工程教育协会同仁合影

张寿荣院士在“院士武钢行”中听工作人员讲解

张寿荣院士向时任中国工程院院长徐匡迪院士介绍武钢生产情况

2017 年《张寿荣文集》首发式

2019 年张寿荣院士视察武钢新建铁区操控中心

张寿荣院士作报告

张寿荣院士接受访谈

张寿荣院士全家福

张寿荣院士与夫人张好学

2021年教师节张寿荣院士和他的学生们

中国工程院院士传记系列丛书

总　序

20世纪是中华民族千载难逢的伟大时代。千百万先烈前贤用鲜血和生命争得了百年巨变、民族复兴，推翻了帝制，肇始了共和，击败了外侮，建立了新中国，独立于世界，赢得了尊严，不再受辱。改革开放，经济腾飞，科教兴国，生产力大发展，告别了饥寒，实现了小康。工业化雷鸣电掣，现代化指日可待。巨潮洪流，不容阻抑。

忆百年前之清末，从慈禧太后到满朝文武开始感到科学技术的重要，办“洋务”，派留学，改教育。但时机瞬逝，清廷被辛亥革命推翻。五四运动，民情激昂，吁求“德、赛”升堂，民主治国，科教兴邦。接踵而来的，是18年内战、14年抗日和3年解放战争。恃科学救国的青年学子，负笈留学或寒窗苦读，多数未遇机会，辜负了碧血丹心。

1928年6月9日，蔡元培主持建立了中国近代第一个国立综合科研机构——中央研究院，设理化实业研究所、地质研究所、社会科学研究所和观象台四个研究机构，标志着国家建制科研机构的诞生。20年后，1948年3月26日遴选出81位院士（理工53位，人文28位），几乎都是20世纪初留学海外、卓有成就的科学家。

中国科技事业的大发展是在新中国成立以后。1949年11月1日成立了中国科学院，郭沫若任院长。1950～1960年有2500多名留学海外的科学家、工程师回到祖国，成为大规模发展中国科技事业的第一批领导骨干。国家按计划向苏联、东欧各国派遣1.8万名各类科技人员留学，全都按期回国，成为建立科研和现代工业的骨干力量。高等学校从新中国成立初期的200所增加到600多所，年招生增至28万人。到21世纪初，高等学校2263所，年招生600多万人，科技人力总资源量超过5000万人，具有大学本科以上学历的科技人才达1600万人，已接近最发达国家水平。

新中国成立60多年来，从一穷二白成长为科技大国。年产钢铁从1949年的15万吨增加到2011年的粗钢6.8亿吨、钢材8.8亿吨，几乎是8个最发达国家（G8）总年产量的2倍。20世纪50年代钢铁超英赶美的梦想终于成真。水泥年产20亿吨，超过全世界其他国家总产量。中国已是粮、棉、肉、蛋、水产、化肥等世界第一生产大国，保障了13亿人口的食品和穿衣安全。制造业、土木、水利、电力、交通、运输、电子通信、超级计算机等领域正迅速逼近世界前沿。“两弹一星”、高峡平湖、南水北调、高公高铁、航空航天等伟大工程的成功实施，无可争议地表明了中国科技事业的进步。

党的十一届三中全会以后，实行改革开放，全国工作转向以经济建设为中心。加速实现工业化是当务之急。大规模社会性基础建设、大科学工程、国防工程等是工业化社会的命脉，是数十年、上百年才能完成的任务。中国科学院张光斗、王大珩、师昌绪、张维、侯祥麟、罗沛霖等学部委员（院士）认为，为了顺利完成中华民族这项历史性任务，必须提高工程科学的地位，加速培养更多的工程科技人才。中国科学院原设的技术科学部已不能满足工程科学发展的时代需要。他们于1992年致书党中央、国务院，建议建立“中国工程科学技术院”，选举那些在工程科学中做出重大的、创造性成就和贡献、热爱祖国、学风正派的科学家和工程师为院士，授予终身荣誉，赋予科研和建设任务，请他们指导学科发展，培养人才，对国家重大工程科学问题提出咨询建议。中央接受了他们的建议，于1993年决定建立中国工程院，聘请30名中国科学院院士和遴选66名院士共96名为中国工程院首批院士。于1994年6月3日，召开了中国工程院成立大会，选举朱光亚院士为首任院长。中国工程院成立后，全体院士紧密团结全国工程科技界共同奋斗，在各条战线上都发挥了重要作用，做出了新的贡献。

中国的现代科技事业比欧美落后了200年。虽然在20世纪有了巨大进步，但与发达国家相比，还有较大差距。祖国的工业化、现代化建设，任重道远，还需要有数代人的持续奋斗才能完成。况且，世界在进步，科学无止境，社会无终态。欲把中国建设成科技强国，屹立于世界，必须持续培养造就数代以千万计的优秀科学家和工程师，服膺接力，担当使命，开拓创新，更立新功。

中国工程院决定组织出版“中国工程院院士传记”丛书，以记录他们对祖国和社会的丰功伟绩，传承他们治学为人的高尚品德、开拓创新的科学精神。他们是科技战线的功臣，民族振兴的脊梁。我们相信，这套传记的出版，能为史书增添新章，成为史乘中宝贵的科学财富，俾后人传承前贤筚路蓝缕的创业勇气、魄力和为国家、人民舍身奋斗的奉献精神。这就是中国前进的路。

目　　录

第一章　少年时代，父母赋予工业救国因子

一、父母的启蒙教育助我成长

1928 年 2 月 17 日，即丁卯年的腊月二十五，我出生在山东济南，在家里排行老大，以后家里又添了四个妹妹一个弟弟。父亲张会丞，是我祖父的长子，我出生的那一年他 28 岁。父亲在济南上的是一所专科学校，学的是会计专业，毕业之后在当地的一家民营银行当职员。新中国成立后，父亲到山东银行学校担任校长，以后任教淄博建材工业学院，一直到退休。

母亲陈世敬，出身于书香世家，祖辈里有人中过状元。她在家里的孩子中排行也是老大。母亲是读书人，上过女子职业学校。如果说我的父亲是从家国情怀方面影响我的人生的话，我的母亲则是从识字、运算早期教育这些具体方面为我的成长打下了良好基础。

我母亲说，我在两岁时，她就教我识字。就像现在的父母重视孩子的早期教育一样，想想，那可是 90 年前啊，很了不起。3 岁过一点，我大概能认识 300 个汉字，会简单的加减计算。

1935 年我入小学，当时 7 岁。两年之后，“七七事变”爆发，日本帝国主义发动了全面侵华战争。虽然那时我只有 9 岁，已经能感受到国家的危机，内心惶恐不安。父亲安慰我，全民都会起来抗日，中国不会那么轻易被日本灭亡。他对我说：“你现在就是要把书念好，长大了掌握有用的本事。国家的强盛，就靠你们这一代了，国弱就会被欺负。”我们这一代人，饱受被侵略被压迫之苦，深感国家

的兴衰与个人的命运紧密联系在一起。父亲的话，在我心里埋下了长大后报效国家的种子。

我读的小学叫济南实验小学，是当时济南的名校，也是最好的小学。进校必须参加入学考试，合格才能录取。我能考取，多亏母亲的启蒙教育。由于学校离家不远，我走路上学，没有让母亲或者家人接送。从小独立生活的意识和能力比较强。

1937 年 12 月 28 日，济南沦陷。那时我读四年级，日军的侵占使得全市所有学校停课关门，济南实验小学也不例外。父母帮我每天给自己定目标，比方说每天要看多少书，要写多少字。练完字以后就去找教书先生评判。

1938 年的下半年，学校复课，我又返回学校上课。一年之后，我的小学阶段结束了。

二、在心里埋下报效国家的种子

1939 年，我考入山东省济南中学。这是一所完中，包括初中和高中，是山东省最好的一所中学，创办于 1903 年。三年以后我在升入高中的考试中以全校第一名的成绩进入本校高中，而没有达到本校线的同学只能到其他中学上高中。

济南中学以后变成现在的济南一中。与小学不同，初中阶段增设了英语。另外，还有一项，在汪伪南京政权统治济南期间，当地所有中学都必须从初一年级加开日语课程，推行文化殖民政策。这一做法遭到普遍抵制，学生都不愿意学，抵触情绪很大，只是表面应付。

沦陷时期济南中学各年级其他课程设置，与国民政府时期一致，教材也没有变动。只有国文和国史两门是中国人自编的，其他都是直接翻译外国教材而形成的。

进入初中后，课程增多，学习任务相对繁重。我在各门功课上不偏科，文理科成绩均优异，考试总是第一，第二的时候都不多。

在济南中学，有两位老师对我帮助很大，一位是化学老师胡善浦，另一位是物理老师张竞民。后者毕业于北京大学物理系，给我们上课经常不带课本，上台就讲，连讲带板书，深入浅出，十分生动，深受学生欢迎。新中国成立后，张老师进入山东师范大学物理系任教，曾任系主任、教授。

我的父母对教育抓得很紧，放了寒暑假，也不让我们多玩。他们从不太多的收入中挤出一些钱来，聘请老师上家里来辅导我们的学业，类似今天的家教。当时，化学老师胡善浦就被我父母请来过。他为人很好，对我们既严格又爱护，我们的假期作业他都会认真批改，有不懂的地方，问再多次他都不烦。寒暑假的学习一般都在我家里的书房。我和大妹张春晖、二妹张映晖，还有表兄几个人，大多数假期都是在学习和读书中度过。这样的家庭教育，让我们懂得学无止境，不能虚度光阴。我在 20 世纪 90 年代去济南时还专门看望了胡善浦老师。师生相见，感叹时间飞逝，当年家庭教学的热烈场景记忆犹新。我们兄妹几个从心里感激父母对我们的爱和培养，感激我们遇到了许多像胡善浦这样敬业的老师。我们兄妹中有四个人能够考上大学，与良好的家庭教育密不可分。

身处沦陷区，我时时感受到被欺负的屈辱，体会到民族危难的伤痛，坚定了报国之志。殖民地的屈辱岁月，让我梦想把中国变成一个强大的国家。当时，我认为中国受外国人欺侮的主要原因是科学技术落后。中学时代我就一直在梦想着工业救国。

1945 年 7 月，我高中毕业，积极准备考大学，决心掌握实用的本领，为国家强盛尽一己之力。我的人生即将翻开新的一页。

第二章　转考北洋大学，走近钢铁

一、考入天津工商学院

1945 年 8 月，我报考了两所大学，分别是北平辅仁大学和天津工商学院。结果，被这两所大学同时录取了。从名气上来说，辅仁大学的影响要大一些。当时也有不少人建议我上辅仁大学。20 世纪初，辅仁与北大、清华、燕京并称北平四大名校，是一所综合性的大学，开设有数学、物理、化学、生物、史学、教育、哲学等系。我的志向是实用的工科专业，毕业以后可直接运用到实际生产或者制造中，看得见摸得着。最后我选择了以理工科为主的天津工商学院。当时报考的是土木工程系。

这是一所英国教会办的大学，始建于 1921 年。主要由工学院和商学院组成，在华北享有较高声誉，是现在河北大学的前身。

1945 年 8 月 15 日，日本天皇宣布日本无条件投降，中国人民持续 14 年的艰苦卓绝的抗日战争取得了伟大胜利，中国人终于挺直了腰杆扬眉吐气。我们终于可以不受干扰地学习，思考怎样建设我们的国家了。

9 月，我与高中同学李兴华结伴而行，乘火车前往天津。他考取的是南开大学。火车慢，晃悠一整天后才到天津。我们在车站分手各自去学校报到。

我在天津工商学院学习了一年的基础课，总体上感觉是好的，但是，也时常想，搞土木建筑和搞工业还是不一样的。想到以后自己的发展，心里并不安于现状。

当我思考今后如何发展的时候，机会来了。1945 年 10 月，国民政府将内迁的大学纷纷迁回原址，北洋大学即在其中。北洋大学创建于 1895 年 10 月，是中国近代第一批综合性的大学之一，专业有律例、工程、矿冶、机械等四学科。北洋大学正式复校开学，茅以升任校长，共设两院十二系。然而，回迁天津后，北洋大学只有老生没有新生，所以招生成为了当时的头等大事。

为了吸引更多的学生和优质的生源，北洋大学出台了优惠的招生政策。除招收高中应届毕业生外，还允许其他在校大学生报考；但是有一个限制，专业要保持基本一致，比如工科报考工科，商科报考商科。考生被录取后，北洋大学认可在原校的成绩，学生不必再重修学过的课程，录取后即注册新学籍。由于北洋大学是国民政府国立大学中的重点高校，办学水平与教学质量享有盛誉，综合实力远远大于其他力量所办的大学。而且，所有学生都享受助学金，学生经济负担得以减轻，而且在学费减负方面明显优于教会和其他私立性质的学校。所以，从当年开始，只要北洋大学的招生通知一出，报考者踊跃。

二、转考北洋大学冶金系

到 1946 年，我就读天津工商学院一年，由家中承担学费和生活费，花费不小。同是理工性质，北洋大学肯定比天津工商学院更让我向往。综合各方面优劣，我决定报考北洋大学矿冶系（后分为采矿系和冶金系）。

当时，报考学生有数万人，而且大部分是应届高中考生，像我这样的大学在读生只是极少一部分。我实际报考的是北洋大学的插班生，如录取即从大二年级开始读。由于我在高中和天津工商学院学得扎实，在北洋大学组织的招生考试中，以第一名的成绩被录取，成为该校 1945 级冶金系的一员。天津当地的报社报道了这次考试和招录情况，我的名字上了报纸。

我之所以选择冶金系，就是觉得中国国力太弱，才受人欺辱。中国必须强盛起来，强盛则首先要搞工业，而钢铁制造是重要的基础。那时中国没有像样的钢铁厂，也就没有像样的钢铁工业。

北洋大学由于治学严谨，校风朴实，与当时的哈佛、耶鲁等美国名校差距不大，毕业生可免试进入美国一流大学攻读硕士研究生，被誉为“东方的康奈尔”。绝大部分教科书使用英文原版，授课也以英语为主。学生实验所用的各种器具、设施都从美国进口。后来，各地兴办新式大学纷纷仿效其教学计划、讲授方式、教材选用、教员配备以及专业设置。

北洋大学名师荟萃，我听过校长、著名土木工程学家、桥梁专家和工程教育家茅以升的课，还听过著名物理学家、清华大学教授钱三强来我校讲的课。当时学校的教师基本上都是欧美名校的毕业生，即使是北洋大学、清华大学毕业的高材生，也必须有留学海外的经历。

在北洋大学求学，魏寿昆和陈新民两位先生对我影响最大，他们也是我最喜爱的老师。在知识积累最为重要、人格定型极为关键的大学期间，能有缘得到名师的点拨，对于自己的成长无疑具有难以估量的价值。他们是我钢铁人生的领路人。

魏寿昆先生 1929 年毕业于北洋大学，成绩极为优异，获矿冶工程系工学学士学位。1935 年毕业于德国德累斯顿工业大学化学系，获工学博士学位。1936 年回国后任北洋工学院矿冶系教授，1946 年任北洋大学教授、冶金系主任、采矿系主任。从 1952 年起，任教于北京钢铁学院（今北京科技大学）。

陈新民先生毕业于美国麻省理工学院，留学回国后，任北洋大学矿冶系教授，讲授冶金学原理课程，专业功底深厚，学术水平极高。新中国成立后，筹建中南矿冶学院（今中南大学），成为第一任院长。

魏寿昆先生教我们多门课程，有的是教学计划中他应该承担的，有的是替别人上的。那时局势不稳、社会动荡，学校教师的流动性较大，系里经常有老师跳槽，相关课程又不能耽误，这时魏先生自告奋勇顶上来。他的专业知识全面系统，学养深厚，又热爱学生，对学生负责，所以深受学生欢迎。他给我们上过钢铁冶金、设计、冶金计算等专业基础课，为我从事钢铁冶金行业的应用研究，打下了坚实的根基。

魏先生要求学生极其严格，并专门提出“五要”的训诫，即要爱国、要认真读书、要为人正派、要不怕失败、要把握机遇。虽然先生于2014年逝世，但恩师70多年前的训诫，犹在耳畔，时时回想。他从教60载，培养了大批冶金与冶金物理化学专业人才。他是我国冶金学和冶金物理化学家、冶金教育家，中国冶金物理化学学科创始人之一，中国科学院院士。2006年北京科技大学（原北京钢铁学院）以魏寿昆100岁生日为契机，由魏先生个人捐资10万元，北京科技大学出资200万元作为启动基金，设立“魏寿昆科技教育基金”。2009年首届“魏寿昆科技教育奖”颁奖，我获得其中的“魏寿昆冶金奖”。魏先生严谨的治学精神和为人正派的作风影响了我一生。

三、常获奖学金

原来在天津工商学院就读时，住学校的房子都是自己出钱，交住宿费。北洋大学的助学金足够负担我在校期间的生活费，基本不用再花家里的钱。宿舍一般两三人一间，让我在校期间衣食无忧，有更多的精力倾注于专业学习，夯实专业基础。

1947年，北洋大学又推出一项新的举措——实行奖学金制度，目的在于激励学生发奋学习，取得优异成绩。奖学金来源于社会各方赞助，每学期评选一次，每次的名额大约是全校学生的百分之二。奖学金的评定以成绩为唯一标准，各个专业严格按照学期成绩排名，只有专业成绩位居前一二名者，才有资格入选。因此，为了获得奖学金的殊荣和实际上的经济资助，学生之间竞争激烈。奖学金制度无疑进一步激发了我的勤奋精神。在大三、大四期间，我每个学期都能获得奖学金。

在天津求学的四年当中，我从未回过济南老家。不是没有盘缠，不是不想回家，而是从天津往南，铁路运行不畅，交通阻隔。我和家人主要通过书信联系，信一般是写给父亲，也经常收到他的回信，他总是鼓励我勤奋学习，刻苦钻研，注意锻炼身体。

因为每个寒暑假都不回家，图书馆就成为我的第二教室。我一直安心于专业知识学习，还阅读文学和历史、地理方面的书籍。我觉得大学期间，即使是假期，时间也同样宝贵，还是应该以学为主。所以，寒暑假我从未到校外去做兼职。

四、1949 年大学毕业

我的大学四年，正值抗战胜利、国共和谈、解放战争期间，中国经历剧烈的动荡和翻天覆地的变化。我深刻体会到个人的成长、大学的发展、人民的喜怒哀乐与国家命运息息相关。

抗战胜利后不久，从 1945 年 8 月底至 10 月上旬，国共两党在重庆经过四十多天谈判，于 10 月 10 日由双方代表签署了《政府与中共代表会谈纪要》（通称“双十协定”）。1946 年 1 月达成《关于停止国内军事冲突办法的协议》。然而，1946 年 6 月底，蒋介石却以围攻中原解放区为起点，发动了全国规模的内战。

从 1946 年冬起，国人反对国民党打内战的声浪越来越高。1947 年以后，学生的抗暴斗争逐渐同要和平、要自由，反饥饿、反内战、反迫害的运动相结合，学潮的声势日渐高涨。学生以罢课、游行的方式，要求国民政府改革学制、改善生活，反对内战。

北洋大学的学生也纷纷走上街头，以实际行动支援反蒋斗争。共产党的政治主张深入人心，得到广大学生拥护。在学生运动中，起领导作用的是各校的学生会。我是北洋大学学生会的骨干之一，主要任务是负责学生报《北洋生活》的组稿、刊印。这份以宣传学生运动为主要内容的报纸，不定期由印刷厂铅印。报纸的文章由北洋大学学生撰写和提供。我也写过稿件，但更多精力是在稿件的处理和编排方面。这份报纸，对于当年北洋大学的学生运动，起到了积极的推动作用。

1947年和1948年，国民党军队在战场上败退，国民政府对进步力量的控制变本加厉。天津和北京的大学表示强烈不满，各校学生会利用其主办的报纸动员广大学生走上街头，游行示威。由于学生运动的正义性，加之学生素质较高，各校学生会之前的宣传简明到位，每次活动都有条不紊，游行队伍也井然有序，并未干扰天津市民的正常生活。如此一来，国民党的天津警察局无法找茬，只能派警察沿途跟随。这种充分揭露国民党政权的腐败和反动本质的学生运动，为天津和北京的解放营造了舆论氛围。

我在学生会主办学生报，感受到广大学生的爱国热情，增强了“国家兴亡，匹夫有责”的担当意识。

1948年11月29日，平津战役打响。人民解放军在天津外围与国民党军激战，我们可以清晰地听到隆隆炮声。

天津城内的学校相继停课，学生一律待在学校减少伤亡。因战事所迫，北洋大学学生全部搬迁至河北女子师范学院，这时，我和早已认识的河北女子师范学院1947级女学生张好学有了更多的接触，两个人更加了解，彼此产生爱慕之情，以后她成为了我的妻子。

随着外围战斗的结束，解放军顺利入城，1949年1月25日天津解放。北洋大学教学、科研秩序恢复。助学金、奖学金制度也全部保留。所不同的是，货币发生了变化，但是，学生只需将旧币兑换为新币就可以正常生活。对于北洋大学的师生而言，这种重获新生的感觉令人欢欣鼓舞。

1949年6月底，我以冶金系第一名考试成绩毕业。

五、服从分配到鞍钢

趁着刚毕业的机会，我回了一趟山东济南老家，看望阔别四年的父母和弟妹。

新生的人民政权对我们这些大学毕业生特别重视，求贤若渴。7月，我们这些北洋大学的毕业生赴京参加由中共中央华北局组织的华北地区学习团，学习地点在清华大学，为期一个月。期间，我们主要学习政治理论、时事形势，主讲者有彭真、薄一波、胡绳与张奚若等，都是有水平的革命家、理论家，每人讲半天。

一个月后，我们由中共中央华北局分配工作。当时的大学毕业生在全国范围内分配，一种是由个人填志愿，另一种是服从组织分配。我选择的是服从组织分配，没有提地域和工作上的要求。分配自然专业对口，学什么专业的就给你分配什么工作——原则很清楚。我想中央政府知道哪里最需要我们这些大学毕业生，我不是一心想以自己学来的知识报国吗？服从分配就是最好的选择。

后来，中共中央华北局把我派遣至中共中央东北局，我随即前往沈阳报到。

9月，中共中央东北局安排我到鞍钢工作。当年北洋大学冶金系毕业的学生，被分配到鞍钢的最多，因为鞍钢是当时最大的钢铁厂，恢复生产急需大量的技术人员。

北洋大学1945级冶金系，我班总共17人。我的16位同学分别是杜鹤桂、王立琛、张寄超、程肃之、裴铨生、陶少杰、左凤仪、张顺臻、邬高阳、储煄炳、黄汝寅、朱启基、赵良儒、苏成云、张鹏、何荣林，全是男生。他们毕业后绝大多数在钢铁企业、高校及科研院所，都取得了不俗的成绩。如杜鹤桂，东北工学院的教授、博士生导师，中国金属学会的常务理事，炼铁学会的副理事长；陶少杰，北京科技大学的教授；张顺臻，曾经在鞍钢第一炼钢厂任炉长、质量工程师，1958年调至包头钢铁厂任工程师，后任包头钢铁公司副总工程师。

第三章　初入鞍钢，从高炉炉前干起

一、先当炼铁工人，熟悉一线

9月，我从华北来到东北，入职鞍钢炼铁厂。先上1号高炉成为一名炼铁工人。这座高炉在广大职工和技术人员的努力下已经基本恢复生产。能到高炉上工作，这也是我期待的，要想成为一名合格的炼铁工程师，不在炉前捅几年铁水沟，撮几年铁渣，怎么会知道生产过程，怎么能熟悉高炉的脾气呢？正所谓：不积跬步无以至千里，不积小流无以成江海。

随着解放战争的胜利，从中央到地方都非常重视恢复经济建设。1949年3月，中共中央召开七届二中全会，会议指出，党要立即开始着手各项建设事业，一步一步地学会管理城市和建设城市，并将恢复和发展城市中的生产作为中心任务。会议号召全党同志必须用全力学习工业生产的技术和管理方法，学习和生产有密切联系的商业工作、银行工作和其他工作。只有将城市的生产建设工作恢复和发展起来了，将消费城市变成生产城市了，并使工人和一般人民的生活有所改善，我们的政权才能够巩固。

我到鞍钢时，广大职工正在热火朝天地恢复生产，并且取得了显著的成绩。

学习了党的七届二中全会精神，我感到作为一个青年知识分子所承担的重任。我在熟悉炼铁厂现场工作时，利用工余时间全面了解鞍钢的历史，为搞好生产掌握第一手资料。1905年，日俄战争结束，俄国战败。两国签订《朴茨茅斯条约》，日本成为最大的赢家：夺得俄国控制的长春至旅大之间的南满铁路和旅大租借地并经营铁路，还取得鞍山一带铁矿的开采特权。1916 年，成立了所谓中日合办的鞍山振兴铁矿公司。就在当年，日本筹建“鞍山制铁所”。1919 年 4 月，1 号高炉开始出铁。1933 年 5 月，日本把原拟建在朝鲜新义州的制钢所迁到鞍山，与鞍山制铁所合并，称昭和制钢所，这就是鞍钢的前身。

抗日战争爆发后，日本加紧侵略和掠夺，每年都要求昭和制钢所增产，从 1919 年起到 1945 年日本投降，昭和制钢所年生产能力已达到生铁 195 万吨，钢锭 108 万吨，钢材 49 万吨，成为东亚第二大钢铁企业，仅次于日本八幡制铁所。26 年间，先后建设 9 座炼铁高炉，10 座炼钢平炉。累计约生产生铁 1187 万吨，钢锭 548 万吨，钢材 327 万吨。其中大部分运往日本，用于制造武器，服务于侵略战争。

1945 年 8 月日本投降，苏联红军进入鞍山，拆走了大部分机器设备。1946 年 4 月国民党军占领鞍山，10 月 1 日成立国民政府资源委员会鞍山钢铁有限公司。到 1948 年 2 月，在国民党统治的 22 个月内，仅修复一座平炉，共计生产钢 0.95 万吨。

1948 年 2 月 19 日鞍钢解放，人民解放军接管。他们按照中央军委、中共中央东北局的要求，采取得力措施，保护工厂，保护原有技术人员，为复产做好准备。12 月 26 日，经东北行政委员会批准，鞍山钢铁公司成立，并组建了 4 个处，9 个部，29 个厂矿。同时，还启用了接管时留下来的 140 多名日本和国民党时期的工程技术人员，其中日本技术人员就有 104 名，可见日本人在管理鞍钢时为了搞技术封锁，只用自己人的情况是多么严重。他们极少聘用中国人做技术管理人员，关键岗位更是难见中国人的身影，中国人只能当操作工人。

解放军接管时，鞍钢生产基本处于停滞状态。看着厂里的设备成了空壳的景象，一位留下来的日本技术人员预言：这里只有种高粱，要恢复生产至少得二十年。

要想生产铁和钢，高炉和平炉就得运转起来，维修和修复相关设备是关键。鞍山市委、市政府在全市掀起群众性的献交器材和零件的运动，只要有用的全都用到修复中去；再从旧设备上将能用的备件拆下来，安装到需要的设备上，如此救活一些设备。当时国内还没有冶金设备制造能力，只能用这一超常规的做法。

我到鞍钢 3 个月前的 1949 年 6 月 27 日，修复后的第一座高炉——鞍钢 2 号高炉出铁。7 月 9 日，鞍钢举行盛大的开工典礼。中共中央、中央军委送来了“为工业中国而斗争”的锦旗，东北行政委员会主席林枫、副主席李富春等领导人出席大会并表示祝贺，鼓励全体职工发扬不怕困难的大无畏精神，继续奋斗，建设好鞍钢。这激发了鞍钢职工冲天干劲。我到炼铁厂时，职工们正不分白天黑夜投入到第二、第三座高炉恢复生产的奋斗中。9 月 7 日，鞍钢 1 号高炉恢复生产。1949 年，鞍钢全面超额完成生产计划，产铁 10.16 万吨，钢 9.47 万吨，钢材 7.76 万吨。

1949 年 11 月 1 日，中央人民政府成立重工业部。12 月 16 日重工业部在北京召开了第一次全国钢铁会议，朱德总司令是会议主席团主席，周恩来总理出席会议，足见党中央对钢铁生产的重视。会议布置了 1950 年恢复生产、调配人员等各项工作。

在中共中央、中央人民政府和各地人民政府的领导下，全国钢铁企业广大职工日夜奋战，生产迅速恢复，但是战争的创伤一下难以痊愈，当年，全国只生产了 15.8 万吨钢。

二、拜师学艺，冶炼低硅生铁和锰铁

我在鞍钢炼铁厂 1 号高炉和工人们一道三班倒。首先是想给自己补上实习课，其次是在一线实践中增长才干。我在北洋大学主要是学习冶金理论知识，说直了就是书本知识，从理论到理论、从书本到书本而已。学校没有高炉实验室，毕业前夕，又值战争期间，学校不可能像现在这样有计划地安排学生去哪个钢铁厂实习，也没有这样的条件，所以省掉了实习环节。加上国家急需用人，经过短暂的政治和形势任务的培训，我就奔赴了生产一线。对我来说，在北洋大学最后阶段的学习是有缺陷的。俗话讲：师傅领进门，修行在个人。我决定在一线中完成我的修行。先干好炉前工，每天跟着师傅们维护好出铁口、出渣口、渣铁分离器和泥炮、堵渣机等炉前设备；在工长的指挥下更换风口、渣口以及冷却设备。出铁前我们用铁锹和其他的工具清理好铁水沟和下渣沟内的渣铁，保证高炉按时出铁、出渣和炉况顺行。干了几个月炉前工，熟悉了炉前的情况，我又转到炉内的一些工种，比如瓦斯工，就是每天经过我的手，把热风炉的热风输进高炉。我还熟悉了配管工、上料工等一些工作。实际上要想驾驭高炉很不容易，得先把炉前、炉内的作业摸熟，才有底气进入控制室，掌握整个炼铁生产的过程。

当时，生产组织以日本人为主。我们的技术员还需要学习，被留用的日本技术人员对共产党优待他们的政策十分感激，他们的工资待遇不变，家眷也得到当地政府善待。当我们遇到不懂的问题请教时，他们都能认真解答；相互之间关系融洽，我们在学习中也很谦虚，尽可能多地掌握他们传授的技术。

我们抓住一切机会，勤学好问，想在最短时间内把生产技术、管理能力学到手。日本技术人员有的能讲汉语，大多数都会讲英语，请教他们没有语言上的障碍。我上中学时，学校在日本侵略军的逼迫下开设了日语课，那时同学们都抵触地不愿意学，我也不例外。现在，为了学习日本人掌握的生产窍门，我主动学日语，在与他们的对话中先从口语学起。两种形势之下，同是学日语，心情完全不同。我把鞍钢的复产和中国钢铁业的兴起放在第一位，为了这一目标，我甘愿学日语，拜日本技术人员为师。

我在高炉给老工人和日本技术人员当徒弟将近半年之后，1950年春开始担任1号高炉的工长。一座高炉有3位工长，分别领导3个工段，三班倒。我就这样成为高炉生产过程的直接组织者、指挥者和操作者，主抓当班生产、安全、质量、技术等方面的工作，随时掌握高炉的生产及变化，根据炉况及原燃料的变化及时做调整，确保炉况稳定顺行、节奏均衡。在外部条件发生重大变化时，及时上报并抓紧处理，按程序操作，避免事故发生。炼铁生产跟我们烧火做饭一样，放多少米，加多少水，打多大火，烧多长时间都是很有讲究的，不然，有可能做出一锅夹生饭或一锅糊饭，甚至把锅烧穿，炉子弄熄火。

工长的工作从上料开始抓起，确保当班生产不错料、不亏料、不待料。还要检查高炉风温使用和送风压力波动。控制合适的冷却强度，随时掌握冷却系统各部位水温差的变化，还要根据水温差调整冷却强度。妥善解决当班各工种之间和交接班中出现的问题。对高炉放渣、出铁全过程协调、监督和检查。工作目标就是安全、正点出铁。

我在师傅的帮助下不断积累经验，学会了从出铁、炉渣、风口等状态来判断炉况。那个年代，高炉的现代化程度较低，也没有计算机，各种计量表也不全，练就一双火眼金睛，透过现象看本质很重要。比如，看铁流。主要是看铁水温度和硅、硫含量等。炉温高、含硅量高的铁水闪亮夺目；随着含硅量提升，火花逐渐稀少，分叉多，跳跃很高；当含硅量在 2.5%以上时，看不到火花，而在铁流中出现小火球；铁水含硅量越高，流动性越差，粘铁沟越严重。

看铁样。含硅量高的铁水在模中凝固时，表面石墨析出较多；从断口上看，含硅量高的铁水铁样呈现灰色，所以，有时称铸造铁为灰口铁。含硫量高的铁水在模中凝固时间长，铁水表面“油珠”连成片，而且厚，凝固时表面颤动，裂纹大，有黑斑和麻点。

看炉渣碱度。根据碱度不同，炉渣可分为玻璃渣和石头渣两大类。碱度低的炉渣，断口平滑呈玻璃状，又称玻璃渣。取渣样时，易于拉成长丝，也称为长渣。碱度高的炉渣，断口粗糙呈石头状，有时也称为短渣。碱度特别高的石头渣，表面可出现气孔。

另外，炉温高的渣子耀眼，冒白烟，流动性好；炉温低的渣子，渣色暗红，不易流动，易挂钩；出现高 FeO 黑渣，表明炉凉严重。石头渣颜色越淡表明炉温越高，过热时出现蓝石头或白石头。炉温渐低，石头渣颜色转深，由黄绿变成棕黄。正常炉温的玻璃渣为褐色，炉温偏低时为棕色玻璃。这些实际经验均内化为自己驾驭高炉的能力。

我还参加了 4 号高炉恢复生产的工作。鞍钢领导非常重视日本技术人员的意见，尤其是大的决策都要听取他们的意见，然后再研究拍板。我们这帮技术员虚心接受安排，从具体的事情做起。日本技术人员感到了信任，积极性也调动起来，形成了良性循环。1950 年 1 月 29 日，4 号高炉恢复生产，此后，我到这座高炉做过工长。

在恢复和发展生产的同时，鞍钢还掀起了群众性的技术革新技术革命（简称“双革”）运动。炼铁厂要解决的技术革新问题就是炼出低硅生铁，当时蔡博副厂长主抓这件事情，具体任务落在 1 号、2 号、4 号三座已经复产的高炉上。日伪统治东北时，日本人一直认为用鞍山铁矿炼不出低硅生铁，当时高炉铁水含硅量都比较高，低的 1%，高的甚至超过 2%。为对付高硅铁，德马克公司在为昭和制钢所（鞍钢前身）设计第一炼钢厂时，6 座平炉配了 3 座预炼炉。在铁水进入平炉炼钢之前，采取预备精炼炉来脱硅。

为何要降低铁水的含硅量？这不但可以降低高炉焦比，从而降低生铁的生产成本，还可以为炼钢提供优质铁水，减少炼钢原料消耗，缩短冶炼时间，提高炼钢生产率。低硅生铁的冶炼是生铁冶炼技术的发展方向之一。

我们如想取得成功，要抓好两项重要工作：一是生产自熔性烧结矿，二是抓好高炉冶炼。1949 年初，鞍钢开始修复，当时选矿、烧结和炼铁统由炼铁部管辖。1949 年 7 月 1 日成立鞍钢矿厂。1950 年经修复，团矿车间 10 座方团矿炉全部开工。紧接着，烧结工人们参与到技术革新中来，先用传统的方法生产出半自熔性烧结矿，不久又试制出自熔性烧结矿。

我们炼铁工人也不能落后，我和大家一起经过实践总结，在冶炼低硅生铁中，必须抓住保持炉况稳定顺行这个牛鼻子，即控制合理的气流分布，运用上下部调节手段，保持炉缸工作均匀活跃，控制气流合理分布；改善炉料结构，增加熟料比；减少原料化学成分波动；控制生铁含锰量；适当提高炉渣碱度。

通过努力，1 号、2 号、4 号三座高炉的铁水含硅量降低，1950 年 9 月，4 号高炉冶炼低硅生铁成功。1951 年，2 号高炉炼出了含硅 0.6%~0.9%的炼钢生铁。1956 年，6 号高炉又用约 1.2 的炉渣碱度炼出了含硅 0.5%的炼钢生铁。低硅铁的冶炼成功，是鞍钢高炉冶炼史上的重大突破，取消了鞍钢第一炼钢厂的三座预炼炉，铁水可以不经过预备精炼即行兑入平炉炼钢，从而淘汰了炼钢厂长期沿用的双联炼钢法，将三座预备精炼炉改建为平炉，使鞍钢的炼钢能力一举提高 50%。

1950 年，我还参加了炼铁厂试验高炉（47 立方米）试炼锰铁的工作。何为锰铁？即锰和铁组成的铁合金，分为高碳锰铁（含碳量为 7%）、中碳锰铁（含碳量为 1.0%~1.5%）和低碳锰铁（含碳量为 0.5%）等。它主要在炼钢中用作脱氧剂和合金添加剂，是用量最多的铁合金。冶炼锰铁用的锰矿一般要求含锰量在 30%~40%，锰铁比大于 7，磷锰比小于 0.003。

我们在试验高炉冶炼锰铁时，需要较高的炉缸温度，为此炼锰铁时采用较高的焦比（当时一般达到约 2000 千克/吨锰铁）和风温（约 1000℃）；为降低锰损耗，保持高碱度高氧化镁渣（$CaO+MgO/SiO_2=1.7\sim1.8$，$MgO=7\%\sim8\%$）。由于焦比高和间接还原率低，试验高炉炼锰铁的煤气产率和含 CO 量比炼普通铁时要高，炉顶温度也较高。后来经过摸索，采取富氧鼓风提高炉缸温度，达到了降低焦比、增加产量、减少煤气量、降低炉顶温度的效果。这些对锰铁的冶炼成功起到重要作用。

1950 年 10 月，炼铁厂试验高炉试炼锰铁成功。1950~1960 年，这座试验高炉根据炼钢厂需要交替生产锰铁和硅铁。

三、为了向苏联专家学习，自请老师学俄语

1950年3月27日，中国和苏联政府在莫斯科签订了《关于苏联给予中华人民共和国在恢复和改造鞍山钢铁公司方面以技术援助的协定书》。7月，苏联政府派遣设计组一行42人来鞍钢收集资料，准备为鞍钢的恢复和改造进行初步设计。10月25日，中苏双方在莫斯科签订关于恢复和改造鞍钢技术援助《补充议定书》。根据中苏协议，苏方陆续派遣了340名专家到鞍钢工作，中国陆续选派600多名干部、工程技术人员和工人去苏联学习。苏联向我国提供了比较先进的技术，因而学习和应用他们的经验，有助于鞍钢生产技术水平的提高。这一时期中国的钢铁工业推行苏联的计划管理、生产管理、技术管理、劳动工资管理制度，为建立生产责任制、实行有计划生产打下了基础。

苏联专家来鞍钢工作，对于我们来说，又是一次学习的好机会。要向专家们学习首先要过语言关，我们几个年轻人决定给自己开小灶。由于地域相邻，在我国东北地区生活和做生意的苏联人比较多，按说找一位俄语老师不难，难的是这位老师不但俄语要棒，还要精通汉语。几番周折，找到的人却不理想。最后找到一位五六十岁左右的苏联女士，虽然她的汉语说得不咋地，但是英语十分熟练，这样对我们这几个大学毕业生来说再好不过，一来她的要价不会太高，二来我们的英语都不错。当时鞍钢实行的是供给制，我们的生活由公司统一安排，食宿都不花钱，公司每月还发给技术人员8元钱的零花钱。我不抽烟、不喝酒，这些钱可以花在买书和学习上。几位同事也是趣味相投，每人每月出2元钱，合请这位女士教俄语。她每周到我们的宿舍来上三次课，每次约两个小时。这样坚持了半年多，我们学完了一本初等俄语教材，掌握了基本的词汇和基本语句。刚开始，我借助俄汉词典阅读俄文资料，但是一个晚上只能看一页。俄语老师的课结束后，我仍然坚持自学，后来可以顺利地阅读俄文资料和书籍。

第四章　借鉴探索炉顶调剂法，从鞍钢推向全国

一、当生产值班长，试行炉顶调剂法

有了俄文的基础，我在学习研究苏联高炉冶炼技术方面就得心应手了。当时，苏联的高炉生产技术在世界上比较先进，尤其在高炉的调节方面积累了许多经验。它的高炉上部调剂法在其国内取得很好的增产效果。我国的钢铁厂在这方面认识还不够充分。能不能借鉴苏联的经验，在鞍钢高炉上推行炉顶调剂法？炼铁厂领导决定边学习边探索，有 3 座高炉接受了任务。

我在阅读了大量的资料后，又与在鞍钢的苏联炼铁专家交流，我的想法得到了支持。1951 年，我已经任生产值班长，在管理上比工长高一级，便于协调整座炉子的生产。我从鞍钢炼铁厂试验高炉回到了 4 号高炉，这为我静下心来研究高炉上部调剂法课题创造了条件。

抓好高炉操作就是为了产量多、品质好、成本低。要达到这个目的，首先须使高炉顺行——高炉顺利地装入最多的炉料；高炉煤气的热能及化学能充分地利用。另外，要控制高炉炉温，使其适宜而稳定，以保持生铁一定的品质。

高炉的顺行、煤气能量的充分利用及适宜的炉温，必须在高炉工作稳定时才可实现。但是当时，我们用来冶炼生铁的原料——矿石、燃料及熔剂的化学成分及物理性质还不稳定，导致生产条件处于变化之中，破坏了高炉工作的稳定性。这时为了恢复高炉正常，

就不得不采取一些调剂措施。沿用已久的调整高炉行程的方法是风温、风量及焦炭负荷的调剂。这些调剂要在炉料降至炉缸之后才可见效。虽然风量及风温的调剂及时，但也只是当高炉行程已发生变化之后才靠它来纠正。这样，纵然能使高炉恢复正常，但已落在高炉变化之后。

因为风温及风量的调剂是在高炉的下部开始，它首先影响到的是高炉炉缸的工作，所以称之为高炉的“下部”调剂。炼铁生产希望调剂高炉在炉料发生变化之前，即当炉料开始装入高炉时就予以控制，这就产生了高炉的“上部”调剂——炉顶调剂法。

二、分析影响炉料在炉顶分布的因素

风温及风量的调剂是当炉料已在高炉内发生变化之后才开始的，炉顶装料的调剂却是在炉料刚开始装入高炉时即予以控制。在时间上，后者较前者要提前六七个小时以上。因为炉顶装料调剂法改变了炉料在高炉内的分布，也就改变了煤气的分布和高炉工作的状态，所以与风温、风量的调剂法比较，炉顶调剂法的效果更好。

我们认清了一个概念：炉顶调剂法与调整焦炭负荷是不同的。焦炭负荷的变更是调整矿石批重，只有等到改变了的炉料降至风口区时效果才能显现出来。装料的变更，在炉料降至炉身大约 4 小时后煤气的分布就会改变。因为炉顶调剂法有着许多优点，苏联的先进工厂当时大都普遍采用。事实证明，炉顶调剂是及时而有效的，我们在推行中首先统一了认识。

高炉操作最好的情况是：上升的煤气与下降的炉料能密切而充分的接触，炉料得以充分地预热还原，煤气的化学能和热能能够充分利用，这时高炉的产量最大，燃料消耗量最低。

不好的情况是：某些区域煤气流通道过于畅通，煤气的热能及化学能未得到很好利用；炉料不能充分预热和还原，这时高炉产量降低，燃料消耗量升高。

最坏的情况是：煤气的通路被堵死，炉料被上升的煤气托住不能下降，这就造成难行或悬料。

煤气分布的情况取决于炉料的透气性，炉料的透气性取决于炉料分布的状况。炉顶调剂所要控制的对象就是炉料的分布。

高炉炉顶调剂的第一个目的是保证炉料顺行。要使炉料不被上升的煤气托住，必须保证炉料有充分的透气性。高炉内煤气流通面积最大的是靠炉墙的区域，因此，炉顶调剂法的目的之一是使边缘煤气流能有适当的（但不过分的）发展。

高炉炉顶调剂的第二个目的是保证煤气能力充分利用。只有煤气能力利用充分时高炉产量才会高，燃料消耗量才会低。所以，除了有适当发展的边缘煤气流柱之外，还要使炉料分布均匀，煤气能与炉料密切接触。只有当炉料分布适宜时，高炉才能达到全风量操作，实现最高的产量和最低的燃料用量。因此，炉顶调剂法的推广在炼铁事业的发展过程中具有非常重要的意义。

我们的试推行小组，分析了影响炉料在炉顶分布的诸因素，主要包括：(1) 炉喉直径；(2) 炉喉直径与大钟直径的比例；(3) 大钟直径与漏斗口直径的差；(4) 大钟下降的速度；(5) 焦炭的批重；(6) 料线；(7) 装料的次序；(8) 原料的筛分成分；(9) 高炉剖面轮廓的状态；(10) 煤气流的分布及炉料在高炉断面上的下降速度。

我们利用排除法抓主要矛盾。上面的 10 项因素，(1)~(3) 项除非高炉经过修理，一般是不变的；第 (4) 项除非大钟下降的设备是可调整者外，一般也不变动；(8)~(10) 项虽是变动的因素，但十分难以控制。这样就只剩下 (5)~(7) 项。把这些因素分析透彻了，就可以确定调整炉料分布的主要手段就是变更焦炭批重、料线及装料次序。

炉料在高炉炉喉分布的情况，矿石与焦炭是不同的。许多测量研究结果说明，矿石的堆角较陡（38°~43°），焦炭的堆角较平（26°）。因此，矿石层在靠近炉墙的部分较厚，靠近炉心的部分较薄。对于炉喉直径大小对布料的影响，从理论上讲，炉喉直径越大，中心未铺矿石的区域越大。

大钟下降的速度对布料的影响是：大钟下降速度越快，矿石集中的环越窄，下降速度慢时，矿石的环变宽。

焦炭批重对布料的影响是：焦炭批重增加时，中心矿石数量增多。

料线对布料的影响是：料线越降低时，矿石的尖峰越靠近炉壁。

装料次序对炉料分布的影响是：一般是“先焦后矿”时矿石在炉内边缘分布较少，“先矿后焦”时矿石在炉内边缘分布较多。

抓住了这些影响因素，我们采取对应措施，让炉料的分布更加合理。

三、开始被重视

1951 年第一季度，我们在鞍钢炼铁厂开始推行炉顶调剂法。初期，因为没有炉顶煤气取样装置，对炉料在炉喉的分布状态不能进行科学的推断。因此，虽然制定了些装料制度及料线的变更方式，由于事先对布料情况了解不够，变更之后得到的效果也不大。所以炉顶调剂法未能受到重视，甚至遇到了一些抵触。1951 年 5 月，4 号高炉将焦炭批重增加一倍改为变装料法，炉况空前稳定，生铁品质空前均匀。在改变装料之前，4 号高炉生产情况不太好，炉况经常波动，生铁品质也不均匀。这个事实使得炉顶调剂法开始被人重视，由此炉顶调剂法开始系统地推行。

1951 年下半年，在 4 号高炉装设煤气取样管，并进行炉喉取样。当在 4 号高炉初步取得经验之后，其他的高炉相继在 1952 年安装了取样管。在取样设备未改进之前，取样条件非常恶劣。工友们冒着高温烈火及煤气取样，他们忘我劳动的敬业精神为推行炉顶调剂工作打下了基础。另外，装料工不断地改进装料操作，这对炉顶调剂法的顺利推进提供了有力的保证。

2 号高炉产量比较低，为提高它的产量，曾采取了很多措施，结果收效不大。但在充分改善了炉料分布之后，高炉的产量大幅提高。

推行炉顶调剂法的成绩表现在高炉下料加快、操作顺行、产量提高、焦比降低。4 号高炉日产量增加 30%以上，焦比（吨焦/吨铁，这里特指系数）从 1.04 下降到 0.799；2 号高炉日产量增加 20%以上，焦比从 0.918 下降到 0.78。

由于炉顶布料改进，煤气利用改善，焦比降低，炉料顺行，崩料悬料减少，产量的提高也是惊人的。当然，原料条件的改善及高炉操作技术的提高也是不能忽略的。然而，炉顶调剂得当则是产量提高的主要原因之一。

四、边推行边改进

我们在推行炉顶调剂时很注重以下因素的影响：

（1）装入次序的影响。鞍钢炼铁厂高炉都是用料罐装料，焦炭按容积计。装料是以焦炭为一罐，矿石、熔剂及其他炉料为一罐。装入（装罐）次序对调剂布料来说影响很大。例如，1 号高炉原来的装罐次序是锰矿、铁矿、平炉渣、石灰石、碎铁。我们试着改为锰矿、碎铁、铁矿、平炉渣、石灰石。变更后由于碎铁先落在靠炉墙处，促使矿石滚向中心，所以边缘煤气降低，在中心处增高。

（2）装入制度的影响。装入制度的变更对高炉操作有很大的影响。例如，往炉中装料将“先焦后矿”改为“先矿后焦”，产量增高，负荷增高，煤气利用改善，焦比降低。

（3）料线变动的影响。1951 年以后各高炉都曾做过许多料线的调整，但因为没有炉顶取样的设备，加之变动的因素又多，所以变动的效果很难得出规律。后来有了取样机，掌握了规律，对料线较低的高炉提高了料线，改善了炉料边缘通风之后，矿石滚向中心，崩料减少。

（4）批重的影响。焦炭批重增加时，中心矿石数量增多。

（5）原料变动的影响。原料成分的不稳定会导致高炉工作稳定性被破坏。

炉顶调剂的目的是要掌握这些因素的有利和不利的影响，并使炉料分布达到最理想的情况。但是哪一种分布是最理想的呢，答案需要不断从实践中寻找。

炉顶调剂法是当时最先进的调节高炉的方法，因为它用在高炉变化之前，而且效力最大。高炉操作应以炉顶调剂法作为最主要的调剂高炉行程的方法。

我们在实践中得到的结果与苏联炉顶调剂法的原则是相符的，也是我国炼铁事业可借鉴的苏联经验。推行炉顶调剂法是保证高炉达到“全风量快料顺行”操作的最重要手段之一。随后我们根据研究成果制订出炉顶调剂规程，使操作人员充分掌握这一新的操作方法，把高炉操作的技术水平又提高一步。1951 年鞍钢炼铁厂高炉产量超过历史最高水平，各项指标均在国内领先。

五、逐步向全国推广

1952 年 5 月，我担任了生产科长，成为炼铁生产组织的负责人，身上的担子更重了。从这一年到 1956 年，高炉炉顶调剂法逐步向全国推广。1952 年，全国就有一些炼铁厂闻风而动，派人到鞍钢学习高炉炉顶调剂法，石景山、本溪等钢铁厂的高炉都进行了一系列的试验，并规定了正常的装料制度。此后，上部调剂成为日常的调剂手段，取得了显著的成效。

当然，任何事情都不会一帆风顺。在推行炉顶调剂过程中也有一些争论，最主要的争论是鞍钢大高炉的炉顶调剂法适合小高炉吗？小高炉最有利的煤气分布应是什么状态？有些技术人员认为小高炉与大高炉的煤气分布应该是一样的，另一种观点则认为二者不应该一样。在当时的龙烟、马鞍山和阳泉等厂，大多数高炉操作人员认为最有利的煤气分布是边缘 8%～10%，中心 12%～14%，呈草帽状的曲线。这种煤气分布之所以被认为有利，是因为这时风压较低，高炉较顺。这种煤气分布实质上是边缘过分发展的一种表现，当然风压低；由于边缘过分发展，焦比一定高；中心堆积，炉缸比较冷，生铁含硫就高。中心堆积不能保证顺行，所以这些高炉往往发生悬料和崩料。

后来，大冶厂的实践给小高炉煤气分布的问题做了结论。大冶厂高炉的煤气曲线经常是边缘 8%～10%，中心 8%～10%，它的最高峰值在炉子半径 1/2 处，达到 17%～18%。该厂的高炉十分顺行，1956 年的 10 个月内崩料仅 25 次（其中有几次是休风后送风引起的），高炉系数达到 0. 654（当时采用的是苏联高炉利用系数表示法，相当于现在的高炉利用系数为 1. 529 吨/(立方米・日)），为当时全国月平均水平。

小高炉和大高炉一样，要求边缘和中心都有适当的煤气流以保证炉况顺行、煤气热能的充分利用和炉料的充分准备。许多厂在小高炉上继续进行各种装料制度的试验，渐渐获得类似大冶厂高炉的煤气分布，最终达到了让高炉顺行及焦比降低的目的。

在推行炉顶调剂法过程中也存在一些问题，有的厂对这一新方法接受慢，利用得还不充分，有些车间没有把一定范围内炉顶调剂的权力交给工长。其实，高炉炉况失常的萌芽就是煤气分布的失常，能及时利用炉顶调剂来纠正才是最经济和最有效的。我认为车间的领导者应当明确各种调剂方法的作用，并把一定范围内调剂的权力交给工长，这对保证高炉顺行会有很大好处。

高炉炉顶调剂法在全国范围内得到大规模推广，对提高全国炼铁生产水平起到了重要的促进作用。

关于高炉炉顶调剂法的借鉴、探索、实践、总结、推广和思考，我都写进了《高炉的炉顶调剂法》（发表于《鞍钢》，1951 年第 26 期）和《我国炼铁生产发展中的几个问题》（发表于《钢铁》，1957 年第 1 期）两篇文章中。

我虽在 1957 年初离开了鞍钢，但仍然关心它的发展。3 年之后，也就是 1960 年初，鞍钢的技术人员研究总结了高炉强化冶炼的经验，厘清了高炉强化与原燃料质量和煤气流分布以及高炉设备等十大关系，将上部调剂与下部调节结合起来，创造了“以下部调剂为基础，上下部调剂相结合”的具有我国特色的高炉调剂法。

第五章 “高炉脱硫与‘低锰炼钢’铁”诞生记

一、千方百计脱硫

从1952年5月我任鞍钢炼铁厂生产科长到1954年我任厂长助理，除了正常协助厂长抓生产、抓质量、抓安全以外，我重点破解高炉的脱硫与“低锰炼钢”铁（生铁）冶炼这一课题。

1951年以后，鞍钢生铁的含硫量普遍升高，时常有超过规格上限的现象。含硫量的升高是随着高炉产量的增长而发生的，其原因很多。为了挽救高硫铁，采取了炉外脱硫的办法。1954年铁水炉外脱硫最严重，个别月份高炉生产的铁水有60%以上经过炉外脱硫，以个别高炉而论，月平均脱硫率曾达到99%。经过多次攻关，1955年下半年起情况好转，脱硫率下降至10%以下，但是炉外脱硫一直在采用。

高硫铁水对炼钢生产不利。在平炉操作过程中去硫作用不强，铁水含硫过高就需要延长炼钢时间，平炉的产量就会相应降低。高硫铁水经过炉外去硫，如果渣能完全扒掉，高炉铁水质量可以得到改善，但往往渣不能完全扒去。当时，鞍钢炼钢厂缺少扒渣设备，脱硫渣大部分进入混铁炉及平炉，引起“回硫”，使铁水硫含量升高，同时对平炉炉衬耐火材料也造成损害。为了提高炼钢的生产，降低高炉铁水的含硫量已经到了刻不容缓的地步。

我们首先要找准影响炉渣脱硫的因素。许多炉渣脱硫研究的结果表明，高炉内炉渣的含硫量并未达到饱和。1952年，我们委托大连科学研究所对此做了一些研究，结果表明，把鞍钢高炉渣加热到1500℃，仍可吸收原含硫量15%~30%的硫。由此可见，提高炉渣的脱硫能力是降低高炉铁水含硫量的方法之一。

影响炉渣脱硫能力的因素很多，如渣碱度、炉缸温度（通常以生铁含硅量表示）以及生铁含锰量等。渣碱度高、炉缸温度高（生铁含硅高）时，炉渣脱硫力强，反之则弱。研究这些因素的目的就在于掌握它们的规律，并用以提高炉渣的脱硫能力。

这些因素以外的另一个因素即炉缸工作的均匀性却容易被忽视。

（一）发挥炉缸工作的均匀性对炉渣脱硫的作用

高炉炉缸很大，在炉缸内各区域反应进行并不均匀，有时相差很大。某些情况下，个别区域脱硫反应进行较好，接近平衡；另外某些区域反应进行较差，未达到平衡，这样所得到的生铁含硫量就高。

1951年，4号高炉工作情况不稳定，生铁含硫量也高。我们发现矿石批重小，布料不匀。当时采取的措施是装双料，矿石批重增加了一倍以后，炉况稳定下来，生铁含硫量也降低了。在碱度相同的情况下，生铁含硫量降低了0.01%。

高炉圆周工作不均匀有许多原因，如布料不当、风量过大、管道行程、炉温波动等。如果消除这些因素，炉渣脱硫能力提高了，生铁含硫量就低。

1953年，4号高炉出现经常性的工作不均匀的现象，当时查明是高炉半面炉墙结瘤造成的。操作人员曾试图采取关闭风口、调节进风量的手段来纠正圆周工作不均匀的现象，结果风口关闭后情况更加恶化。闭一个风口比不闭时生铁含硫量高，闭两个风口生铁含硫量更高。这让我们认识到风口工作均匀的重要性，同时也证明高炉炉身上部结瘤用下部进风量调节完全无效。

高炉结瘤后，高炉工作肯定不均匀。这就和人一样，胃部不适，身体就不正常。消除炉瘤后，4号高炉工作正常，生铁含硫量就低下来了。

1954年，又遇到同样的结瘤问题。1号高炉因为中修后慢风操作及发生事故酿成结瘤。风压剧烈波动，难行，崩料，生铁含硫高，不得不采取炉外脱硫的办法，在进行了大规模的洗炉之后，炉况才稳定下来，生铁含硫量随之下降。

炉缸中心的热度对炉渣脱硫能力有很大影响，如果炉缸中心过冷，炉渣脱硫能力就低，产生高硫生铁。炉缸中心热度不够的原因很多，如布料中心矿石负荷过重，风量不足等。实践中不止一次证明，提高炉缸中心热度对提高炉渣脱硫能力作用极大。1954年1月，4号高炉生铁含硫量高，炉外脱硫率达到99%，原因也是中心堆积。从装料制度上采取了减轻中心负荷的措施后生铁含硫量降低了。

(二) 提高炉缸温度加速脱硫反应，增强炉渣脱硫能力

冶炼铸造生铁时，炉缸温度高，渣的脱硫能力也强。冶炼炼钢生铁时，炉缸温度较低，渣的脱硫能力也弱。

影响炉缸温度的因素很多，如造渣制度、焦比、送风制度及直接还原程度等，其中矿石的还原性能对炉缸温度有很大影响。

高炉操作人员观察发现，配料中磁铁矿的配比高时，会使炉渣温度降低。那么，它对炉温有何影响呢？我有意识地组织生产进行观察。1951年第4季度，配矿时使用四成的某种磁铁富矿，则高炉产量增加，含硫量上升；1952年第1季度，在该炉子上使用两成同种磁铁富矿，与前种配矿炉渣温度相差约40℃。这表明矿石还原性对炉缸温度的影响很大。

1954年9月，4号高炉由于人造富矿供应不足而使用大量磁铁矿，生铁含硫量升高。随着磁铁矿比率增加，虽然生铁含硅量和渣碱度都没有大的差别，但是生铁含硫量却增加了。矿石的特性不同，对炉缸温度有不同的影响。难还原而脉石易熔化的矿石对炉缸温度十分不利；易还原而脉石难熔化的矿石对提高炉缸温度有利。4号高炉当时所用的磁铁矿属于前一类。简单来说，磁铁矿不利于脱硫。

由此可见，使用自熔性烧结矿毫无疑问会有利于炉渣脱硫。1956年4月，炼铁厂停止炉外脱硫，一个重要的因素就是使用了自熔性烧结矿。

根据我们的跟踪观察，还原性不同的高硫磁铁矿对生铁含硫量影响不同。所以对高硫矿石进行评价时还要看矿石的还原性。易还原的矿石含硫量高，并不可怕，最可怕的是高硫而又难还原的矿石。

在研究高炉炉缸内工作情况的时候，必须考虑到炉身工作与炉缸工作是不可分割的，前者对后者有决定性的影响，炉身工作均匀，炉缸才能均匀。如果原料在炉身准备得好，炉缸温度就高，在强化高炉操作中，必须创造这样有利于生产的条件。

二、正确控制炉温是一个好办法

锰对脱硫的影响到底能到何种程度，这是我在带领大家攻关中要解决的重要问题。

当时有一部分人认为，锰对高炉炉内脱硫有很大作用，甚至有人认为锰比渣的碱度还重要。许多资料也都证明，当生铁含锰量高时，含硫量降低。对此，我持否定意见。我找到了他们得出上述结果的原因——在研究生铁含锰量对硫黄影响的时候，没有详细分析影响生铁含锰量的因素。锰在高炉中的回收率在40%~70%。除了配料的含锰量之外，影响生铁含锰量的因素还有炉温及渣碱度。当炉热或渣碱时，生铁含锰量高，同时含硫量也低，于是造成一种错觉，认为硫低是锰高的结果。

锰对生铁脱硫并不是毫无影响，因为MnO增加会改进渣的流动性，对脱硫当然有好处。但是锰对高炉内脱硫的影响并不大，在铁水流出高炉后的运送及停留期间，锰才能发挥它主要的作用，因为锰的脱硫反应是放热的。当铁水出炉后温度下降时，反应进行顺利。生成的MnS上升到铁水表面形成渣子，生铁的含量就降低了。在高炉内这个反应并不发展，这种情况被人忽视了。

鞍钢冶炼“低锰炼钢”铁的实践证明了这种对锰脱硫作用看法的不正确性。从 1955 年下半年起，许多高炉相继由“高锰炼钢”铁（Mn=1.5%）改为“低锰炼钢”铁（Mn <1.0%），生铁含硫量不仅没有升高，相反有降低的趋势。到 1956 年 4 月，生产的全部“炼钢”铁都是低锰的，Mn<0.5%，生铁含硫量不仅未升高，反而把长期没解决的炉外脱硫法停止了。

我们收集了 5 号高炉 1956 年 1～6 月由“高锰”转为“低锰”时生铁含硫量的数据变化。因为在 6 个月中配料改变的次数很多，炉况不稳的次数也不少。虽然如此，仍然可以得到这样的结论：锰的含量对生铁含硫量的高低基本上没有影响。我们再把 6 号高炉的数据转换成曲线，情景和 5 号高炉一样，生铁含硫量的高低，并不受生铁含锰量的影响。

是不是可以认为锰对炉渣性能没有影响？也不能。MnO 可以改进炉渣的流动性是共知的事实，既然能改进渣的流动性就会影响渣的脱硫力。

如果把炉温的影响加在一起研究，就可以看出锰对脱硫的影响。我们又对 8 号高炉及 4 号高炉的数据进行统计，当炉温低时高锰铁的含硫量比低锰铁低，但当炉温高时，二者之间并没有差别。原因是炉温低时渣中 MnO 高可使炉渣具有较好的流动性，使其脱硫能力下降的趋势缓和。炉温高时渣流动性已足够，增加 MnO 不会带来更大的脱硫效果。

这里又一次证明了炉温对炉渣脱硫的重要性，尤其在冶炼低锰铁时，掌握炉温成了冶炼成功与否的关键。为了求证炉温影响的程度，我们又研究了 6 号高炉数据，发现在碱度相同的情况下，仅仅因为炉温不同，生铁含硫量相差 0.02%。

多项验证表明，高炉操作者如果能正确控制炉温，就没有必要用增加含锰量的办法来帮助脱硫。锰是很贵重的金属，应当尽量节约，冶炼“低锰炼钢”铁实际成了降低生铁成本的重要措施。

三、对节约和增产有利

冶炼“低锰炼钢”铁已被证实是一个降低生铁生产成本的好方法，但是它对高炉的生产有哪些影响呢？好处又在哪些方面呢？为了弄清冶炼“低锰炼钢”铁对高炉生产的影响，根据鞍山的原料条件做了理论焦比的计算。在这个基础上计算矿石铁分、焦炭灰分及生铁含锰量对焦比的影响。计算表明，降低生铁含锰量除了节约锰矿之外，还可节约焦炭。根据计算，生铁含锰量由 1.5%降至 0.7%，每吨铁可以节约 64 千克（Mn 25%）锰矿，25 千克石灰石，14 千克焦炭。在当时的年代，假定每吨锰矿的价格是 50 元，石灰石是 7 元，焦炭是 40 元，则冶炼“低锰炼钢”铁每吨铁可以节约 3.93 元。年产 100 万吨的炼铁厂，如果生铁含锰量由 1.5%降至 0.7%，全年可以节约 6.4 万吨锰，1.4 万吨焦炭及 2.5 万吨石灰石。由于焦比降低还可以增产 1.8 万吨生铁。

理论计算可证明冶炼“低锰炼钢”铁有很大好处，但是必须用高炉生产的实践来验证计算的正确性，为此，我们在 7 号高炉边实验边收集数据。

通过对 7 号高炉较长的两个阶段的技术指标的分析和数据的计算，最后得出 Mn 的影响数据。生铁含锰量降低 1%，使焦比降低的数据为 23.3 千克。

接着我们分析了 8 号高炉的数据。用上面同样方法计算，生铁含锰量降低 1%，焦比降低数据为 50 千克。

一个是节约，另一个是增产，两笔账合在一起数字是惊人的。

渣量的多少对高炉顺行有很大影响。冶炼低锰生铁后渣量减少了，改善了炉料的透气性。这方面获得的利益，足可以补偿由于氧化锰量少使初成渣性能较差带来的损失。因此 7 号、8 号高炉冶炼低锰铁后冶炼强度都增加了，增产的效果要比降低焦比的效果好。

实践证明，冶炼“低锰炼钢”铁对节约国家锰矿资源尤其重要。

四、让低锰生铁对平炉炼钢无不良影响

冶炼“低锰炼钢”铁对高炉生产有利，但如果不利于炼钢生产，这项措施便不能实行。这也是我们要认真考虑的，否则，这一成果便推广不了。

关于低锰生铁对平炉炼钢的影响问题，大连科学研究所和鞍钢冶金研究室组织过专门的研究，得出以下结论：

(1) 铁水进入平炉后所含的锰有 90%以上转入炉渣而被排出炉外。无论高锰或低锰铁水，熔毕锰都在 0.06%~0.12%，相差无几。

(2) 使用低锰而含硫量合格的铁水炼钢，熔炼及铸锭情况为，纯沸腾降碳速度与高锰铁水无差别。用低锰铁炼成的钢，轧成钢材，与一般钢材力学性能无差别。

(3) 使用低锰铁水熔毕含硫量与高锰铁水无区别，但熔化期由于熔渣 MnO 含量低而降低了平炉渣的脱硫力。

(4) 含锰量为 1.3%~1.5%的铁水在罐内停留 80~160 分钟后其含硫量可下降，当含锰量为 0.3%~0.5%时，含硫量几乎不下降。

生铁中的锰在平炉炼钢过程中并不起作用。即使铁水含锰量高，在注入平炉后的半小时内绝大部分也进入渣中，高锰铁对平炉炼钢来说不仅是多余的，而且也是不必要的浪费。平炉渣虽然作为高炉含锰料而被使用，但又有什么必要把锰矿加入高炉，然后从平炉回收平炉渣呢？完全可以不生产含锰高的平炉渣，也可不使用平炉渣。

有的炼钢人员青睐高锰生铁，主要是因为锰在铁水罐及混铁炉中有脱硫作用，平炉可以得到含硫量低的铁水。但是如果高炉炼出的生铁含硫量低，即便在铁水罐及混铁炉内不再有脱硫作用，同样可以保证炼钢。用价格昂贵的锰来换取铁水停留期间这一“作用”，所付出的代价太大了。

为了研究锰在铁水罐内的脱硫效果，我们对不同含锰量的铁水在注入罐前及停留一定时间后倾出时进行取样分析了硫的变化，结

果表明，当 Mn>1.5%时，含硫量有较显著的降低。小于此数值时，铁水含硫量基本无变化，说明除非保持很高的含锰量，否则罐内脱硫基本无作用。

苏联当时研究的资料，也证明了上述看法的正确。后来，大连科学研究所与鞍钢中央试验室的结论为：Mn 在 1.3%～1.5%有脱硫作用的看法是不正确的。

鞍钢炼铁厂从 1956 年 3 月起降低了生铁含硫量，解决生铁炉外脱硫问题后，进一步降低生铁含锰量。冶炼低锰生铁不仅未使生铁质量恶化，相反生铁含硫量却降低了。

我们后来又深入研究，通过对第一炼钢厂混铁炉（生铁）一个月平均数据分析（硅、锰、硫含量），可以证明：只要能保证生铁含硫量合格，降低生铁含锰量对平炉炼钢没有任何不良影响。

五、解决生铁含硫问题，总结“低锰”操作要点

我们首先在 6 号高炉解决了生铁的含硫问题。从 1955 年 5 月起 6 号高炉开始停止炉外脱硫，出炉铁水含硫量都合乎要求，6 号高炉的成绩证明了解决鞍钢生铁含硫问题的可能性，同时也指明解决生铁含硫问题的方向。当时从高炉操作上来分析，6 号高炉的经验主要是：

（1）保持足够的炉渣碱度，并及时调节炉渣碱度，使炉渣成分稳定在规定范围内；

（2）维持适当而稳定的炉温；

（3）正确地掌握炉况调剂，经常保持炉况顺行。

同时，6 号高炉的经验也说明其工长们具有较高的操作技术水平。6 号高炉的成绩有一定的原料基础，那时烧结矿已是自熔性的，碱度达到 0.8。当时的客观条件有利，但其他几座原料条件相同的高炉却没有达到这一步，主要的问题就在于操作技术的水平。解决生铁含硫问题，在高炉操作方面，控制炉温是重要的一部分。1956 年 4

月停止炉外脱硫，主观因素是高炉操作人员提高了控制炉温技术的结果。

稳定炉温是靠稳定冶炼强度（即稳定批数，稳定入炉的风量）及正确的使用风温与湿分来达到的。顺行与炉温稳定是高炉正常操作不可分割的两面，只有炉况顺行，炉渣性能才能稳定，也只有炉温稳定才能保证高炉顺行。

为了在全国范围内力推“低锰”操作，我们总结出以下几个落实要点：

(1) 影响高炉炉渣脱硫的因素很多，保证炉渣脱硫最主要的条件是适当的碱度、炉缸工作均匀、炉缸热度充足。应当认为，单纯用提高碱度来保证脱硫是不经济的方法，这会使渣量增大，破坏高炉顺行，结果焦比升高，产量降低。

(2) 冶炼“低锰炼钢”铁对高炉生产是一举两得的好办法，既增产又节约。

(3) 研究生铁脱硫问题不能离开原料条件。使用自熔性烧结矿对降低生铁含硫量有很大作用。随着烧结矿使用率的增加及质量的改善，以及天然矿石质量的提高，生铁含硫量将会逐步降低。

事实证明，上述结论在后来的全面推广中起到了很好的作用。

第六章 投身"一五"鞍钢建设，思索全国炼铁瓶颈问题

一、在改扩建高潮中锻炼成长

鞍钢改扩建总体初步设计由苏联于1951年10月12日帮助编制完成，1952年2月26日获得中央人民政府批准。

建设鞍钢被国家列为"重中之重"。中共中央于1952年5月4日批示："要集中全国力量首先恢复和改建鞍山钢铁公司。"国家对鞍钢总体设计规划的指导原则是："扩大鞍钢生产规模，使之大大超过以往达到的最高水平""建设新的强大轧钢厂，保证出产多种产品，以满足中华人民共和国之需要"。设计将"根本改变鞍钢公司过去的生产系统，使炼铁与炼钢能力及初轧精轧能力相互协调，形成公司内部的平衡"。总体规划初步设计的年生产规模为：生铁250万吨，钢320万吨，钢材250万吨。

紧接着，中共中央发出"全国支援鞍钢"和"为鞍钢就是为全国"的号召，在全国各地的大力支援下，从1952年下半年开始，一场声势浩大的改扩建高潮在鞍钢掀起，从矿山到焦化、炼铁、炼钢、轧钢、机修等，都全面展开建设。这实际上为第二年鞍钢在国家"一五"计划中的重点建设打下坚实的基础。

1953年，我国"发展国民经济第一个五年计划"开始实施，大规模经济建设全面展开。"一五"期间，鞍钢上马37项重点工程。其中规模最大、以至影响全国的是大型轧钢厂、无缝钢管厂和7号炼铁高炉"三大工程"。

“三大工程”规模宏大，技术复杂，都由苏联设计并提供成套设备。大型轧钢厂于1952年8月1日破土动工，设计年产50万吨，投资10471万元；无缝钢管厂于7月14日破土动工，设计年产6万吨，投资5337万元；7号高炉有效容积918立方米，1953年2月27日开始炉基施工，单项投资1087万元。

我作为炼铁厂生产科长，除了组织好日常的生产以外，还要分出一半精力组织人员配合施工方搞好7号高炉的设备安装、调试、试运行。每天忙得屁股不沾板凳。

“三项工程”得到全国各地的支援，经过全天候和立体交叉施工，鞍钢战胜重重困难，创造出新中国建设史上的奇迹：大型轧钢厂于1953年11月30日投产，无缝钢管厂于1953年10月27日成功生产出我国第一根无缝钢管，两项工程都只用了一年零三个月；7号高炉1953年12月19日投产，安装工期仅用五个月。

中央领导非常关心“三大工程”建设。1953年12月26日，鞍钢举行隆重的“三大工程”开工生产典礼。周恩来总理在1953年12月21日视察鞍钢时题词：“大型轧钢厂、无缝钢管厂、七号炼铁炉的开工生产，是我国社会主义工业化建设中的重大胜利。”

毛泽东主席于1953年12月24日给鞍钢全体职工复信祝贺：“鞍山无缝钢管厂、鞍山大型轧钢厂和鞍山第七号炼铁炉的提前完成建设工程并开始生产，是一九五三年我国重工业发展中的巨大事件。”

在鞍钢，第一次见到朱德副主席时我只有25岁，第一次见到周恩来总理时我只有28岁。在那样年轻的时候，能够当面聆听党和国家领导人的教诲，对我来说是一生的鼓舞。

1953年9月23日，中央人民政府副主席朱德在鞍山市和鞍钢等领导的陪同下视察鞍钢。在实地了解“三大工程”的进展之后，朱德来到炼铁厂。我作为炼铁厂生产科长奉命和厂领导一起接待。朱德等一行来到炼铁厂现场，登上高炉，询问炼铁生产、技术革新、质量检测、工人的安全保障等情况。我第一次和国家领导人近在咫尺，心情格外激动，尽最大的努力简明扼要地做了介绍。朱德鼓励我们鞍钢工人要提高操作水平，炼出最好的铁，炼出最好的钢。

离开鞍钢之前，朱德题词：“鞍钢全体职工同志们！你们站在国家建设最光荣的岗位上，要在劳动工作中发挥自己的最大积极性和创造性，并不断地努力学习苏联专家同志们的先进科学技术和生产经验，为建设中国第一个强大的钢铁基地，为准备帮助中国第二个第三个钢铁基地的建设而努力。”

令人难忘的日子，在两年半之后又一次到来。1956 年 4 月 16 日，鞍钢领导接到上级通知，有国家领导人要到炼铁厂视察，当时，炼铁厂的党委书记让我一起迎接。那时，我已经担任了炼铁厂的厂长助理。等到专车停下后，我们才知道是周恩来总理来视察。

周恩来在鞍钢和炼铁厂负责人的陪同下，来到 7 号高炉，我跟在后面。周恩来来到控制室察看各种仪表，了解它们的用途，询问高炉的生产技术情况和工人们对操作技能的掌握程度。当他听到高炉利用系数这一概念，立即就问高炉利用系数如何计算。所谓高炉利用系数，实际上就是高炉的日产量除以高炉的有效容积。这是一个非常专业的问题。周恩来边听边拿起粉笔，在控制室黑板上列算式，让技术人员告诉他，列得对不对。他还与工人和工长拉起了家常，问工长多大年龄，是否结婚以及生活情况。

周恩来这次在高炉的视察大约有半个小时，在控制室和职工交谈时，由于椅子不多，他一直都站着。这期间周恩来认真听大家说，没有做指示，甚至也没有让人照相。周恩来平易近人、务实细致的作风，令职工们敬佩。

党和国家领导人对鞍钢的重视，对中国钢铁工业发展的殷切希望，令我深感肩上的责任重大，激励我坚持扎根一线，把生产中的难点、重点，当做我研究的课题，克难攻坚，为国家的钢铁事业发展而努力奋斗。

“一五”期间，鞍钢炼铁厂恢复和改建了五座高炉，分别是 3 号、

5号、6号、8号、9号高炉。基本上是一年一座的速度。这些修复的有效容积接近1000立方米的高炉，都装有较先进的设备，如自动化装料系统、冷却壁冷却系统和炉前使用电炮、开铁口机、堵渣口机，以及较完善的检测仪表等。3号、9号高炉还采用了高压操作新技术。9号高炉是我国第一座高压高炉。这些高炉的投产改变了以往设备落后的面貌。这一时期，鞍钢有10座高炉（包括1950年9月修复并生产的47立方米试验炉）生产，总有效容积为7525.8立方米。1957年生铁产量达337万吨，为解放前最高年产量的2.6倍（1942年）；高炉利用系数达到1.410吨/(立方米·日)，接近当时苏联先进高炉水平，较1942年提高0.860吨/(立方米·日)；焦比降到711千克/吨铁，较解放前约降低300千克/吨铁。

试验高炉在整个20世纪50年代交替生产锰铁或贫硅铁（Si 10%~12%）供炼钢生产使用；首次在国内炼贫硅铁；1956年还进行过包头矿石冶炼试验，为包钢高炉的建设和生产提供了数据。

1953年初，也是我人生难忘的日子，我和未婚妻张好学结婚成家。当时，她在保定市教育局工作，为了避免她请假辛辛苦苦跑到鞍山来，我借一个去北京出差的机会，向领导请了公假和婚假，公差办完便到保定与妻子举行了简单的婚礼，完成了人生一件大事。

二、思考我国炼铁生产中存在的不足

经过第一个五年计划时期的生产磨炼，鞍钢炼铁厂的炼铁技术和炼铁职工队伍更为成熟了，敢于冲破外国“技术框框”，走自己的发展道路。

同时，鞍钢成为为全国钢铁企业输出技术的源头和培养人才的摇篮。

因为鞍钢这样的特殊地位，我在工作实践和探索中养成了立足鞍钢放眼全国和世界的思维，对炼铁生产都是从宏观去思考。1956年9月，冶金工业部会同重工业工会在鞍山召开了高炉工长工作经验交流会议，为我提供了一个俯瞰全国炼铁行业的机会，极大地拓宽了我的视野。我在会议前后认真思考，如何清醒地认识我国的炼铁工业的现状，要改进哪些问题，才能推动全国炼铁工业的发展。

1956年，经过七年的艰苦奋斗，新中国的炼铁事业取得突飞猛进的发展。生铁年产量早已超过了之前我国历史上最高水平，提前一年达到国家“一五”计划所规定的目标没有悬念。生铁的质量大幅提高，全国的高炉都先后按照规格生产，不合格产品大大减少。当年，许多高炉还不同程度降低了生铁含硫量。原材料的节约情况特别是焦炭非常突出，解放前焦比的数值大约为1.0~1.2，最差的高炉甚至高达2.0。解放后焦比逐渐降低，1956年全国平均焦比为0.782，达到了当时的国际水平。1956年上半年，高炉有效容积利用系数全国平均为0.769，已赶上苏联当年同期的全国水平。随着高炉设备维护的加强及修建质量的改善，事故逐年减少，基本上已消除了炉缸溃破及爆炸事故；高炉寿命也大大地延长了，自1952年实行高炉中修后，高炉大修的一代寿命有些已经达到7年以上。之后数十年我一直跟踪研究如何延长高炉寿命这个课题。

1951年，全行业推行了全风量操作，许多高炉产量比解放前提高了0.5~1.0倍。1952年开始推行炉顶调剂法，大部分高炉实现顺行及焦比降低。在原料准备方面，对大规模的天然矿石进行中和，并对铁矿石按粒度分级，改善了原料条件的稳定性；使用了高碱度的自熔性烧结矿后，极大地降低了焦比、提高了产量。1954年起推行了热风炉快速燃烧法，最好的高炉风温已达850~900℃以上。降低平炉炼钢生铁含锰量试验的成功，不仅提供了新的增产手段，并推翻一些夸大锰在高炉中的作用的传统看法。1956年8月在苏联的帮助下，我国又建成第一座高压炉顶高炉，产量比一般常压炉提高约10%。在我国炼铁事业的发展中，苏联当时的先进科学技术起到了极大的推动作用。

为了推行新技术，新中国成立7年后，全国的炼铁厂对旧有的设备进行了一系列技术改造。在大型高炉中改建了6座自动化高炉，在中型及小型高炉中加强了炉体结构及炉衬，增设了炉顶旋转布料器及热风炉压力送风的燃烧器。为了摆脱炉缸事故的威胁，全国大部分高炉都装有炉缸冷却壁及机械堵铁口设备。在炉前操作方面，改进了泥炮质量，推行先进操作法。在设备维护方面，建立各种维护制度，推行快速检修法和高炉中修的经验，使得高炉作业率大大提高，高炉一代寿命也大大延长。开炉工作的进步，不仅促进高炉增产，也是炉龄提高的因素之一。此外，我国各铁厂炼铁车间都已建立起成套的管理制度及规程，这是保证实现上述一切措施的先决条件。

在看到高炉生产成绩的同时，我认识到我国炼铁生产中存在的不足，主要问题是全国高炉发展的严重不均衡。当时，我将其归纳为如下几个方面：

第一，高炉生产和原料生产的不均衡。高炉生产增长快，原料生产增长慢，造成了矿石供应不足。矿石铁分逐年下降，矿石成分波动大。选矿与烧结厂投入生产的速度落后于高炉增长的速度，配料中烧结矿的比例不能增长，不得不大量使用天然富矿，因而造成其供应紧张。原料的落后限制了高炉产量的增长，同时削弱了新技术的效果。而在我国西南地区，由于铁矿品位低、渣量大，造成高炉生产指标落后。

第二，设备与高炉操作要求的不均衡。有许多高炉虽然允许提高冶炼强度，但由于风量不足，不得不维持冶炼强度在1.0以下。钢铁局所属的铁厂，由于送风机能力不足，高炉在夏季不可能保持规定的装料批数，每年夏季减产几乎已成定律。当时，除了鞍山、石景山、本溪、太原等厂高炉使用风温在850℃以上外，其余各厂风温都在800℃以下，甚至在700℃以下，其主要原因是煤气洗涤设备不完善、煤气含灰量太高，以及热风炉构造不合理等。各厂使用风温的高低相差悬殊，焦比相差自然也大。

第三，各厂先进经验与新技术推广的不均衡。在大的炼铁厂，先进经验与新技术推行得较好，因此进步快；而在其余厂，新技术接受较少，进步也慢。例如炉顶调剂法，有些厂早已用作经常性的调剂手段，但也有些厂对最有利的装料制度仍然认识不清。所以，生产水平相差越来越大。

这三个羁绊我国炼铁生产发展的主要矛盾，其中以原料及设备与高炉发展的矛盾尤为重要，而高炉操作归根结底取决于原料与设备条件。

三、改进原料准备工作

冶炼前矿石准备有多重要？看看整个生产的比例就知道了。炼铁生产中原料所占的比重为 70%，设备及高炉操作占 30%。

“一五”期间，全国大部分钢铁厂的炼铁车间都开辟了贮矿场，进行天然富矿的中和。石景山钢铁厂在中和矿石方面取得较大的成绩。他们改造了矿石破碎筛分设备，合理地组织了运输，将矿石分堆分层平铺及切取。中和后的矿石含铁分波动比以前减少了一半以上。矿石成分波动减少，炉况稳定下来。

全国绝大部分钢铁厂炼铁车间都进行了矿石分级工作。石景山厂首先在 1 号高炉试验，当时分级部分占总量的六成。取得了三个好效果：一是炉况顺行，风压平稳；二是产量增加 1.83%；三是焦比降低 2.3%。

1955 年 6 月至 1956 年 10 月，在鞍钢 6 号高炉、石景山厂 1 号高炉、本溪与太原等厂使用自熔性烧结矿都获得较好的技术经济指标，这都说明了大量使用自熔性烧结矿是提高高炉设备利用率的主要方法。高压炉顶操作可使高炉增产 5%～10%，但增加大量设备，远不如提高烧结碱度来得经济。

这些，充分证明加强与改进原料准备工作是增加生铁产量的首要措施。

原料落后的情况必将影响并妨碍高炉技术经济指标的改善。需要尽一切可能增加天然富矿的产量，对新建或改建的钢铁厂应抓紧矿山及选矿、烧结的工程进度，才能扭转两者紧张局面。足够的矿石储备是原料准备的基础。

我国大多数炼铁车间原料准备工作机械化程度很低。除鞍钢及马鞍山厂外，全是人力中和矿石，矿堆不能太大，中和效率不高，分级设备能力也受到限制。需要逐步地推行原料工作的小型机械化，积极地进行矿石的中和与分级，提高自熔性烧结矿的生产量。在原料准备改善以后，炼铁生产才能进一步提高。

此外，焦炭的质量虽在解放后有很大改进，但从 1953 年以后，质量的改进非常缓慢，而且有些厂出现了退步。这种情况虽与洗煤质量有密切关系，但焦化厂在碎煤、备煤、调火、消火操作上存在很多问题，以致焦炭强度不足，焦炭水分由 1%以下波动到 6%以上。土焦的质量更难令人满意。

由于焦炭供应数量渐感不足，改进焦炭质量是解决焦炭不足的一个办法，而根本办法是增加新焦炉。

四、挖掘高炉设备潜力

新技术与先进经验的推广，大大地提高了高炉设备的利用率。旧设备越来越不能满足高炉操作的要求了。

送风机能力不足是多数高炉设备中的薄弱环节。每年夏季，小高炉由于风机风量不足而减产的情况最为严重。

有些高炉风温低于 700℃。风温低，在热风炉燃烧制度方法上有一些原因，但最主要的是热风炉构造上的缺陷及煤气太脏，后者成为改造热风炉的主要障碍。

高炉装料设备应当满足以下几个要求：炉料在炉喉分布均匀；允许进行炉顶调剂；保证按高炉规定装入最大数量的矿石和焦炭。如以这三项为标准去检查全国每座高炉的装料设备，就会发现很多都不合格。装料设备的缺陷妨碍了高炉正常操作。

长期布料不匀，使煤气利用变坏，焦比升高，造成偏行，使炉形失常。重庆钢铁公司1号高炉的偏行就是布料失常的结果。

装料设备不合理或能力不够的高炉需要利用中修或大修的机会进行改造。装料设备的正常对高炉顺行及操作有极大意义。

渣铁处理也存在问题。许多小高炉的出铁场很狭窄。在这些厂里没有炼钢车间及铸铁机，高炉铁水要在出铁场铸成铁块，狭小的出铁场就成为高炉增产的阻碍。

在某些厂里，水和蒸汽的供应也有困难。阳泉铁厂水的质量很差，硬度高，悬浮物多，水量不足。必须加速寻找新水源，否则高炉就不能合理地进行冷却。

大多数小高炉没有风量记录计，有的甚至连指示计也没有。很多高炉没有风压记录计，有炉顶煤气压力计及煤气温度计的就更少。风温大多是指示计，因为维护不好常常发生差错。这样的计器显然不能满足高炉操作的要求。

我国第一座高压炉顶高炉——鞍钢9号高炉，虽然开工时间很短，但已显示出高压操作的优越性：高压操作使高炉增产的高值可达到约16%。

要对高炉设备进行系统的研究。解放以后，全国恢复改建了几十座高炉，这些高炉大小不同、型式各异，需要根据它们的工作指标来比较分析，究竟哪种尺寸和型式是最理想的。

鞍钢和本溪的高炉都用料罐装料。在国外，用料罐装料的绝大部分是容积小的旧高炉，而我们的料罐式高炉都是高度机械化自动化的，拥有自动化的装料系统，并且采用了高压操作。我们要从这些高炉中寻出各种设备的最好型式及最合理的炉型，这将会给今后改建做有益的参考。

我国有在数量上占很大比例的小高炉。现在和将来都要发挥重要的作用。这些小高炉大部分设备简陋，布置不当，不利于采用新技术提高产量。所以如何对小高炉进行改造是一个亟待研究的问题。

由于国外无小高炉标准设计，需要我们系统地根据现有小高炉资料全面地研究小高炉构造问题。首先要研究平面布置、运输；研究原料如何运输、装料设备的型式、热风炉的构造及炉体构造；最后还要寻找出约 100 立方米及 200 立方米的高炉标准炉型。

在小高炉上硬搬大高炉的经验有时是行不通的。一些小高炉采用大高炉型的冷却壁使炉腹结厚的事实就足以说明大、小高炉需要不同程度的冷却。这类的例子还很多。

当我们研究分析与总结了现有高炉构造之后，一定会在后来的恢复与改建高炉工作中发挥更有效的作用。

五、全面提升高炉操作水平

在高炉技术操作方面，仍存在着许多问题，严重地阻碍了高炉生产。

刚解放时，我国高炉工作者在技术操作方针上曾走了不少弯路。1951 年开始推行的全风量操作在提高全国炼铁生产水平上起了很大作用，但也出现有的高炉操作人员不顾条件盲目吹风的倾向。有些高炉不顾一切地将冶炼强度提高到 1.2，由于盲目追求冶炼强度，1953 年至 1954 年间全国各厂高炉普遍结瘤。

结瘤的教训使高炉工作者认识到“高炉风量必须与炉料的透气性相适应”，以及“强化高炉行程在于增加每昼夜熔化矿石的数量而不只是燃烧焦炭的数量”。

在这个技术操作方针的指导下，高炉工作者不再盲目地追求冶炼强度而从事大力降低焦比的工作。结果是高炉结瘤事故大大减少了，1955 年及 1956 年高炉有效容积利用系数空前地改善。

虽然在全国范围内高炉技术操作方针基本上明确了，但在个别的厂及个别的高炉工作者中间认识并不一致。

许多高炉工作者对降低焦比重视不够。事实上，降低焦比比提高冶炼强度有更大的增产潜力。除了西南的高炉外，我国大部分高炉的矿石是较富的，渣量一般不多，有些高炉渣量很少，完全有可能降低焦比。用降低焦比来增产是最经济的方法。

为了降低焦比还需要做许多工作。某些操作人员对控制规定冶炼强度的观念还不是很明确。有些厂仅规定了冶炼强度的上限而不规定装料批数的范围，批数忽多忽少会引起炉温波动。装料批数的稳定是高炉操作稳定的必备条件。

1954 年开始大力推广的加湿鼓风操作取得了极大的成绩。鞍钢 1955 年焦比比 1954 年降低 0.062，其中有 70%是推行湿风高风温操作的结果。对于热风温度，鞍钢由 1954 年的 650～670℃提高到 1956 年的 850℃。石景山厂大高炉由 1954 年的 630～650℃提高到 1956 年的 900℃。

有些高炉推行湿风操作很成功；也有些高炉虽然推行了，但并未获得利益，甚至失败；还有一些高炉并未推行。

推行湿风操作没有获得效益，主要原因是没有随湿分增加相应地提高风温，以补偿水分在炉缸内分解所消耗的热量。由此可以说明，推行湿风操作时，必须提高风温才能获得效益。还应防止提高风温的片面性，虽然不可能从理论上说明热风温度有没有极限，但必须注意到风温的高低（和风量大小一样）是取决于炉料特性的。只有在高炉顺行的条件下才能提高风温，否则就会产生和盲目吹风一样的恶果。

鞍钢、石景山、本溪、太原等厂湿风操作的方法由固定湿分变为固定风温，以湿分作为调剂手段。这种做法对热风温度已达设备允许最高限度的高炉来说是经济的。需要指出，风温与湿分两个因素必须固定一个，如果两个因素都不固定一定会使操作紊乱。

关于冶炼铸造铁的造渣制度，有两种不同的看法。鞍钢、本溪冶炼铸造生铁时炉渣碱度比制钢生铁低，而在龙烟、马鞍山、阳泉冶炼“铸造铁”一向使用碱度很高的渣。

从许多高炉冶炼铸造生铁的操作指标的比较看出，显然炉渣碱度低一些的是合理的。

冶炼高硅生铁必须采用碱度较低的渣，鞍钢的实践证明了这种看法是合理的。

为保证生铁含硫量合乎要求，适当的炉渣碱度是必要的。原料中含硫量越高，炉渣碱度也越高。但是仅靠提高炉渣碱度并不能全部解决生铁含硫量问题，因为另外一个因素——“炉缸工作”，对脱硫有很大影响。只有炉缸工作均匀，热度充足时炉渣脱硫能力才可能充分发挥。适当的造渣制度及工作良好的炉缸是降低生铁含硫量必须兼备的条件。

1956 年前后，炉前重大事故已基本上被消灭了，但一般事故及操作失常的现象仍很多。如果不能及时改善炉前操作，高炉增产将受到阻碍。

有些厂按时出铁率及按时出渣率很低，这都说明炉前工作混乱。

铁口操作不好的首要原因是炮泥的质量不好。有些炉前工制作泥套非常马虎，只挖一个洞就了事。有些厂的炉前工长期没有烤铁口的习惯。潮铁口出铁是非常普遍的现象。

对放渣工作，高炉工长和炉前工不够重视，上渣常常放不净。有些高炉经常在出铁前风压高，出铁后风压低。有些高炉下渣量大于上渣量。这对铁口保护十分不利。

为改进炉前工作，必须改进泥炮质量，改善配料比增加必需的设备，并同时提高炉前工人的技术水平。在这方面，组织炉前工学习先进经验将会有很大帮助。

煤气操作中存在两个问题：一是某些高炉风温不能提高；二是小高炉煤气设备安全问题严重。必须迅速地改善煤气设备的状况，如果继续忽视可能发生严重的事故。

在许多厂开炉及休风后的送风常常进行得不顺利。大冶及太原开炉后，不久即结瘤。太原厂 1956 年一次休风后的送风经过 30 余小时才正常下料。许多高炉要在送风后 12 小时至两班期间才恢复正常。

结瘤并不是高炉操作中一个单独存在的问题，它是一切原料、设备缺陷及高炉操作失常的集中表现。

1956 年仍有一些高炉结瘤。每座高炉结瘤各有其独特的原因。阳泉结瘤应当首先归咎于左右摇摆的大钟。龙烟结瘤与料车布料偏析有密切关系。重庆结瘤主要是雨季矿石粉末太多。马鞍山 6 号高炉结瘤主要是布料不均，在安装旋转布料器后炉瘤就不发展了。鞍钢 4 号高炉结瘤的原因只有高炉工长最清楚，是操作波动。

全国各厂在贯彻操作规程上存在很多问题，三班操作不统一现象严重。鞍钢的工长遵守操作规程的情况较差。在 1956 年 10 月，违反操作规程的次数据不完全统计就有 120 次，也无怪乎废品率高达 3%。在另外一些厂里的情况也好不了多少。

严格遵守操作规程，三班操作统一是保证高炉顺行必不可少的条件。

六、把管理制度贯彻到底

对高炉的生产技术管理的思考与建议如下：

推广先进经验，采用新技术，并要求操作人员具有较强的能力来掌握它们。先进的生产水平要靠先进的生产技术管理来保证。

全国各炼铁车间管理水平落后于生产发展的问题虽不特别突出，但在某些厂已相当严重。例如龙烟厂，没有技术领导核心，对技术操作方针上的许多问题，厂里很模糊，技术人员各有一套看法，得不到统一。认识混乱的现象在一些厂里也存在。生产技术管理必须加强和改进，否则，新钢铁基地即使是用世界上第一流技术装备起来的，也难以正常生产。

每一个厂或车间必须有一个强有力的技术领导核心。这个问题在第二次全国高炉会议中就已经提出来了。但是到了 1956 年 9 月，时间过去了一年半，不少厂的技术领导仍很薄弱，这就使得许多技术改进处于无力的状态。加强技术领导是改进生产技术管理的重要环节。部和局里应组织力量对技术力量薄弱的厂给予帮助和支持。

每一个厂或车间必须有明确的技术操作方针和统一的操作方法。这是保证高炉顺行、产量提高的必备条件。在高炉操作方法上必须三班统一，技术问题的研究和争论是必要的，但行动必须一致。全国高炉技术操作基本规程制订了已一年多了，然而很多厂还未贯彻，这不能不引以为憾。

需要健全车间的管理制度，并贯彻到底。以设备维护制度为例，当时的高炉设备维护情况是不能令人满意的。休风率很高。龙烟铁厂还常有些极不应当发生的事故（例如电工操作错误使全厂停电等事故）。

在许多厂和车间里对提高现有技术人员水平和培养新技术力量的工作注意不够，厂里没有系统地组织技术学习，对新毕业学生的实习指导也很差，我国要新建和扩建很多厂，不加速培养技术力量就不能满足形势需要。

在炼铁生产的发展中要继续更深入而广泛地推广新技术及先进经验，采用各种方式加速经验交流；组织先进经验交流小组，各厂互相访问，召开先进经验会议，以达到互相学习共同提高的目的。

要继续改进生产技术管理，加强厂（或车间）的技术领导，认真地贯彻全国高炉会议决议，健全各种制度，使生产技术管理适应发展需要。为此，要加速工人、技术人员及干部的教育与培养，以提高整个企业技术水平。否则就不能在 10 年左右赶上国际先进水平。

我国炼铁事业发展，需要科学技术研究工作积极和有效地指导和帮助炼铁生产向前迈进。

七、针对差距提建议

1956 年 9 月，高炉工长工作经验交流会议后组织了炼铁轮回交流小组到全国各厂交流经验，我参与其中，也做了不少实地的调查研究。本着知无不言、言无不尽的原则，我把对我国炼铁事业的真实思考，写成《我国炼铁生产发展中的几个问题》文章，并且在文章里说了许多刺耳的真话，指出了许多的不足，甚至指名道姓地批评某些地方、某些厂，也集思广益提出许多建议。当时我的出发点就是实事求是，反映真实情况，这样才能拿出相应措施，解决问题。另外，作为一名技术人员，就是应该弄清事物的本质，在科学技术面前来不得半点虚假，这种本质一定要保持。

文章呈送给冶金部有关司局，受到重视，其中的思考与建议，被吸收采纳，放到 1957 年冶金部的重点工作计划中，推动了全国炼铁工作的改进和开展。同时，文章在全国性刊物《钢铁》（1957 年第 1 期）发表，对各炼铁厂起到了指导和借鉴作用，产生了广泛的影响。

现在想起来，我那时真是初生牛犊不怕虎，才 28 岁，就敢对全局性的工作“激扬文字，指点江山”。好在那一时期在科学技术面前，大家都是平等的，形成了摆事实、讲道理、追求真理的共识，所以才没有惹麻烦，收到了积极的效果。

第七章　调入武钢，缘于审查炼铁系统初步设计方案

一、初识武钢

1953 年，我在学习国家“一五”计划中认识筹备中的武钢，属于资料性的。1956 年 5 月，我受邀去武钢，参加审查炼铁系统的初步设计方案，应该算是实地了解。没有想到，这一去从此就与武钢结缘。

在国家“一五”时期，苏联援助我国建设 156 个项目中，钢铁工业原有 7 项。它们是鞍钢、武钢、包钢、本钢、北满钢厂、吉林铁合金厂、热河钒钛矿。后来把属于有色金属工业的吉林电极厂改属钢铁工业，最后实际为 8 项。这些都是打基础的大项目，特别是鞍山、武汉、包头三大钢铁基地的兴建，对全国经济发展意义重大，标志着中国钢铁工业发展进入新纪元。

国家在“一五”计划中制定的方针是：工业建设以发展重工业即冶金、能源、化工、机械等为重点。这是因为中国的经济刚刚恢复，底子太薄，工业十分落后，仍是一个贫穷落后的农业国。当时，工业产值在工农业总产值中的比重不到 30%；而重工业尤为落后，其产值在工业产值中只占 30%。以钢为例，中国 1952 年人均产量只有 2.4 千克，而同期苏联已达到人均 150 千克。在机械工业方面，中国当时还不能制造汽车、飞机和拖拉机，也不能制造重型机械和精密机械。重工业落后，就无法装备相关各业，交通运输也发展不起来，更谈不上国防工业的发展。只有重工业发展了，才能巩固国防，带动国民经济发展，并为国家的工业化发展奠定扎实的基础。

1955年1月，由苏联承担的武钢初步设计完成。接着，苏联依据中国提供的勘察、测量资料，以及因缺乏而后又测试收集的气象、水文等资料进行了技术设计。

初步设计武钢第一期工程规模为年产钢120万吨至150万吨，成品钢材90万至110万吨，并在工厂总图布置中预留了将来扩建为年产钢300万吨规模的空间。其主要装备有：4座65孔焦炉，4台75平方米烧结机，2座高炉（容积分别为1386立方米和1436立方米），2座250吨和4座500吨平炉，此外还有初轧机、大型轧机和中厚板轧机各一台。

1955年6月12日，国家正式批准了武钢第一期工程的初步设计。武钢建设进入施工阶段。

1955年8月，大冶铁矿剥离基建工程开始施工，揭开了武钢建设施工的序幕。与此同时，青山厂区工程正式破土动工（厂外铁路，附属企业及热电站等施工准备工程）。

1956年1月，青山区主厂址大规模平整场地开始。

二、帮助审查方案，调入武钢

我一到武汉便投入到紧张的工作中，主要是审查高炉及配套的矿山、烧结、焦化、能源介质、运输等设计。

新中国成立之前，中国人还没有自己动手设计过一座大型钢铁企业，更谈不上有什么建设钢铁厂的技术和经验，而苏联不同，他们建有许多钢铁厂，技术成熟，经验丰富。对武钢的初步设计方案，主要是苏联专家讲，我们听。说老实话，我和其他技术人员还没有全面的实力审查他们的方案，我个人有的只是这7年来在鞍钢炼铁厂工作积累的一些实践经验。我把这次参加审查当做一次很好的学习机会。对设计方案不太清楚的地方，虚心向苏联专家请教，他们解释后就不愿再深入探讨下去，双方的差距较大。

尽管根据审查现场的氛围，可以判断苏联专家对我将要提出的意见不是很热乎，我知道他们也不见得会修改，但是，我仍然要把我的想法说出来。一来建武钢是我们国家经济建设中的大事，我们不关注、不当事、当哑巴，说不过去，那说自己爱国就是一句空话。二来作为一名国家培养的炼铁技术人员，有责任把自己的专业知识发挥出来，为设计提出合理化的建议，因为苏联和中国的国情不同，有些地方是可以根据实际情况改进的。我在审查过程中没有迷信苏联专家的权威，提出了一些修改意见。

好在国内有 10 多个单位参加了一些具体设计工作，包括黑色冶金设计总院，黑色冶金设计总院武汉分院、鞍山分院，武汉市城市建设设计院，中南工业建筑设计院，铁道部中南设计院等。他们先后为武钢编制了初步设计、技术设计和施工图纸。也正是他们听取了我和其他一些专家的建议，结合国内具体情况，与施工单位共同研究提出，在征得现场专家同意后对苏联的设计进行了部分修改。

比如，炼铁系统的土建设计由苏联列宁格勒工业建筑设计院编制。我国设计部门结合当时的具体条件，对炼铁系统原设计做了部分修改，总计 40 余项。有 2 号高炉外壳减薄 2~4mm，并简化梯子、平台，取消 1 号、2 号高炉基础内承重支架，取消热风炉厂房，2 号高炉出铁场钢结构框架改为钢筋混凝土柱子及梁等。

烧结厂初步设计及技术设计，分别由苏联有色冶金工业部国立矿物机械处理研究所和列宁格勒工业建筑设计院设计。施工图由鞍山矿山设计院负责编制。修改之处是将石灰石准备间，由青山厂区迁至乌龙泉矿。

焦化厂初步设计及大部分施工图，均由苏联国立焦化工业设计院设计。在全面设计修改及施工期间，有一些局部修改。

耐火材料厂初步设计由苏联列宁格勒耐火材料工业设计院编制，技术设计及施工图由鞍山焦化耐火材料设计院编制。土建部分根据我国建筑结构的技术经济条件，进行了局部修改。

一系列的修改节省了投资，缩短了建设工期。

在审查方案期间，1956 年 8 月，我由助理工程师晋升为副工程师。那时，技术职称的台阶划分较细，一步不能落下，副工程师后面是极少量的工程师，晋升越来越难。当时，鞍钢还向武钢通报了职称晋级情况，表明对派员来参加审查是非常重视的，来人都是技术骨干，权威性很强。

成千上万的工人和干部怀着满腔热情，从全国各地奔赴武钢建设工地。大批建筑材料和施工机械从四面八方源源不断地运到现场。

让我到武钢帮助审查初步设计方案前，刚开始我还没有想到是否会被派到武钢工作，后来，把鞍钢和全国支援武钢的情况一看，我就有一种预感，组织上有可能让我去武钢工作。当时我了解一些鞍钢支援武钢的情况：1956 年 1 月，根据国家要求，鞍钢为武汉、包头和本溪钢铁公司培训 6000 名技术工人和各级行政、技术干部。1956 年 11 月，鞍钢为武钢、包钢输送 778 名干部和技术工人，并代培 150 名矿山工人。如果真是这样，我肯定要服从组织安排了，但是在鞍钢已经干得很顺了，对鞍钢有很深的感情，心里真是舍不得啊。果然，我完成审查设计方案回到鞍钢，领导就找我谈话，组织决定让我 1957 年初，到武钢工作。

领导问我有无意见，我说没有，并表态不辜负组织信任，到武汉努力工作，为武钢这个中国新钢铁基地建设贡献自己的力量。那时，我们就是这样想的，国家的利益大于一切，个人服从组织，不讲条件，工作第一。当然，我也问了我妻子的安排，领导说组织上有考虑：如果我的妻子没有别的意见，就和我一起调入武钢，她还是干教育这一老本行。我的妻子是一位事业心很强的女性，此前未调入鞍钢，是她舍不得在保定的已干得很好的教育工作。这次，我把工作调动告诉了她之后，得到了她的大力支持。她愉快地表示与我一起去武汉，为国家效力。

年底，鞍钢组织部负责与河北省保定市教育局联系，办理妻子的调动手续。这样，我和妻子 4 年的两地分居生活就快要结束了。1957 年就要到了，新的工作就要开始，我对前景充满了期待。

第八章　奋战在工地上，武钢 1 号高炉“9 · 13”提前投产

一、负责炼铁筹备组

1957 年元旦一过，我们夫妻两人便分别从鞍山和保定乘火车南下。我们是山东人，算是北方人，原以为不怕冷，到了武汉却领教了南方的湿冷。武汉冬季的低温，比东北和华北的低温要高许多，但室内没有暖气，气温与室外一样低，只是没有风吹进来而已。到晚上睡觉，被褥都是冷的。

抵汉后，我们暂住在汉口六渡桥一家旅社，从外地来武汉的筹备组人员基本都住在这里。我每天上班，一大早就要起床，乘轮渡过江，再乘汽车一路颠簸到工地，几乎天天都是披星戴月。尽管生活方面存在诸多困难，但是只要我一走到工地，心中就充满了激情。

平整场地和一些外围工程已经开工。10 万名建设者豪情万丈喊出“天当房，地当床，雨天当晴天，一天顶两天”的口号。鼓足干劲加油干，工程一天一个样。

1957 年 4 月 8 日，武钢主体工程正式开工，耐火材料厂、焦化厂、炼铁厂、烧结厂等工程相继施工。武钢建设进入全面而繁忙的阶段。

1 号高炉于 1957 年 7 月 1 日开工。

1957 年初，武钢根据建厂计划，相应成立了筹备组，如炼铁筹备组、炼钢筹备组、轧钢筹备组，每个筹备组具体负责各厂的筹备工作。

我任炼铁筹备组组长，具体分管炼铁和与之相关的筹建事务，在建设1号高炉中全面协调建筑施工、设备安装等，负责操作人员上岗前的培训及高炉正式生产前的各项准备工作。

建设初期，缺乏现代化的机械，施工比较困难，而建设工程量浩大，光挖土方就有5202万立方米。1号高炉挖土方286万立方米。

1957年7月27日，武钢1号高炉开始浇筑基础。它需要混凝土量1700立方米，而且在30个小时内完成，不能间断，任务是十分艰巨。

6月初，指挥部召集我们各方开会，解决一些难题。当时，武汉钢铁建设公司下属的施工单位只有一座混凝土搅拌厂，生产能力不足，即使算上另一座即将完工的小搅拌站，也保证不了每小时供应70立方米以上的混凝土。经过上级党委研究，决定再建一座临时搅拌站。时间非常紧迫，必须快速开建。武汉钢铁建设公司从武汉市兄弟单位租借一些机器。领导、技术员、工人苦战了半个月，临时搅拌站很快建成。有了设备，大家积极准备材料。工人们干劲十足，只用了一昼夜的时间，就洗出了450立方米的石子，超出了平常的一倍。

27日16:00，工地总指挥部下达了浇灌的命令，插着紧急标志“杏黄旗”的翻斗汽车，一辆接着一辆，从各搅拌站向1号高炉工地驰来。我和有关人员在现场协助配合并监督质量。空隙和就餐时间，我们还为工人们送降温品或者饭菜。

工地上，一派战斗气氛，翻斗车将混凝土倒进基坑四周的受料槽，由皮带运输机送到覆盖巨大基坑的平台，数百名工人推着手推车在上面一路小跑转运，将混凝土倒进设定的漏斗，灌进基础，混凝土工人在坑内握着振动器将混凝土一层层捣固。这是一场拼意志、争速度、保质保量的立体施工作业，环环相扣。从搅拌、装车、卸车到浇灌，2000多人争分夺秒，浇灌速度从开始每小时40~50立方米逐渐加快到60~70立方米，最后提高到80立方米。

28 日 19:00，振动器完成了最后的振捣，现场一片欢腾。1 号高炉基础浇灌成功，开创了 27 小时优质快速完成的纪录。苏联专家称赞：中国工人兄弟真了不起。

二、为 1 号高炉提前投产做好准备

1958 年 4 月 7 日，炉体的安装工程全部完成。高炉炉体进入最后一道施工，即高炉砌砖。我几乎天天泡在工地上。高炉砌砖由筑炉工程公司承接。第一战的任务是炉底抹灰。为了保证砌砖工程 8 日正式开始，领导要求他们在早晨 8 点钟以前全部抹完。7 日，施工人员按部署进行分工，经过 16 小时连续奋战，当日 23:00 圆满完成了任务。紧接着高炉砌砖开工。

有一次，我和炼铁厂副厂长周传典到炉内检查，发现在炉底已经砌好的第 5 层炭砖中，有一块砖角上出现鹌鹑蛋般的空洞。我们要求返工，把这一层砖扒掉重砌。这座高炉直径大约 8.2 米，砌一层就是数百块砖，大的重 500 千克，小的也有 150 千克。砌一块砖需要铁葫芦吊，砌上 6、7 层砖要用千斤顶调整，垂直砖缝不超过 1 毫米，水平砖缝不超过 1.5 毫米。施工人员为难，砌一层砖要费多少人力物力？更何况工期这样紧张，原材料又十分短缺，哪能说扒就扒了？他们认为在那块砖的缺角处用炭粉捣固，能达到同样效果。我和周厂长都是极其认真的技术人员，认为这样处理不行，它只能顶一阵子，时间一长，小空洞变成大空洞，就会融入铁水。如果空洞蚀穿，铁水就会钻入炉底的冷却水中，整座高炉将会成为一颗巨型炸弹，后果不堪设想。

我和周厂长一再坚持要扒掉，施工人员强调工期紧张。官司一直打到了武钢总经理李一清那里。他详细地听取了双方的理由后，果断地说："高炉工程，百年大计，质量第一，扒掉！"这一扒，就把 1 号高炉设计的 10 年一代炉龄延长为 18 年 1 个月，一代铁量为 943 万吨，每立方米容积产铁 6804 吨/立方米，达到国内先进水平，

也为我以后研究高炉长寿提供了一些依据。

为掌握苏联提供的技术，我在项目施工的同时，开展了大量生产准备工作，组织了系统的技术培训。

大家现在知道1号高炉投产的日子是1958年9月13日，实际上，这是经过几次“提速”的结果。原计划1号高炉1959年初投产。1958年初，国家部委又要求改在1958年底之前出铁。武钢根据冶金部的指示，提出1号高炉提前到1958年10月1日出铁，并安排焦炉、铁山的选矿粗、中破碎车间以及铸钢、铸铁、电修等主要辅助车间先于高炉提前投产，以保证高炉投产后有足够的原料和备品备件供应。大冶铁矿的采矿破碎系统、乌龙泉矿及焦作黏土矿于1958年7月投产，焦化厂1号焦炉于8月投产，接着2号焦炉于10月29日投产。

为了确保武钢1号高炉顺利投产，我专门组织了矿石性能试验，选定了开炉原料。

1958年9月3日，1号高炉工程竣工，4日凌晨开始用热风烘炉。

最后，湖北省委根据武钢党委汇报的情况决定1号高炉9月13日投产出铁。

9月12日，炼铁厂全体动员起来，为第二天出铁紧张地做好各种准备工作。我随着李一清等公司和厂领导及苏联专家一次次来到1号高炉前，进行各类检查。铁矿石、石灰石和焦炭等原料，都已在料车坑里备好，出铁沟也收拾得干净顺畅，铁水罐在出铁沟的流嘴下就位等候接第一炉铁水。

开炉点火要用大约1400根废枕木。指挥部要求4小时装完，在鞍钢，比这小的炉子需要8~12小时。炉前工们都集合在炉前，准备往炉内运送这一堆废枕木，打好开炉第一仗。李一清等领导在炉前做了简短的动员。12日23:30，往炉内装枕木工作开始，在炉前负责人、劳动模范李凤恩的带领下，老工人率领青年工人分别从高炉的几个风管口爬进炉内。炉内烘炉余温在50℃以上，热得工人们头昏脑涨，汗如雨下。在炉外的工人从3号、11号风口和铁渣口，把枕木一根根向炉内递送。扛、搬、递、架，一片火热的劳动场面，有的工人衣服被汗水湿透了就干脆光着膀子干。我们也被感动了，自觉加入到搬运枕木的队伍中。

因为都是从铁道上拆卸的旧枕木，上面有许多钉子，有的工人的身上、手上、脚上，都被划破了，现场的护士为他们敷药、包扎，他们能忍则忍，忍受不了的，擦一点药水就又上去了，怕浪费时间。大家说，赢得时间，出铁就有保证，就取得了胜利。我见状让几位老师傅拿大锤把枕木上的钉子锤平，减少对工人的伤害。

工人们越干越欢，跟我合起来抬枕木的工人，抬了几根后，生怕我受累，不让我抬了，一个人扛起来就走。炉内的枕木，越架越高。

我们几个人把汽水箱搬到炉前，递到炉内，工人们一饮而尽，接着干。13日3∶00，1400根枕木，只用了三个半钟头就在炉内架好了。

李一清见所有准备工作完成就去打电话向上级领导汇报。之后，他赶回1号高炉操作室，再次召集谢健、周传典、我和李凤恩等，询问高炉点火还有什么问题。在做最后检查时，发现炉壁有一地方有风眼，如不消除就会影响出铁，一时想不出好办法。一位老工人找来一根钢管对准风眼四周焊上，再在钢管上安装一个阀门，风眼就被堵住了。对这位老工人的绝招，李一清称赞说，这样的同志要记在武钢的史册上。消除了隐患，谢健厂长向李一清报告说："可以点火了。"

李一清激动地握紧一支火把，伸进了1号高炉的炉缸，顿时火焰腾腾，热浪滚滚，1号高炉的炉膛燃烧起来。生产的各个环节运行起来，作为开炉指挥长，我的心情特别激动，虽然有苏联的援助，但是这仍然是中国人自己第一次建造的最大最新的高炉，值得我们骄傲和自豪。

三、总结开炉得失

1号高炉顺利出铁，作为现场指挥，我心里的一块石头终于落地了。接下来，我组织技术人员、工人骨干一边做好“9·13”之后的生产，一边总结开炉期间的得失。技术人员奚兆元还撰写了论文《1号高炉开炉总结》。

总体上来看，开炉后没有重大设备事故和重伤事故，但是一般设备事故还是很多，其中电气方面的事故最多，机械第二，原料第三。

开炉半个月以来，14天之内共发生了一般事故21次，其中由于基建施工设备质量不好造成的事故共7次，由于设计不合理共4次，操作失当共6次，验收后管道清扫不干净共3次，原因不明的事故1次。

9月13日至9月20日发生事故19次，9月20日至9月26日发生事故2次，9月20日前平均每天发生事故2.8次，而以后平均每天发生事故0.3次。9月20日以后在操作或设备方面事故都逐渐减少，直至没有。在开炉后14天内没有重大事故，基本上未影响高炉生产，基本可以得出结论，1号高炉开炉是成功的顺利的。

我们还分门别类对事故做了分析和解剖，供以后借鉴。例如，1958年9月12日22:00左右1号热风炉燃烧器喷火烧坏鼓风机风口叶片事故。其原因是，当时1号热风炉正在燃烧，周厂长指示瓦斯工试验1号热风炉冷风阀。因为燃气车间利用鼓风机站的风进行试压，所以冷风管道内有风，当冷风阀打开以后，风吹入热风炉，致使热风炉火焰倒出烧坏燃烧器风口叶片。得到的教训是，冷风管道试风应使所有人员知道，特别是第二瓦斯工；应严格操作纪律，操作热风炉各阀门时，应通过第一瓦斯工；且在热风炉燃烧时，不允许打开冷风阀和热风阀。

通过总结这些教训，让技术人员和工人明白其中的道理，避免事故重复发生。

但是，1 号高炉顺利投产之后，时常出现炉况不稳的现象，对生产造成了一定的影响。从大的方面看，由于 1 号高炉工期提前，一度打破原有施工程序的平衡，如大冶铁矿选矿厂因苏联设计图纸在 1958 年 3 月才到齐，用于建厂的 3000 余吨钢材难以解决；两座焦炉施工力量弱；烧结机建设存在地基问题。这些原因让这三项工程均未按计划在 1 号高炉之前建成投产。为解决上述问题，武钢采取了积极平衡的措施，决定 1 号高炉先吃块矿。国务院同意将海南岛的铁矿石划拨给武钢，以应燃眉之急。

除从外调入 50 万吨铁矿石外，还采取了一系列补救措施：增加矿山运输，加快剥离速度；集中矿山施工力量，抢建选矿厂粗、中破碎车间，力求自行加工块矿，尽量减少调入数量；先使 1 号焦炉提前 1~2 个月投产，以满足高炉所需焦炭的供应。经过多方努力，矛盾得到缓和，施工达到了新的平衡。但是，还存在着因选矿厂及烧结机建设落后，让 1 号高炉被迫吃块矿的问题。矿山不得不采取非常手段，打乱正常采掘程序，以保块矿供应。

针对供给高炉的原料不是非常稳定，主要是烧结矿的质量时高时低，干扰高炉的正常冶炼；烧结机与高炉不匹配，待于进一步调整等问题，我组织技术人员分析、研究，经过技术攻关之后，找出一些适应性的操作方法。

另外，武钢的大型高炉生产，在操作方面缺乏可资借鉴的经验，要想让工人们掌握技能只能依靠我们的技术人员带头在实践中摸索，总结规律形成操作规程。在 1 号高炉投产后不久，我带领技术员，根据鞍钢模式，制定了武钢炼铁厂高炉操作规程，之后又在执行过程中，根据出现的不同情况逐渐修订完善。这样，让高炉生产稳定下来。

第九章 生产与建设并行，组织两座高炉达日产计划

一、为2号高炉竣工提供技术保障

很快就进入了1959年。这一年产铁的指标定为120万吨，要想达到，必须把2号高炉建起来，两座高炉一起生产。同时配套的3座焦炉，矿山及选矿厂一、二浮选系列和烧结厂投产。这一年也是武钢第一期工程建设的高峰年。按规划应该围绕炼钢工程为中心抓建设，但是为了实现当年的铁指标，只能先建2号高炉，适当交叉建设炼钢主体工程和安排初轧、大型、轧板三个轧钢厂相继动工兴建。为集中施工力量，轧辊钢锭模车间缓建，其生产任务由铸钢、铸铁车间替代。耐火厂焙烧回转窑因设备一时难以解决，决定用建设竖窑的措施代替。

1959年2月23日，2号高炉破土动工。2号高炉炉缸直径为8.4米，有效高度为26.7米，设计利用系数为每昼夜1.49吨/(立方米·日)，年产生铁78万吨。其设备总重量为5554吨。它的有效容积是1436立方米，比1号高炉的有效容积要大一点。

2号高炉也是由苏联列宁格勒黑色冶金设计院设计，苏联专家组组长巴杜洛夫负责。2号高炉的设计书，通过国内专家审查。由于苏联专家的技术权威不容置疑，对我国专家意见，他们也不当回事。高炉的具体建设，由我们的技术人员组织实施。我作为炼铁厂2号高炉建设的负责人，在具体建设过程中，要为施工单位提供许多技术支持和服务，例如，每一分项工程遇到的问题对于施工者来说，

只是一种问题或者一类问题，但是汇集到我这里来，就是综合问题了，有的是建筑质量的问题，有的是与竣工后生产密切相关的问题。这些，我都要一一化解，自己解决不了的，我就和施工技术员去找苏联专家，通过这样在现场的摸爬滚打，自己对高炉的设计、施工、设备安装和附属设施的部署方面有了许多了解，学到不少的知识，积累了许多在书本上学不到的宝贵经验。参与 1 号、2 号高炉的全程建设和投产为我后来成长为一名高炉方面的内行打下了坚实的基础。

同建设 1 号高炉一样，武汉钢铁建设公司的工人们以极大的热情、最快的速度建设 2 号高炉。他们浇灌 2 号高炉基础给我留下了深刻的印象。1 号高炉基础浇灌用了 27 个小时，2 号高炉基础浇灌任务只用 16 个小时就完成了，又创造了一个奇迹。

1959 年 2 月 27 日午后，2 号高炉工地红旗招展、热火朝天。“力争 18 小时完成 2 号高炉基础浇灌”的横幅让我们坚守在现场的人感受到建筑工人们的决心。

混凝土车还没有来，工人们就在浇筑平台上检查小推车，或者推车试跑，卸料台扫了一遍又一遍，他们怕有杂质影响浇筑质量，再浇上水，保持湿润，便于混凝土下落。15∶50，第一车混凝土卸下来，整个浇灌平台热气腾腾，工人们忙碌起来，小推车把混凝土运到各个区域浇筑到模板围起来的基槽中。到了傍晚，几百只特大的电灯把现场照得如同白昼。无数台振动器呜呜地开起来，我们站在上面准备做技术支持，连说话的声音都被淹没了。

22∶00，换班的一批工人们提前来到现场，他们一个班组一个班组地接班，手上的活儿不歇。浇灌连续干到第二天天亮，上一班工人有的根本就没下班，一口气干了 10 多个小时。浇灌到钢筋很密或者有预埋螺丝组的地方，我和有关的技术人员都要走到近处，负责监督检查，一是怕振动器漏捣，二是怕那些预埋件移位。这是最容易出质量事故的地方，现场指挥人员发出了命令：速度要保证，质量要过关。工人们服从指挥，为了浇筑质量，该慢时慢下来，该快时加快速度，运输的车辆也非常得力，一辆接一辆地倾倒混凝土。工人们呢，小车不倒只管推，真是一股拼命的劲头。

2月28日7:50，仅仅16个小时，2号高炉1800立方米混凝土的基础打完了。工地上一片欢呼，工人们举起铁锹或者挥舞安全帽庆祝这一重要的分项工程的胜利。

按照正常建设速度，2号高炉应于1959年年底投产。当时，世界上这样的高炉建设周期一般需要8~10个月。这显然不符合当时大形势要求，2号高炉的建设周期要最大限度地缩短。

置身当时的时代潮流中，各路建设大军为了共同的目标，加强协作，开动脑筋，想方设法排除各种困难，在保证质量的同时，加快建设速度。结果，1959年7月14日2号高炉就竣工投产，仅仅用了4个月20天。这是当时世界上建设高炉最快的纪录，全世界为之惊叹。高炉工程质量在验收鉴定时被评为优等。

二、2号高炉开炉顺利，日产曾超计划达到2000吨

2号高炉开炉顺利，生产比较正常。但我作为生产科长不能只满足于这样的现状，组织高炉车间的技术员和工人先保证顺产，再向达产目标迈进。7月份完成了日产1500吨生铁的计划，到了8月，铸铁机超负荷，两座高炉冶炼的铁水越多，铸铁机越是忙不过来。原来每天出6~7次铁水，现在只能出4~5次。我们与建设指挥部商议组织力量抢建第三铸铁机。炼铁厂党委召开了专门会议，先解决现实的困难，决定以高炉车间主任李凤恩为首成立临时攻关小组，坐镇铸铁车间，挖掘设备潜力。同时，2号高炉改高压加风跑料，然后提高风温，降低焦比。

采取了提高冶炼强度与降低焦比双管齐下两条腿走路的措施后，高炉产量逐渐上升，9月11日，日产量达1804.2吨，超过中旬计划日产1700吨的指标，后几日达到1857.2吨、1892.7吨。

接着又向日产2000吨的指标前进。1959年9月23日，2号高炉

日产量首次达到 2093.1 吨。这在当时是一个十分振奋人心的消息，厂党委连夜给 2 号炉送来了贺信，我在现场同工人们举起汽水瓶开怀畅饮，庆祝 2 号高炉这一突破日产 2000 吨大关的胜利。

2 号高炉日产出铁能达到 2000 吨，主要是工人们基本掌握了高压炉顶高炉的操作技术。1、2 号高炉都属于“高压炉顶高炉”，操作得当可增产 10%，鞍钢 9 号高炉最好时可增产 16%。一般来讲，像 1、2 号这样的大型高炉，“炉顶压力”在高炉投产后需要五六个月的时间，才能达到正常水平。9 月份，2 号高炉还只生产了两个来月，达到正常水平难度不小。我带领生产科人员与高炉的技术人员和操作人员研究，订出一个具体措施，有条有理地进行试验，然后把数据收集起来，与实际效果对照，总结出切实可行的方法。大家在李凤恩的带领下据此开展炉顶压力试验。经过大家的共同努力，对“炉顶压力”进行了数十次的试验，终于提高了高压炉顶高炉的操作水平，同时也完善了 1 号高炉这方面的操作方法。“炉顶压力”一提高，高炉就能够进行高风温、高冶炼强度操作，一段时间后，两座高炉均突破了日产 2000 吨铁水大关。

三、为工人示范操作，两座高炉日产合计达 4000 吨计划

1959 年下半年是值得纪念的，武钢大建设实现了两个突破：一是 2 号高炉 4 个多月快速建成，于当年 7 月 14 日投入生产。3、4 号焦炉，1、2、3、4 号烧结机，大冶铁矿选矿厂系列工程等相继投产。二是炼钢厂的 1 号平炉原计划用 18 个月建设，实际只用了 8 个月，于 1959 年 9 月 30 日建成并炼出了第一炉钢水。2、3 号平炉分别于同年 10 月、12 月建成投产，耐火高铝黏土、碎铁、铁合金等车间，以及灵乡铁矿也相继投产。

前工序工程建设基本到位，后面要解决的关键是成材厂的建设，即以成材为中心的轧钢系统工程。

初轧厂于 1959 年 6 月破土动工，次年 3 月基本建成，创造了快

速施工纪录。由于从苏联进口的主电机未到，当年 7 月 6 日才投产，但时间仍比原计划提前一年多。

大型厂于 1959 年 3 月开工兴建（由于产品方案的变动，中间曾一度停工，1960 年 2 月复工），1960 年 10 月开始试轧。它是我国自行设计、自己制造设备的第一个现代化大型轧钢厂。由于设备没有形成完整的工艺流程，又因为边设计边施工和设备质量不佳等原因，建成之初还无法投入正常生产。

轧板厂于 1959 年 12 月开建。到了 1960 年，由于当年生产任务（铁 150 万吨，钢 90 万吨）指标太高而波及基建，到 7 月份为止，全年生产任务仅完成不到 50%。根据冶金部的指示，停建轧板工程，又抽调建设大型厂的一部分施工人员，将两股施工力量转到第二期工程的 3 号高炉和 5、6 号平炉的建设。此举，虽然建成了 3 号高炉的本体，但因设备不全未能投产，没有增加铁水产量，5、6 号平炉虽然建成了，但终难完成高指标的生产任务。

由于打乱建设程序，轧板厂未建成，大型厂竣工晚，又不能正常运转，造成钢锭无法轧成钢材的局面，出现生产工艺上、投资效果上的不合理现象，严重影响了第一期轧钢工程的竣工投产。

从 1955 年 8 月矿山开拓到 1960 年 10 月大型厂试轧止，武钢第一期工程的主要生产及相应的公用辅助设施建设基本完成，同时还将属于第二期工程的部分项目，提前在 1960 年建成投产，大部分建设是成功的。例如，1960 年四季度，焦化厂 4 座焦炉日产水平达到 6000 吨以上（设计指标 5560 吨/日）。烧结厂日产水平达到 7000 吨以上，炼铁厂两座高炉合计日产水平达到 4000 吨（最高曾达到 4366 吨/日）。

但是，许多教训应该汲取。由于受高速度、高指标等影响，第一、二期工程连建，只考虑连续性，忽视了建设的阶段性，以致打乱了工程的建设程序。在第二期工程开建时，第一期工程的选矿、烧结、炼铁、炼钢、初轧均已建成投产，而大型厂尚未建成，轧板厂正在进行基础施工，其他辅助工程如煤气发生站尚处在土建施工等系统尚未建成。因而出现第一期工程生产体系没有成龙配套，第二期的高炉、平炉却已建成投产，造成一期生产系统不完整，不协调，投资效果不好。同时第二期工程又出现冶炼设备先于原料基地投产的现象，违反了矿山和烧结，选矿和冶炼之间生产流程的要求。

当时设计的高炉炉料结构是100%自熔性烧结矿。由于烧结厂建设滞后，1 号高炉开炉时全部使用块矿。1959 年 7 月，2 号高炉投产时仍全部使用块矿。1959 年底烧结厂才投产。由于烧结厂冷却盘技术不过关，烧结矿质量差、粉末多，高炉冶炼强度低，不得不配用部分块矿。苏联设计中未安排矿石混匀场，铁矿石全部从矿山用火车运来直供，矿石成分波动大，使高炉炉料质量不稳定，高炉难以正常生产。

武钢 1 号和 2 号高炉有效容积都远远大于鞍钢的所有高炉，后者最大高炉在 1000 立方米以内。可是，由于缺乏必要的经验，操作如此大型的高炉，对于大多数从鞍钢来到武钢的操作人员和技术人员来说都是第一次，这无疑是高难度的挑战。我时常为大家做示范，怎样操作和控制好高炉生产，出了故障如何判断解决。我告诉他们对于高炉操作看似眼前的事情，其实这里的道道挺多的，对前工序也要熟悉，比如原料、燃料的质量，它们的入炉情况等心里都要有数。炉子不顺，我都要亲自上阵，把它调顺了再交给炉长们，在炼铁厂，不可能当纯理论专家或者指挥员，一定要与实践紧密结合起来，既能干具体操作又能从理论上总结经验，这样才能成为解决问题的专家。

当时苏联的炼铁技术在国际上属于领先水平。一期工程 1、2 号高炉的有效容积分别为 1386 立方米 、1436 立方米，高炉容积利用系数为 0.67 吨/(立方米·日)（原苏联算法，相当我国现在的 1.49 吨/(立方米·日)，2070 吨/日)，两座高炉年产 147 万吨。高炉炉顶压力设计为 0.15 兆帕。热风炉三座，内燃式、设计风温 1100℃。料车式装料系统，炉顶为马基式旋转布料器，矿槽下装料采用称量车。炉体结构为：炉腹以下为铸铁冷却壁，炉身为铸铁冷却壁加支梁式冷却箱；炉底采用炭砖、高铝砖复合结构，炉底厚度5600毫米；炉缸为大块炭砖，砌至渣口下沿，以上为黏土砖。上料系统采用继电器逻辑控制电气自动化系统。监测仪表大都是自动记录的，有的是自动控制的。与我国当时其他的高炉技术装备相比上了一个台阶。武钢的生产技术骨干队伍是鞍钢成建制调过来的，对从苏联引进的技术装备不熟悉，有一个学习掌握的过程。在生产操作方面，掌握设备运行时间不长，加上其他一些客观条件限制，高炉生产很长时间未达到年设计能力。

当时的有利条件是除设计图纸资料外，苏联还提供了设备制造图。从那时开始，冶金部、机械部组织了高炉重大装备的国产化工作，到20世纪60年代初，“调整、巩固”之后，中国形成了1000立方米型高炉全套设备的制造能力。

第十章　特殊年代，10 年才建成两座高炉

一、稳住高炉，降焦比

1958 年至 1960 年的“大跃进”时期，中国的建设规模超过国力承受能力，违背了经济规律，破坏了生产力。1961 年起，中国经济进入实施“调整、巩固、充实、提高”方针时期。为了对国民经济进行调整，钢铁工业由“大上”转为“大下”，相当多的炼铁厂停产减产。

1960 年全国生铁产量 2716 万吨，1961 年下降到 1281 万吨，1962 年降到 805 万吨，1963 年降到 741 万吨。

1960 年 9 月 2 日，武钢 3 号高炉动工，由于苏联撤走专家，加之我国国民经济调整，迫于大形势，随即停建。面对这样的变故或者叫打击，我深深地体会到，我国经济的发展必须依靠自身的力量。为了发展我国的科学技术，我们的技术人员除了坚持学习之外，还要独立思考，从实际出发，走自主创新之路。

与“大跃进”时期关注高炉强化冶炼技术不同，在国民经济调整时期，低冶炼强度操作成为全国炼铁厂生产技术人员重点研究的新课题。这一时期，我对高炉慢风操作制度、鼓风动能调节规律等开展研究，加深了对高炉低冶炼强度冶炼规律的认识，为稳定操作积累了经验。

从 1961 年开始，国家就像一个人在全速奔跑之后，要停下来喘口气一样，发展速度慢了下来。武钢的建设发展基本保持已有的状

态，只做一些微调，主要围绕年产 150 万吨钢配套进行充实调整工作。从 1961 年至 1962 年，武钢先后停建了大冶铁矿铁门坎采场、灵乡铁矿等项目。1963 年武钢建设出现转机，4 月，程潮铁矿广山露天采场恢复生产；11 月，大型轧钢厂投入生产。当年武钢生产实现了扭亏为盈。

为了适应新的形势，1 号、2 号高炉的生产减少到设计能力的一半，两座高炉均采用慢风、低冶炼强度操作，产量控制在低水平，也就是每座高炉日产 1000 吨左右。

我作为生产技术科长和厂副主任工程师（1962 年 2 月 2 日，中共武汉钢铁公司委员会、武汉钢铁公司专门发文）一直没有停止带领生产技术人员探索炼铁技术。

武钢高炉投产以来，我们在节约能耗、降低焦比方面做了许多改进。焦比有了显著的降低。其原因，一方面是原燃料供应的改善，另一方面是高炉技术操作的进步。我对 1962 年炼铁厂降低焦比的结果进行了分析，在焦比降低中原燃料改善所占的比重为 56.6%，高炉技术操作所占的比重为 43.4%。我思考进一步降低焦比的潜力究竟有多大？毫无疑问，低冶炼强度操作时期，降低焦比是高炉技术操作主要任务之一。因此，武钢高炉降低焦比下一步该如何探索值得研究。

在当时武钢原料条件下有可能达到的最低焦比为 525 千克/吨铁，办法就是，多用烧结矿，高炉内少加石灰石，改善煤气利用和提高风温。多用烧结矿是最主要的措施。既然多用烧结矿是高炉降低焦比的必要条件，改善烧结矿质量使其更加适应高炉需要成为我们要抓的一项重要工作。

烧结矿质量不好，高炉就不可能大量使用，也不可能更好地利用煤气的热能与化学能达到较低的直接还原率。高炉内焦炭消耗在三个方面：渗入生铁、进行直接还原、风口前燃烧。进一步降低焦比在于减少焦炭在这三方面的消耗。

1960 年，世界石油价格便宜，欧美各国及日本相继开发高炉喷油技术，以节约焦炭；苏联根据其资源特点，发展喷吹天然气技术。中国当时石油产量少，而无烟煤和烟煤资源多，从 1962 年末开始，鞍钢、首钢分别同重庆钢铁设计院、北京钢铁设计总院合作进行高炉喷煤的工业设计。1964 年，鞍钢在高炉喷烟煤的试验中喷粉罐发生爆炸，试验中断；首钢吸取了鞍钢的教训，与北京钢铁学院合作，于 1964 年在 1 号高炉喷吹无烟煤试验成功并转产。

风口喷吹燃料的操作方法，实质就是用其他燃料代替焦炭。

结合武钢的实际情况，如采用风口喷吹燃料只有几种可能：喷吹焦炉煤气、喷吹沥青、喷吹粉煤。苏联广泛采用天然气，取得良好的效果，但武钢无天然气可用。某些国家喷吹油的效果很好，但我们得不到廉价的油类。武钢可以得到的气体燃料，只有焦炉煤气可以用于风口喷吹技术。在液体燃料中，只有沥青有积压时可以利用。

喷吹焦炉煤气降低焦比的效果不显著。每吹 1 立方米焦炉煤气，焦比只降低 0. 39 千克，经济价值不大，而且喷吹焦炉煤气，炉缸温度降低很厉害，不会有多大收益。喷吹沥青效果很大，可以降低生铁成本。特别是武钢沥青积压，如高炉能采用风口喷吹沥青可一举两得。但是，喷吹沥青在国内外尚无先例，毫无疑问会有很多困难。但从理论上推测，这一操作方法是可以实现的。喷吹粉煤也是经济的，每千克煤粉可代替焦炭 0. 9 千克。但喷吹煤粉设备复杂不易解决，所以不能很快实现。

我带领攻关小组先抓武钢可以做到的，经多次论证实验，通过改善原料，提高烧结矿强度，多用烧结矿，减少入炉石灰石量，提高风温，改善煤气利用，改进高炉日常调剂，焦比降低并稳定在 600 千克/吨铁以下。本着实事求是的精神，我们初步做了喷吹沥青和无烟煤试验，等待时机和条件成熟再实施。

1964 年喷无烟煤技术由首钢逐步向全国推广。当年我的工作岗位发生变化，被调到武钢中央试验室任炼铁研究室主任。我带领技术人员进一步开展喷吹无烟煤试验，但是，1965 年以后国家推行烧油政策，冶金企业原来烧煤的窑炉大量改成烧油，高炉也由喷煤转向喷吹重油。武钢两座高炉于 1966 年 2 月开始喷油，其种类有重油、二蒽油、原油、焦油、沥青等。

1966 年 4 月，我和生产技术人员进行煤粉喷吹模拟试验，1967 年 10 月在 2 号高炉开始工业试验。因为处于“文革”特殊时期，许多工作受干扰，直到 1978 年 12 月 30 日才正式向 4 座高炉喷吹煤粉。1981 年，全年喷煤量达 88524 吨，煤比约为 31 千克/吨铁，在全国来看，是比较高的水平。还组织与武汉钢铁设计院，计控厂协作，自行设计、安装煤粉喷吹双罐重迭连续计量装置，解决了喷煤连续计量问题。

不久，冶金部下令全国高炉停止喷油，高炉喷煤技术又一次得到重视和全面推广。

二、年产钢 200 万吨规划“三步走”

经过两年调整，我国的国民经济到 1963 年出现了全面好转。1965 年，国民经济调整的任务基本完成，工农业生产恢复了生机和发展。

根据国民经济对钢铁的需要，国家要求武钢在 1965 年至 1967 年的三年内基本建成年产 200 万吨钢的综合生产能力。1965 年 2 月，冶金部召集了武钢、一冶、武汉黑色冶金设计院、长沙矿山设计院等单位，讨论如何加速武钢建设。当时的武钢建设指挥部根据冶金部的指示，制订了《关于三年建成武钢年产钢 200 万吨规模的规划》，对 1965 年至 1967 年武钢生产建设任务拿出了总的安排意见：三年内在战略上以建设为中心，但必须兼顾生产，确保国家计划的完成。建设顺序即“抓两头带中间”，集中力量按系统工程打歼灭战，先完成轧钢、矿山系统，后建设炼钢、炼铁系统；先建辅助设施，后建主体设施，建成年产钢200万吨、铁230万吨规模的综合生产能力。其建设规模和主要生产设备包括：

钢：200万吨，7座平炉（2座250吨，5座500吨）；

铁：230万吨，3座高炉（2座已完成：1号1386立方米、2号1436立方米，1座1513立方米）；

钢材：116万吨，2套成品轧机（800毫米/650毫米轧机，大型厂60万吨；2800毫米轧机，轧板厂56万吨）。

1965年3月，冶金部部长吕东率领工作组来武钢检查工作，具体安排了武钢的三年建设和生产。这年5月，武汉黑色冶金设计院按照冶金部的指示，在武钢建设指挥部对生产、施工、设计组织充分讨论的基础上，编制了《武汉钢铁公司200万吨规模规划设计》，所遵循的原则是：

建设重点放在增加生产能力部分，主要项目为3号高炉、7号平炉、初轧厂均热炉车间、大型厂、轧板厂等（与此相适应而必须增添的公用设施也包括在内）。力求在提高产量、增加产品品种、改善产品质量的前提下，充分发挥投资效果。

建设项目按轻重缓急安排，首先抓紧轧钢系统及矿山系统建设，随后进行炼钢系统建设，最后建设焦化、烧结、炼铁系统。直接影响年产钢200万吨生产能力的项目，均应列为确保项目，其他列入争取项目，视工程进度、施工力量进行安排。设计中尽可能采用新技术，如果与施工进度有较大矛盾，以服从后者为主。

1966年，以建成炼钢7号平炉及2号混铁炉和全部建成轧板普通钢板部分为重点，形成年产150万吨钢的综合生产能力。

1967年，以建成炼铁3号高炉、烧结（二烧结力争基本建成）为重点，形成年产200万吨钢的综合生产能力。

200万吨钢为什么在三年内分成“两步走”，这是有原因的。由于“大跃进”和高指标等影响，1959年和1960年曾打乱了原规划的建设程序和平衡，使得第一期工程尚未成龙配套形成综合生产能力，第二期工程冶炼系统却又仓促上马，以致造成武钢冶炼生产能力大，矿山、轧钢能力小，钢锭无法轧成钢材，生产结构不合理。适逢国民经济调整时期，第一期工程的150万吨钢的综合能力未能按计划形成，而第二期工程建设也受挫，导致以后的某些环节反复搞配套建设，经济效益不够理想。

三、3号高炉重新开工

1965年，全国各钢铁厂都努力把生产搞上去。经过调整理顺和采用日常总结的科学操作法，高炉产量逐步提升。1966年上半年，武钢两座高炉终于达到了稳定的设计生产能力，1号高炉从1958年9月13日点火时算起，在经历7年半之后才实现这一目标。

然而好景不长，我心里还没有高兴几天，"文化大革命"就开始了。越往后情况越糟糕，供武钢的原料、燃料、电力等极为不稳定，两座高炉陷入半停产状态，大部分时间只有一座高炉维持生产。而且经常处于低压、休风、封炉等混乱状态。为了在低冶炼强度下保证高炉顺利运转，我继续组织生产技术人员，贯彻"提高鼓风动能、上下部调剂相结合"的操作方针，为这一时期的高炉生产提供技术保障。

1965~1966年，基本建设以抢建轧板和完善初轧、大型厂为重点。1966年投资安排是第三个五年计划以来武钢建设的高峰。当时建设的重点是继续抢建轧板厂，续建、配套项目主要有初轧厂的均热炉和板坯库等。同年8月，轧板厂建成并投入生产，它标志着武钢一期工程收尾结束。由于"文化大革命"的影响，1966年全年建设计划仅完成八成多。

1967年和1968年因社会动乱加剧，武钢建设处于低潮，只建成少量配套工程，包括初轧厂板坯库和均热炉、大型厂主厂房及三号重轨加工线、钢研所基建收尾等。

按照计划，3号高炉于1966年10月重新开工建设。3号高炉炉缸直径 8.64 米，有效高度 27.9 米，有效容积为 1513 立方米。设计利用系数昼夜 1.49 吨/(立方米·日)，设备总重量为 5694.9 吨。那时苏联专家回国了，后面的事就靠我们自己了，3 号高炉的方案仍采用苏联列宁格勒黑色冶金设计院的，因为整个方案是完整的，也无需重新再搞一套。

由于“文革”运动，3 号高炉建设情况时好时坏，时快时慢，炼铁厂和施工单位克服许多困难，终于在 1969 年 4 月 8 日竣工投产，比原计划的 1967 年滞后了一年半。而从 1960 年 9 月 2 日开始算起，武钢 3 号高炉的建设，断断续续用了 7 年的时间，这也是国家在发展过程中遭受挫折的一种反映。

四、自主设计 4 号高炉

4 号高炉于 1970 年 5 月 16 日动工。它与此前三座高炉的最大区别是由中国自行设计。此前武钢的 1 号、2 号、3 号高炉都由苏联专家设计，国内专家有权审查，但是核心的部分插不上手，我仅仅能提出修改完善的建议而已，是否采用、采用多少最终还是苏联专家说了算。从 4 号高炉设计开始，我们就只能完全靠自己了。因为从 1965 年 3 月开始，中苏关系全面破裂，苏联方面不再向中国提供任何技术援助。

在没有外援的情况下，武钢生产能力仍要继续提高，建设 4 号高炉的技术方面的问题，也就只能通过内部挖潜的方式予以解决。

武汉钢铁设计院承担 4 号高炉的设计任务。当时，国内最新的高炉就是刚竣工不久的 3 号高炉。在此基础上消化吸收，再拿出方案是比较切实可行的办法。按照一般的规律，后建的高炉要比前面的大而好。3 号高炉的有效容积大于 1 号、2 号高炉，以此类推，4 号高炉肯定要比 3 号高炉要大。但是武汉钢铁设计院担心高炉有效容积太大，设计人员对大高炉的认识受限，能力达不到，对方案设计无把握。他们建议，请炼铁厂派内行主持方案设计。我当时是厂里的副主任工程师（相当于副总工程师），领导就把重任交给了我。这对我来说，挑战性很强。好在我对高炉的操作有一些实践和探索，对高炉的发展也有一定的研究，知道武钢建一个什么样的4号高炉对以后的发展壮大有利。湖北省领导提出要在武钢建设当时最大的2500立方米级高炉。20世纪50年代至70年代前期，是20世纪世界钢铁工业的第一个高速增长期。高炉大型化发展迅速，在高炉设计、结构方面出现许多新进展。从省里的意图和武钢的发展上来说建一座大高炉也是必须的。我带领几名炼铁厂的技术人员思考方案，结合国内外高炉的当时技术水平和将来的发展，并对我国的施工建设、设备制造能力又进一步了解，论证之后提出用1513立方米设备（也就是以3号高炉为基础）改造建成有效容积为2516立方米的4号高炉，成为当时国内最大的一座高炉。这样的思路，是有基础的，从理论上来讲比较成熟，前3座高炉，从小到大，循序渐进。在高炉操作上，工人和技术人员积累了经验可以驾驭。设计方面来说，用3号高炉做依据比较稳当扎实。

我提出的方案被武汉钢铁设计院采纳，随后他们做出了4号高炉的初步设计和建筑设计、结构设计。除炼铁专业以外，武钢其他专业比如筑炉、耐材、机械制造等专家参与其中，提供了很好的思路和具体的建议。

4号高炉炉缸直径10.8米，有效高度30米，设备总量7354.4吨。其上部设备采用框式结构支撑，取消了炉缸支柱和炉腰托圆，首次在全国采用炭砖水冷薄炉底结构。该高炉安装风口24个，配直径9米、高49.6米的两通式热风炉4座，设计利用系数为每昼夜2吨/(立方米·日)，生铁年产量183万吨。

在4号高炉的设计方案中，融入了我对前3座高炉出现的种种问题的反思。这3座高炉全都采用苏联的标准设计，它们在生产一段时间后，陆续出现了诸如冷却板烧坏、炉壳变形等问题，而且还发生过烧穿事故。造成这种状况的原因除了设计的毛病外，我们自己也有不可推卸的责任。

2 号高炉炉底按苏联人的设计思路本是采用炭砖、高铝砖综合炉底，而当时的氛围是提倡节约，为省钱将炭砖、高铝砖综合炉底全改成高铝砖。对此做法，当时我是极不赞成的。2 号高炉于 1964 年 6 月 2 日发生了炉缸烧穿事故，只好在次年的大修中将炉底、炉缸恢复炭砖、高铝砖综合结构。当然，苏联的炉体设计也存在许多问题，如炉身寿命特别短、炉喉钢砖易变形等。1 号、2 号、3 号高炉和 1965 年大修的 2 号高炉炉喉均沿用苏联的设计，采用小块槽形钢砖，这种钢砖结构不合理，受热易变形，使用不久便发生翘曲变形，互相挤压以致脱落，影响布料。1 号高炉为更换炉喉钢砖还专门进行了小修。

由于当时的冶炼强度不高，利用系数约为 1.5 吨/(立方米·日)，因此，采用炭砖、高铝砖综合炉底是合适的。根据以往的经验和教训，我在方案中主要进行了如下改进：

（1）因为 4 号高炉是当时国内唯一的 2000 立方米级以上高炉，采用纵向排列的长条形钢砖，它的变形远比老式槽形钢砖小，能满足高炉生产的要求。使用效果良好，以后几座高炉检修时相继采用。

（2）4 号高炉在国内首次采用炭砖水冷薄炉底。原来苏联设计的炭砖、高铝砖综合炉底采用风冷，厚度达 5.6 米，而 4 号高炉炉底为两层立砌炭砖、厚 2.3 米，其上为两层高铝砖、厚 800 毫米，炉底总厚 3100 毫米，采用水冷管水冷。

（3）为了节能，同时也为解决炉身长寿的问题，4 号高炉炉腹以上采用汽化冷却。汽化冷却最初是由苏联开发的，我们对其进行研究又结合实际在 4 号高炉率先尝试。

这里重点讲一下炭砖水冷薄炉底。此技术项目具体由冶金炉厂工程师薛启文负责试验和组织施工。

从 1970 年 5 月 16 日开始，到 9 月底出铁，4 号高炉的这种炉底，按传统的办法，准备期就得半年，砌筑期最快也要 30 天。

首先要找到加工炭砖的厂，因为炭砖的加工精度要不超过一毫米的误差。最后找到吉林碳素厂。冶金炉厂的技师、武汉钢铁学院的耐材老师就住在吉林碳素厂一同攻关。终于第一块高精度加工的炭砖问世了。

由于过程中需要克服的难题很多，有关部门向上级写报告，建议恢复采用炭砖、高铝砖综合炉底方案，也就是原来的方案。我针锋相对地提出“搞薄炉底，方向是对头的，在技术上值得试验”以鼓励薛启文。

薄炉底能否成功，关键在于炉底的水冷管。强制的冷却，管子一旦渗水，炉底就会积水。如有铁水从砖缝中漏入，炉底就会炸开，炉毁人亡。炉底的管道七弯八拐，管粗壁厚，管子难弯，弯管机不起作用。我们炼铁厂的技术人员曹玉文贡献了一个“虾米腰”的方法：用五块小钢板，焊成一个虾米腰当弯头，解决了弯管子的问题。

一冶筑炉公司负责施工炭砖水冷薄炉底，大概一个多月时间，工程圆满完成。9 月 30 日晚上 4 号高炉正式出铁。当时，省委书记韩宁夫、武汉军区副司令员孔庆德亲临高炉，武钢革命委员会主任、党委书记康星火等一些领导也来到高炉。

整个出铁过程比较顺利。正常生产说明了炉底没问题。只是开炉不久炉基密封不严，四周冒煤气，后来用灌浆法予以解决。

刚过了两年即 1972 年底，有关部门就判断 4 号高炉底侵蚀严重，提出准备大修的意见。我当时认为依据不足，提出了不同意见，并向我们炼铁厂党委书记郑云飞做了说明，得到了他的支持，那时的企业党委书记是一把手。我组织厂里的技术人员樊哲宽、于仲洁、刘海欣和张世爵等，以实事求是的精神到一线收集数据，通过直接和间接的方式探测炉体的完好程度。要摸清炭砖的质量，水冷的功能保持得如何，有很大难度，但他们凭着艰苦奋斗的精神，一头扎到现场，凭着一是一、二是二的科学精神，将现场情况与研究室实验相结合，搞清楚了真实情况。于仲洁带领研究室人员拿出了七份实验报告。随后，于仲洁还撰写了论文《炭砖炉缸炉底热侵蚀的数学模型》，论证了薄炉底的安全。

我和这些技术人员对4号高炉观察了一段时间，发现炉底温度和水温差正常。同位素测厚推断炭砖只被侵蚀了300毫米，的确没必要大修，炉底还可继续使用5年以上，公司和冶金部领导决定把大修改为中修。这一决策不但节约物力、人力和财力，缩短了检修工期，增加了生铁产量，更重要的是使我国第1个炭砖水冷炉底免于夭折。与综合炉底相比，水冷炭砖炉底具有省料、省工和易于砌筑、吊装机械化的优点，改善了施工条件，节省工期又能做到安全长寿。此后的正常生产就是最好的证明。炭砖水冷薄炉底的成功是武汉钢铁设计院、炼铁厂、冶金炉厂等单位集体智慧的结晶，凝聚着武钢内外许多技术人员和工人的心血。

4号高炉是我国独立自主自行设计和建设的第一座高炉，由此填补了中国钢铁事业史上的空白，它也标志着我国高炉建设技术的逐渐成熟。同时，武钢的钢铁生产能力和水平前进了一大步。

至1971年，武钢基本建设投资水平有所回升。完成程潮铁矿东采区、7号平炉（1970年建成）、二烧结、大冶铁矿选矿四系列（1971年建成）等项目的建设，还建成属于“双四百”配套项目的三烧一系列2台90平方米烧结机、80吨转炉及一炼钢厂主厂房扩建等。当年底，武钢年产200万吨钢配套设计规模的主要项目基本完成。其中主要项目仍属第一期工程被拖延下来的工程内容，加上部分第二期工程的连建项目。

由于第一期工程建设时未全面竣工，加之“文化大革命”的影响，结果原定3年却用了将近10年，武钢才形成200万吨的生产能力。

五、不怕挫折保高炉

1966年下半年，“文革”开始，武钢的生产陷入混乱状态。炼铁厂的1、2号高炉，基本处于半停产状态，工人无法正常上班。严重的时候，我只能协助厂领导，在技术上确保“高炉保温，人保命”的措施落实。底线就是炉子不能熄灭，不能废掉；不能出大事故，危害工人的生命。一些从鞍钢调到武钢的老职工，一向信奉以劳动为天职的观念，目睹高炉停产，痛心疾首，但敢怒不敢言。

所谓的“造反派”无视规章制度，无法无天，不服从管理，肆意妄为，致使公司正常的生产秩序完全被打乱，武钢和基层单位管理机关许多陷入瘫痪状态，局面实在令人担忧。

1967年1月开始，上述情况越来越严重。

1967年3月19日，中央军委发出《关于集中力量执行支左、支农、支工、军管、军训任务的决定》（简称“三支两军”决定）。《决定》要求：军委各总部、各军兵种机关要视情况抽调三分之一至三分之二的人员，立即投入支左、支农、支工、军管、军训的工作，即“三支两军”。军代表进驻武钢，实行类似于军事管制的临时管理方式，帮助武钢贯彻中共中央“抓革命、促生产”的精神，稳定秩序，缓和紧张动乱的局面。但是在生产方面，还是难以恢复到先前的水平。1972年8月，“三支两军”结束。

这期间，武钢的建设发展和生产有时稳定有时混乱。在这样的特殊年代，我遭受的挫折与武钢是一样的。那是一个看出身、看家庭成分的年代，技术人员大多被说成是“走资产阶级白专道路臭老九”，不受欢迎，更谈不上被重视。

我在“文革”中受到牵连，成为被打倒的对象，属于“牛鬼蛇神”中的一员。“造反派”认为我必须经过劳动改造，才能端正认识和思想。我接受改造的地方有两处，武钢北湖农场和炼铁厂瓦工组。在农场，冬天的劳动任务是挖藕。我们编成一支小队。那时都比着谁最革命，谁最一不怕苦二不怕死。顾不上穿什么长胶鞋，挽起裤子，撸起袖子，跳进冰冷的泥塘中，先用双脚去探，再用双手挖出莲藕。大家拼命干，这样才不至于冷得发抖。到了春天，就耕地播种。在厂里呢，跟着工人们搞维修。其实，无论是当厂生产技术科长还是研究室主任，我都没有离开一线，都没有高高在上离开工人，他们对我有感情。在班组劳动我真的跟他们打成了一片。我一个人推独轮车，车上的耐火砖码得高度可以达到我的下巴处，只要不遮住我的视线，我就能顺利地推到指定的地点。中午有一点时间可以休息，我能躺在 15 厘米宽的条凳上小憩。工人们都夸我平衡能力好，有时也调侃我是“四个一百八”，即“身高一百八（厘米），体重一百八（斤），血压一百八（汞柱），工资一百八（元）。”我都微笑接受。大多数工人比较友善，勒令我不准乱说乱动的人少。我抱着一个宗旨，正常工作、劳动改造。这两项都是干活，我就踏踏实干好，国家总是需要实干的人啊。

事实也是如此，武钢需要技术人员，我们的劳动改造变成了阶段性的，当生产和建设进入重要阶段，我的工作也就恢复正常了。

人生中的坎坷和曲折，有时难以避免，悲观面对、乐观面对都得面对，何不选后者。把磨难化作一种财富，再转换成进取的动力，这就是我的人生态度。

第十一章 1975年，研究高炉设计关注高炉长寿

一、钢铁整顿见成效

1971年，中央“抓革命、促生产”的精神逐渐得到落实。由于前期混乱生产状态造成的欠债太多，军代表希望我能够发挥作用，把重担挑起来。忙起来还真是不停，有一段时间我每天晚上都要工作到24:00，有时还要开会，甚至加班无法回家。为了生产顺行累也值得。厂里对我的重视使我觉得“文革”后期发生了一些变化，形势趋于稳定。

1972年3月，主持国务院业务组工作的国务院副总理李先念在一份报告上批示：“包（包头钢铁公司）、武（武汉钢铁公司）、太（太原钢铁公司）几个大的钢铁基地，十几年来总是上不去，为什么？国家计委特别是冶金部应当狠抓。”在国家计委主任余秋里的督促下，冶金部组成三个调查工作组，经过几个月调查，分别写出了调查报告。武钢调查报告比较尖锐地指出，武钢问题的关键是干部政策不落实，知识分子作用没有发挥，老工人骨干积极性受到挫伤。李先念肯定了这个报告，对提出的三个问题分别做了详细批注，要求通报全国。

后来，湖北省负责人向国家计委汇报经济工作。在会上宣读了李先念的批示和冶金部的调查报告，并且就武钢问题严厉责问。湖北省立即调整了武钢的领导班子。新班子落实干部政策和知识分子政策，把老工人骨干调回关键岗位。

仅仅一年功夫，武钢面貌大变。1973 年与 1972 年比，各项指标进步很大，比如高炉利用系数从 0. 91 上升到 1. 06；钢产量从 167. 6 万吨上升到 182. 8 万吨。当时被称为武钢的“一年巨变”。在国家计委督促下，冶金部召开现场会议，推广了武钢的经验。没想到，1974 年“批林批孔”运动一来，有的人又以为机会来了，带头造反，要当法家不当儒家，武钢又乱了。1973 年的“武钢一年翻身”到 1974 年又退回原地，甚至更差，例如高炉利用系数从 1. 06 下降到 0. 71；钢产量从 182. 8 万吨下降到 74. 8 万吨。

1975 年因周恩来病重，邓小平受命主持国务院日常工作。从 1974 年 8 月至 1975 年 1 月，毛泽东先后做出了安定团结、学习理论反修防修、把国民经济搞上去三项指示。邓小平审时度势，融会贯通，把它们联系在一起提出：毛主席的三项重要指示“就是今后我们一个时期各项工作的纲”。邓小平以“三项指示为纲”，着手对许多方面的工作进行整顿。当时工交业处于一种半瘫痪的状态。邓小平第一步是抓铁路，整顿交通运输秩序。第二步是抓钢铁工业整顿。1975 年 5 月 8 日至 10 日，国务院召开了全国钢铁工业座谈会。

这是冶金行业的大事情，炼铁厂向干部职工传达了会议精神。邓小平在会上提出了整顿钢铁工业的四条基本措施：一是从部到企业要建立强有力的领导班子，不能软、懒、散，冶金部的班子软要加强；二是发动群众同资产阶级派性作斗争，寸土必争，寸步不让；三是落实好政策，把受运动伤害的老工人、老干部和技术骨干的积极性调动起来；四是把必要的规章制度建立起来。会议强调 1975 年原计划生产 2600 万吨钢的指标不变，欠产的要补上，几个大钢铁企业要限期扭转局势。

通过钢铁工业座谈会讨论，冶金部向中央作出《关于迅速把钢铁工业搞上去的报告》，表示要下大力量抓好关系全局的鞍、武、包、太等 12 个大钢厂和邯邢、海南两个铁矿。对问题多的钢铁企业的领导班子，坚决调离派性严重的成员。要放手发动群众，落实具体措施，整顿企业秩序，狠抓矿山、轧钢两个薄弱环节。

6月4日，中共中央13号文件转发此报告，并作了《关于努力完成今年钢铁生产计划的批示》，肯定了一批生产情况好的钢铁厂和矿山，指出欠产多的主要是鞍、武、包、太等几个大厂，而其中太原钢铁厂已经取得了显著的进步。批示提出“思想政治路线是不是端正了”“一个强有力的领导核心是不是建立起来了”“资产阶级派性是不是克服了”“党的政策是不是真正落实了”等“七个是不是”，要求生产上不去的企业领导人认真对照检查。要求几个大钢铁企业所在的辽宁、湖北、内蒙古、山西党委主要负责人要亲自解决这些单位的问题，“不要久拖不决，贻误大局”。完成计划的企业争取多超产，欠产的企业要千方百计完成计划，并限定各地、各企业把完成计划的具体措施于6月中旬上报中央。

为了把钢铁生产搞上去，在会议期间，有关各部逐项落实了石油、电力、煤炭供应、维修配件制造供应和运输保障等外部条件。鞍钢、武钢、包钢等企业都向中央写了有具体措施的保证书（即《保证完成今年钢铁生产计划的报告》）。会后，由国家计委、建委、冶金部、煤炭部、铁道部等10个单位派出负责人组成“保钢小组”，以加强领导，大力协同，发动群众，按质按量、按品种、按合同，确保全年钢铁计划完成。

冶金部贯彻会议精神，调整充实了领导班子。国务院也非常重视钢铁工业，成立了钢铁工业领导小组，由谷牧任组长，副组长除当时的冶金部部长陈绍昆外，还有长期领导过钢铁工业的吕东和袁宝华，这样，从上到下地加强了对钢铁工业的领导。钢铁工业战线的形势又开始好转。在此之前的1975年1~4月，全国钢铁产量比计划少产195万吨，其中鞍钢、武钢、包钢、太钢等大钢厂亏产情况严重。而6月份，全国钢的平均日产量就达到7.24万吨，超过了全年计划的平均日产水平，开始补还亏产部分。由于几个月亏产过于严重，1975年全年产钢2390万吨，没有达到计划2600万吨的水平，但比 1974 年增产了 280 万吨钢，整顿见到了明显成效，出现了安定团结和把生产搞上去的好势头。

二、在高炉设计中要重视高炉寿命

我认为一个生产技术人员，抓好生产组织，研究改进难题是天经地义的事情。不管谁当权，我研究问题，把生产搞好没错。1974 年至 1975 年我还坚持研究高炉的设计问题，为武钢和国内以后再建高炉提供一些好的经验和依据。在这些研究中，我注意将高炉的长寿和高炉设计一起研究，这也是我后来研究高炉长寿问题的发端。

武钢 1 号高炉从 1958 年投产至 1974 年已有 16 年。其间又先后有 3 座高炉投产。4 座高炉，在结构上有共同点，也有不同点。当时在高炉寿命方面，武钢有成功的经验，如 1 号高炉从 1958 年投产至 1974 年底尚未大修，并生产生铁 783. 8 万吨，后来这一代炉的产铁量超过了 900 万吨。但武钢高炉也有失败的教训，如 2 号高炉第 1 代自 1959 年 7 月投产，1963 年 12 月中修，1964 年 6 月炉缸烧穿。又如 3 号高炉投产后，炉缸水温差经常过高，有时处于烧穿的边缘，而不得不减产，甚至休风。因此，对武钢高炉所采用的设计，根据这 16 年的生产实践加以比较分析，找出经验教训，对武钢今后高炉的建设和改造都是有益的。

哪一种炉底与炉缸更好？

武钢 4 座高炉采用了 5 种炉底炉缸结构。大家可能觉得有点不好理解，我介绍如下：

1 号高炉是炭砖、高铝砖综合炉底，炭砖炉缸，炉底厚度 5600 毫米。

2 号高炉第 1 代（建设竣工）是高铝砖炉底，黏土砖炉缸，炉底厚度 5600 毫米。

2 号高炉第 2 代（第一次大修后）炉底厚度仍为 5600 毫米，但改为炭砖、高铝砖综合炉底，增加了炉底风冷和炉底下部的平铺炭砖。

3 号高炉炉底厚度为 5600 毫米，炉缸与炉底上部与 2 号高炉第 2 代相同，但炉底下 6 层不是炭砖而是炭捣预制块砌筑，炉底也有风冷。

4 号高炉采用炭砖炉底炉缸，炉底为水冷，炉底下部为两层立砌炭砖，厚度 2300 毫米，其上为两层高铝砖，厚度 800 毫米，炉底总厚度 3100 毫米。

4 座高炉的运行实践证明：

（1）炭砖、高铝砖综合炉底，炉底厚度 5600 毫米，无炉底冷却，可以达到炉底长寿，1 号高炉就是例子。

（2）高铝砖或黏土砖的炉缸炉底是不能长寿的，2 号高炉第 1 代就是证明。

（3）炭捣预制块砌筑高炉炉底是不安全的，3 号高炉是一个例子。

（4）炭砖炉缸炉底是有发展前途的，经多方面测定与计算，4 号高炉炉底虽在施工上有缺陷，4 年后剩余厚度仍有 2000 毫米。炉底厚度减薄，并采用水冷砖炉底，这是当时先进的发展方向。

厚度 5600 毫米的炭砖、高铝砖炉底可以达到长寿。由于周围炭砖的冷却作用，炉底侵蚀深度受到限制，这样厚的炉底其冷却实际上没发挥作用。2 号高炉第 2 代虽有炉底冷却，但未使用。炉底最下层平砌的炭砖也未发挥作用。从武钢的实践看，这种炉底实际上是浪费，这样厚的综合炉底其冷却和底部砌炭砖都是多余的。

炭捣预制块代替炭砖不合要求。炭捣时加压很低，又不经焙烧，受热后必然产生收缩，在炉底产生缝隙。3 号高炉投产后连续炉底水温差过高与炭捣预制块分不开。

炭砖薄炉底加水冷是合理的。炭砖加水冷可以发挥炭砖的作用，待炉底侵蚀到建立新的平衡后，炉底的侵蚀就停止了。实际上这种炉底是寿命最长的。它的另一优点就是投资低。

炉底要不要密封？1号高炉炉底没有密封，炉底漏煤气。4号高炉炉底加了密封板，但焊接得不好，也漏煤气。2号高炉炉底密封板焊得较好，不漏煤气。对高压操作的高炉来说，炉底密封是必要的。同时要注意施工质量。

武钢采用过两种铁口结构。1号、2号、3号高炉都是铁口区不用炭砖，代之以高铝砖。4号高炉是炭砖铁口。实践证明高铝砖比炭砖好。1号、2号、3号高炉铁口虽有时过浅，但未出现过烧穿事故。4号高炉东铁口烧穿过两次。堵铁口用的泥是含水分的，而炭砖是怕水的。铁口总是要用氧气烧的，而炭砖是怕氧化的。高炉铁口区以采用高铝砖为好。

铁口的数目，1号、2号、3号高炉均为1个，4号高炉是2个。实践证明2个铁口好。

1~4号高炉都是2个渣口。实践证明容积再大2个渣口也够用。

1号、2号高炉风口数目偏少。1号、2号高炉风口数目比2×炉缸直径得出的还少（1号高炉炉缸直径为8.2米，2×炉缸直径=16.4，实际为16个；2号高炉炉缸直径为8.4米，2×炉缸直径=16.8米，实际为16个）。

3号高炉风口数目稍高于2×炉缸直径得出的结果（炉缸直径为8.6米，2×炉缸直径=17.2，实际为18个）。

4号高炉风口数目相当于2×炉缸直径+2得出的结果（炉缸直径为10.8米，2×炉缸直径+2=23.6，实际为24个）。扩大高炉容积不增加风口数目，增产效果不大。从操作方面来看，风口数目多比风口少的操作更容易。

对炉腹、炉腰与炉身研究：炭砖炉身寿命长。武钢高炉都采用薄壁炉腹，外面是镶砖冷却壁。大、中修拆炉时观测炉腹砖虽已蚀去，但均有较厚的渣壁保护，只有个别的例外，炉腹冷却壁烧坏。烧坏的都是与边缘气流过分发展以及与局部长期管道行程分不开的。这种结构是可取的。炉腹镶砖冷却壁如采用双层水管冷却则更好。

1 号、2 号、3 号高炉有炉缸支柱和托圈。4 号高炉取消了炉缸支柱，也取消了托圈，代之以带鹅头的冷却壁。从停炉情况的比较看，有托圈的高炉，炉身砖不易在停炉过程中塌落，停炉后清理较容易。没有托圈，在停炉过程中上部的砖全塌下来，给施工造成很大困难。采取薄壁炉腹的高炉以不取消托圈为好。

采用炭砖炉缸炉底后，高炉炉缸和炉底寿命大大延长。大修一代寿命大都在 10 年以上。但炉身的寿命很少达到 10 年，5 年的也不多。所以延长炉身寿命的重要方面是提高高炉作业率。炭砖炉身寿命比高铝砖、黏土砖都长。4 号高炉用炭砖，而炉身寿命短的原因是汽化冷却设备漏水，使炭砖损坏。如炉身采用炭砖，加强冷却，同时又可确保不漏水，则炉身的寿命是可以大大延长的。

在炉喉处，长条式钢砖的变形程度小。武钢采用过两种炉喉结构，一种是长方形钢砖，一种是长条式钢砖。两种钢砖都用吊挂板固定在炉壳上。第一种钢砖的最大缺点是受热变形，以致脱落。这样就改变了高炉炉喉内形，恶化了炉料分布。1 号高炉 1958 年 9 月投产，1962 年初即发现钢砖变形，部分脱落，影响顺行。1962 年 6 月更换钢砖后，由于煤气分布改善，焦比下降 20 千克/吨铁。2 号高炉钢砖在同一时期也严重损坏。其后对这种型式的钢砖多次改进，仍避免不了变形。

1970 年 4 号高炉采用长条式钢砖。1971 年 2 号高炉中修也改为长条式钢砖，1974 年中修时观察这种钢砖的烧蚀远比老式长方形钢砖少。后来的高炉大、中修均改成这种钢砖。

炉顶设备中，大小钟的制造质量很重要。武钢高炉都采用传统的双钟式炉顶设备。1 号、2 号、3 号高炉炉顶设备尺寸相同，大钟直径为 4800 毫米，小钟直径为 2000 毫米。4 号高炉大钟直径为 6200 毫米，小钟直径为 2500 毫米。高压操作的实践证明，当设备制造质量较好时，这种炉顶可以经受 0. 13 兆帕的炉顶压力，大钟寿命可达 3~4 年，小钟寿命可达 1. 5~2 年。如设备制造质量较差时，则寿命大大缩短。

武钢4座高炉有两种支撑结构。1号、2号、3号高炉是炉缸支柱式。炉缸支柱的缺点是使用风口区过于狭窄，同时限制了风口数目。但由于托圈以上有炉身支柱，炉顶结构的重量被炉身支柱承受，与4号高炉相比也有优点。4号高炉取消了炉缸支柱，改为炉体4根支柱，取消了托圈。风口区宽敞。但由于取消了托圈，炉身砖重全压在炉腰鹅头式冷却壁上面的炭砖上，高炉砖衬侵蚀后，炉身砖是不稳定的。1974年2月4号高炉中修停炉过程中全部炉身砖衬塌落就是证明。这种现象1号、2号、3号高炉过去的大、中修之中都没有过。由于炉顶设备和上升管等的重量都压在炉壳上，当砖衬严重侵蚀炉壳发红时就会造成炉壳变形、上升管下沉、炉喉钢圈变形倾斜、炉壳开裂等。虽然4号高炉支撑结构有这些问题，但我们不能再退回到1号、2号、3号高炉的炉缸支柱支撑结构。

我认为，如果取消托圈，采用自立式高炉，就必须采用厚壁炉腹。采用薄壁炉腹而取消托圈是不恰当的。

我建议将当时的4根垂直支柱改为斜支柱，斜支柱在炉腰处构成四大方框架，保留托圈，将托圈用8个大吊挂挂在方框架上，方框架上立炉身支柱承受全部炉顶结构重量。这样的结构保留了4号高炉现用结构的优点，从而可以避免已发现的缺点。

我提出了4号高炉和以后武钢高炉的设计中应考虑的几个方面：

用较薄的炭砖炉底代替目前的较厚的综合炉底。炉底总厚度由5600毫米减至3200毫米（其中炭砖厚度1600毫米、高铝砖厚度1600毫米），炉底水冷。炭砖炉缸，铁口渣口均砌高铝砖。这种结构不仅长寿，而且投资比综合炉底少。

不增加风口数目，单纯扩大高炉容积，增产效果是不明显的。扩大高炉容积必须增加风口数目。建议按“2 × 炉缸直径(米) + 2”来计算风口数。两个渣口是足够的，扩大容积不必增加渣口。当高炉日产水平超过3000吨时应考虑两个铁口。

仍保留薄壁的炉腹，炉腰以上至炉身3/5为炭砖，其上为高密度黏土砖。为杜绝漏水以保护炭砖取消炉身冷却壁，改用炉壳外部喷水冷却。炭砖以上设3~4段支梁式冷却箱。这种结构比当时1号、2号、4号高炉的炉身结构投资要少，寿命要长。

炉喉采用长条式钢砖。炉顶设备采用改进的双钟双阀式。逐步取消炉缸支柱，改用前述4个斜支柱的炉体支撑结构。

上述的研究探索为后来的武钢和国内建设和延长高炉寿命发挥了重要作用。

三、我国高炉设计不宜定型化

20世纪70年代中后期，我国在钢铁工业设计方面已经有了一支相当壮大的队伍，已经具有独立设计的能力。一种高炉定型设计，许多厂套用的时代已经过去了。通过研究，我鲜明地用事实提出我的观点：为了加速我国钢铁工业的现代化，高炉设计不宜定型化。

20世纪50年代后期我国高炉设计开始走向定型化，从苏联引进了1386立方米及1513立方米定型设计。国内自行完成的高炉定型设计有：8立方米、13立方米、28立方米、55立方米、83.5立方米、100立方米、255立方米、620立方米。20世纪60年代以后又有1053立方米及1200立方米高炉定型设计出现。这些定型高炉设计在"大办钢铁"中对全国各地大量普遍地建造中小高炉起了重要的促进作用。

在高炉设计定型化的过程中曾有过不同的看法，并对定型设计加以改变。如武钢1号高炉为苏联1386立方米定型设计，而2号高炉建设时在炉壳结构均不改变的条件下改变了炉衬厚度，容积扩大至1436立方米。武钢4号高炉利用苏联1513立方米定型设计，标准设备局部加以改造，仅采用7000立方米/分钟风机就将容积由1513立方米扩大至2516立方米。马鞍山钢铁公司将210立方米及250立方米高炉改为300立方米。湘钢将620立方米高炉改为750立方米。

鞍钢将 10 号高炉由 1513 立方米改为 1800 立方米。本钢、攀钢及其他厂中这样的例子不少。这些改变中有一些取得较好的经济效果。武钢 1 号、2 号高炉虽然容积只差 50 立方米，但 2 号高炉的产量在条件相近的年份要比 1 号高炉多一些。武钢 4 号高炉用 1513 立方米高炉设备，扩大炉容为 2516 立方米，在 7000 立方米风机未使用前，原料条件差，但产量比 3 号高炉（ 1513 立方米）高。1978 年使用 7000 立方米风机后，年产量达到 140 万吨，而 3 号高炉年产量只有 85 万吨，相差 55 万吨。当然由于 1513 立方米设备用到 2516 立方米高炉上，出现了一些薄弱环节，但总体来看，4 号高炉设备利用效率比 3 号高炉高得多。

这些对定型设计加以改变的尝试给我们提出了一个问题：高炉设计定型化究竟是好处多还是缺点多？当时有一种定型化的倾向，因此对高炉设计定型化是否有利应做必要探讨。一切工作必须从实际出发，根据具体情况采取切合实际的工作方针。高炉设计也是这样。

我认为我国高炉设计不宜定型化。

我国幅员辽阔，自然条件差别大，想用定型设计适应千差万别的条件是困难的，其原因有：

高炉设计必须以原料条件为基础。焦炭强度高，允许高炉有较大的炉容和较高的高度；焦炭强度低，只能设计矮而小的高炉。矿石品位高，渣量少，高炉可以取消渣口；反之，则渣口不仅不能取消，反而要增多。炉料透气性好，允许达到较高的冶炼强度，则可以设计巨型高炉；炉料透气性差，则不宜设计巨型高炉。熟料率高，矿石还原性能好，则可以设计矮胖高炉；熟料率低，矿石还原性能差，则炉型以倾向瘦长为佳。我国铁矿石资源种类繁多，且有相当数量的多种金属共生矿和难选矿，所得到的入炉料品位相差大，冶炼性能千差万别，要想使定型设计对各种不同的原料都能适应是难以办到的。

高炉设计必须充分考虑建厂地点的气候、地质、水文、地震、能源条件、地形条件（如平原或山区等）、地理条件（如靠河、湖、海、山及经济地理条件等），并根据这些条件选择最经济合理的设计方案。要想使定型设计能适应我国各地区千差万别的自然条件也是难以办到的。

即使撇开上述两个问题，就单高炉设备而言，也应当允许不同的方案同时存在，让它们经受实践的考验，进一步发展完善。换句话说，也应当百家争鸣，而不应一家独唱。从这点出发，高炉设计定型化也是不适宜的。

当时我收集了许多国外的资料，研究了当时高炉定型设计是从苏联引进的经验，因此有必要分析一下国外定型化的情况。美国高炉设计是没有定型化概念的。日本 1960 年钢产量为 2213 万吨，1973 年为 11932 万吨，13 年总共增长 9719 万吨，平均每年增长 763 万吨。同一时期，日本生铁产量由 1889 万吨增长到 9000 万吨，平均每年增长 601 万吨。日本大规模建设新高炉是否采用了定型设计呢？事实是没有。我统计了日本当时的 70 座高炉，发现除新日铁室兰厂 2 号、3 号高炉，住友金属和歌山厂 1 号、3 号高炉容积相同外，其余的高炉没有设计相同的炉型。同一厂内各高炉炉型设计差别也相当大，容积相近的高炉炉型各部尺寸相差也很明显。

高炉设计定型化必然产生以下弊病：

用定型设计去适应千差万别的自然资源与地理条件，实质上是以不变应万变的思想表现，使设计工作不能从实际出发选择最佳方案。其结果必然造成投产后相当多的环节不相适应，使设备长期达不到预期的综合生产能力。

既然是定型设计，必然在采用某种型式的同时抛弃其他型式。定型设计又不可能频繁修改，其结果必然是凝固技术进步，使设计工作僵化，妨碍学术上的百家争鸣，阻碍高炉生产技术的发展。

当时的实际情况是，应当系列化加以定型的迟迟不定型，而不需要定型的则花很大力气去搞定型设计，显然是不妥当的。

为追求高技术指标出现了高炉容积小、辅助设备能力大的倾向。由于忽视了原料条件，高炉长期达不到设计技术指标，使设备能力不能充分利用，投资效果不能充分发挥。

根据研究成果，我提出了切实可行的建议：

鉴于高炉设备除部分标准外其余都是非标准的，而炉体、热风炉、装料系统和送风系统等都是在施工时制造安装的，根本不可能用标准化方法制造。因此只需要对标准设备（如风机、泥炮、卷扬机、热风炉阀类及铁水罐车等）由小到大制订出不同系列加以定型化，以便于制造、采用和备品备件供应。其余部分则应根据建厂当地自然资源、地理、经济等方面条件进行设计，不应定型。

在进行设计中应对不同方案进行综合比较，以经济效果为尺度选择最佳方案。衡量设计方案是否先进合理最佳化，不应当只看设计的技术指标，而应当看经济效果，即生产能力与投资之比（每万吨或每百万吨年产能力所花的投资）及投产后的生铁成本。投资少而产品成本低的设计方案是最佳方案。

对武钢高炉来说，应当本着充分发挥设备潜力的原则，利用大中修的机会进行改造，在充分利用原有设备的基础上，采用行之有效的适合武钢具体条件的新技术，使武钢高炉生产经过若干年调整之后提高到一个新的水平。

第十二章 让高炉长寿技术开花结果

一、研究高炉长寿的关键部位：炉身

1976年"四人帮"被粉碎，历时10年的"文革"内乱从此结束。国家的中心任务是抓经济建设。中共中央拨乱反正，各项工作都回到正确的轨道上来，对科学技术和知识分子的重视也达到了空前的程度。1978年12月18日至22日党的十一届三中全会召开，实现了党和国家历史上的伟大转折，开启了改革开放的伟大历程。

1979年12月，我被武钢任命为炼铁厂技术委员会主任。1980年4月14日，中共湖北省委组织部下发《关于张春铭等同志任职的通知（鄂组干［1980］226号）》，其中一项即任命我为武汉钢铁公司副总工程师。这一年，我终于加入了中国共产党，实现了多年的夙愿。1981年5月23日，国务院科学技术干部局同意我晋升炼铁专业的高级工程师职称。1982年10月15日，武钢在"关于张春铭等同志套改为高级工程师技术职称的通知"中，同意我套改为高级工程师。1984年10月20日，武汉钢铁学院聘请我为兼职教授；1985年，中国金属学会聘请我为该会炼铁学会首届副理事长。

20世纪70年代后期，我负责成立了一个高炉长寿问题的研究小组。从1978年1号高炉大修时开始，各高炉大、中修时都做炉体破损调查。根据调查的结果来开发适合武钢情况的高炉长寿技术。当时冶金部对这项工作非常支持。我们也取得了一些成果。

1982年，我应邀出席了在加拿大召开的高炉炉衬寿命最佳化学术年会。这是一次国际性学术会议，西欧、北美、亚洲与大洋洲的12个主要产铁国家约100名代表参加，代表们围绕如何延长高炉寿命交流了经验，并发布了18篇高质量的学术论文，其中有我撰写的论文《武汉钢铁公司高炉寿命和炉衬侵蚀的研究》。我觉得会上的这些论文如果提供给国内的高炉工作者学习，向他们推广世界先进高炉长寿技术，会起到很好的作用。会议期间我征得作者同意，回国后即主持和组织相关人员翻译。1984年6月，编为《高炉炉衬寿命论文集》一书，由冶金工业出版社出版，集中展示了国际钢铁学界在高炉寿命问题上的最新成果。

1985年，我重点研究高炉炉身与炉子长寿的关系。武钢4座高炉炉身寿命一般仅3~4年，一代炉役中需要进行2~3次中修，因此炉身下部和炉腰是当时武钢高炉寿命短的关键部位。影响炉身寿命的原因还有很多，如原燃料条件、冷却结构和冷却方式、内衬材质、操作和维护等，且互相制约。

炉衬采用高铝砖还是炭砖？从武钢高炉实践看，炉身采用高铝砖内衬寿命都不长。4号高炉炉身使用炭砖内衬寿命短，其主要原因是炭砖下部缺乏良好的支托结构和汽化冷却失败。而1号高炉炉身采用炭砖加冷却壁水冷效果则较好。根据试验，当时所用的高铝砖，抗碱性能很差，在炉内被迅速侵蚀。3号高炉1983年中修后，根据炉身热负荷测定推断，炉身下部冷却壁开炉后2个月即接近中修前热负荷值。最上一段冷却壁的热负荷开炉半年后也达到中修前水平。估计中修前冷却壁表面覆盖有不同厚度渣皮。这表明开炉后不久砖衬所剩无几，同时说明高铝砖不能持久。炭砖在高温下抗碱性能虽也减弱，但比高铝砖强得多。温度低于900℃时，它仍有较好的抗碱性。国外炉身下部使用“自结合”碳化硅砖取得了较为满意的效果，但当时国内生产的碳化硅材料，不但价格昂贵，而且质量也难以保证。

采用冷却壁还是密集冷却板？国外实践表明，密集式铜冷却板配以石墨砖或碳化硅砖炉衬，能有效延长炉身寿命。在西欧、北美等地区高炉炉身采用冷却壁也相当成功。武钢1号和3号高炉镶砖冷却壁分别使用了5年半和4年9个月，基本上没有破损漏水，效果较好。调查中发现镶砖冷却壁的肋上出现许多裂纹，原铸铁晶体改变，强度明显下降。为保证冷却壁有足够的高温强度和能承受更大的热负荷，其材质和结构需进一步研究改进。关于铜冷却板，由于铜的纯度要求非常高，工艺也复杂，加之当时我国铜的资源短缺，价格很高，考虑不用。而我们使用冷却壁已积累了一定的经验，因此使用它更为现实。

采用水冷还是汽化冷却？汽化冷却在降低动力消耗、节约用水等方面具有很大的优越性。但是武钢4号高炉两次采用汽化冷却效果均不理想。尽管第2次对汽冷构件做了不少改进，但仍连续出现汽冷管断裂漏水而被迫改为水冷。据分析，由于汽冷时冷却壁的温度比水冷时要高得多，铸铁体有可能更早地出现金相转变，发生体积“长大”和力学性能变差。冷却壁水管接头及其连接处在水冷条件下很少损坏，但在汽冷时破损却十分严重，表明汽化冷却时的热应力比水冷时要大得多。另外，汽化冷却在设计、制造、安装等方面还有不少缺陷，特别是检漏不过关，维护困难，这些都使冷却壁的寿命受到影响。在上述问题没有得到很好解决之前，大型高炉采用汽化冷却要持谨慎态度。

加强冷却还是控制冷却？从武钢多年的生产实践看，高炉较好的技术经济指标是在大、中修开炉后一段时间取得的，这与形成了一个合理的操作炉型是分不开的。加强冷却、降低耐火砖衬的温度是降低侵蚀速度和延长寿命的有效办法。但当炉身砖衬全被侵蚀后，冷却强度过大可能导致结瘤，而此时以控制冷却强度预防结瘤或者用来消除炉墙结厚，又是一种可行的措施。所以，加强冷却和控制冷却之间是一种相辅相成的辩证关系。

我提出了改进意见。从当时武钢几座高炉的破损调查情况来看，炉身冷却高度仅为其高度的 50%左右是不够的，应达到其高度的 2/3。国外新建高炉一般为 60%~70%。采用带钩头的冷却壁支托上部砖衬，取消支梁水箱的支托形式。采用钩头设置在镶砖冷却壁中部的结构（即鼻型），改变炉身下部砖衬仅由炉腰托圈单一支承的状态。目前以采用炭砖炉衬为宜，将来条件许可，可采用“自结合”碳化硅砖或半石墨化炭砖综合炉衬，增强炉衬抗碱侵蚀能力。加强炉身检测手段，监测炉衬厚度并及时调节冷却强度，维护合理操作炉型。

二、延长高炉寿命是系统工程

正像向长寿老者请教长寿经验一样，问 10 个人就可能有 10 种说法。高炉长寿与此相似，长寿绝不是一两项因素所能决定的，而是很多因素的综合。

武钢高炉炉体结构呈现三个发展阶段：

第一阶段：20 世纪 50~60 年代完全照搬苏联设计的阶段。20 世纪 70 年代以前，武钢共有 3 座高炉（1 号、2 号、3 号高炉）投入运行。而且这 3 座高炉全都采用苏联的标准设计。

第二阶段：20 世纪 70~80 年代的探索改进阶段。进入 20 世纪 70 年代，我们开始反思以前出现的种种问题并有所改进，如炉喉采用长条形钢砖、1 号高炉炉身采用炭砖、4 号高炉炉身汽化冷却和全炭砖水冷炉底、3 号高炉炉身结构的改进、全炭砖炉底推广、后又取消汽化冷却。根据 4 号高炉投产后汽化冷却暴露的问题，1977 年中修时决定取消汽化冷却。从当时世界范围看，原采用汽化冷却的一些高炉（如日本、澳大利亚和西欧的高炉）从 20 世纪 70 年代末开始也将汽化冷却改为软水或纯水密闭循环冷却，改变后效果较好。

第三阶段：20 世纪 90 年代的综合创新阶段。

前面两个阶段，我在讲 4 号高炉改进时都涉及到了。这里重点讲第三阶段。

要想让高炉长寿，不研究炉体破损机理是不行的。

炉底、炉缸侵蚀机理情况是怎样的呢？1978 年通过 1 号高炉大修破损调查得知，炉缸、炉底砌体的局部位置侵蚀颇为严重，炉缸炭砖层较薄，炉底的高铝砖已熔结成致密坚实的整体，还发现 1 号高炉的铁水渗入普通炭砖的现象非常严重。炉体解剖时取出的炭砖上发现许多白色亮点，即渗铁。铁水在 1300～1350℃温度范围内流动性良好，而普通炭砖的气孔率较大，铁水容易渗入炭砖气孔，经过长期生产后，进而填充炭砖工作端面几乎全部的气孔和裂缝：渗铁同碳起作用使气孔和裂缝扩大，破坏炭砖的工作端面，造成炉底的“异常侵蚀”。所以，如何改进炭砖的抗渗铁水性成为要予以解决的问题。这些问题促使我们十分重视微孔炭砖的研制开发，在研制成功后直接运用于 4 号高炉，5 号高炉当时在炉底炉缸的“异常侵蚀”区采用的微孔和超微孔炭砖效果比较好。这样的发展方向无疑是正确的。

碱金属和锌是怎样侵蚀炉体的呢？通过破损调查，我们得知炉体侵蚀并不仅仅是由于砖衬的耐磨性不好或是砖的抗渣性不强，更重要的因素之一是钾、钠、锌的影响和破坏作用。但是这种破坏作用和冷却的关系密切。只要采用适当的冷却系统使冷却强度足够、把耐火材料热端温度降到碱金属和碳素沉积的化学侵蚀反应温度以下，那么炉身寿命的延长是有望达到的。

冷却壁破损的原因是什么？4 号高炉的汽化冷却系统运行 2 年后，冷却壁破损严重。最初我们认为造成损坏的原因是受热后冷却壁和钢板的膨胀系数不一致，因而在第一次中修时，将冷却管改成套管式且内管可伸缩。但是改进后使用效果也不好，可见损坏并不仅是膨胀系数不同导致的。在对破损冷却壁解剖调查中发现，冷却壁水管渗碳非常严重，必须尽快解决，否则就会影响高炉冷却壁的长寿。为此，1986 年我们专门成立了一个研究小组研究长寿冷却壁，解决它的渗碳和伸长率等问题。普通铸铁的伸长率是较低的，而要保证冷却壁在高炉的炉温波动范围内不断裂，铸铁的伸长率必须达到22%。围绕上述问题，经过武钢钢研所与机总厂合作研究，研制成功球墨铸铁生产工艺，1987 年为 1 号高炉制造了 106 件冷却壁并安装使用。这种球墨铸铁，伸长率达到 22%，抗拉强度达到 392.3 兆帕，抗热震超过 600 次，导热系数达到 34.8 瓦/(平方米·开)。实物质量达到和超过新日铁冷却壁的质量标准，使用效果良好。后来，球墨铸铁冷却壁在 5 号高炉的使用效果不错，运行 8 年，没有一块冷却壁损坏。

还进行了耐火材料抗碱及铁水渗入炭砖的研究。关于各种耐火材料性能的研究，我们做了大量的工作，并开发出了微孔炭砖、浸磷酸黏土砖、铝炭砖。实践证明，尽管高铝砖较贵，但在耐碱能力方面并不比黏土砖强。可见，耐火材料并不是越贵越好，高炉各段用什么材料，应该根据高炉不同部位的工作条件和侵蚀机理具体问题具体分析。

根据这些方面的分析，高炉长寿技术是多种技术的综合，它包括如下几大方面：符合长寿要求的设计、设备及材料的质量、优良的施工质量、精料保证、良好的高炉操作及管理。高炉的操作维护是延长炉体寿命的又一关键。采用加重边沿的装料制度，控制边沿气流的发展，降低炉衬温度，能减缓炉衬侵蚀。武钢高炉使用高氧化镁渣冶炼，适当降低炉渣碱度，有利于碱金属的排除。近年来炉身上部砖衬使用 4~5 年后仍能保护完整，除托砖方式的改进外，改进操作，减少碱金属的富集，也是重要因素。

正是在武钢高炉短寿及逐步改进的实践结果和破损调查获得的认识的基础上，形成了 5 号高炉的设计方案。武汉钢铁设计研究院的技术人员和我们一起做了大量的工作。

武钢 3200 立方米的 5 号高炉于 1988 年 7 月动工兴建。1991 年 10 月 18 日正式投入运行。5 号高炉本体采用的长寿技术主要是：水冷全炭砖薄炉底，与其他几座高炉不同的是，在炉缸炉底交界区

（通常称之为异常侵蚀区）使用了7层微孔炭砖，以缓解该区的异常侵蚀；采用全立式冷却壁炉身结构和软水全密闭循环冷却系统；对炉衬侵蚀状况进行监测；采用PW无料钟炉顶，提高控制煤气流的有效性；炉身采用抗碱侵蚀的耐火材料等。5号高炉开工后的生产实践证明，我们关于延长高炉寿命的设想是可行的。因此，1996年4号高炉大修时，将5号高炉的新技术推广到4号高炉。5号高炉运行8年后，除垂直管损坏1根，钩头管损坏8~9根外，其他设备运行良好，高炉利用系数保持在2.1~2.2的水平。运行12年后以较好的炉体状况进行大修完全是可能的。日本川崎千叶厂6号高炉的炉龄曾经长达20年，但其后期的利用系数仅为1.6，经济效益和高炉的稳定性并不高。所以，我认为高炉长寿不应只片面追求运行时间长，还应强调其经济性和稳定性，既要“长寿”，又要“健康”。武钢1号高炉大修，采用和发展了5号高炉的长寿技术。

延长高炉寿命是个系统工程。例如，不同的耐火材料需要不同的冷却装置，冷却壁和冷却板都有各自独特的优点与缺点，现代高炉结构的发展趋势是采用强化冷却的薄壁高炉，炉腹以上的内衬厚度已薄至100~150毫米，并与冷却壁组合成整体结构，从而取消了该区域的内衬砌筑工程，以实现经济、高效、长寿的综合目标。我个人更倾向使用冷却壁，因为它具有全面冷却保护炉壳、密封性强、能形成光滑的操作炉型等最为重要的优势。据霍戈文公司介绍，他们使用密集冷却板的效果很不错，不仅容易更换，而且使用寿命长，当然所用的砖衬结构与我们不同。日本设计的高炉容易患“腰疼病”，日本人称之为“下部不活性”。如当年宝钢高炉投产后，常常“腰疼”，影响生产，主要原因是冷却板区域容易结厚。而武钢5号高炉开炉后没有患过“腰疼病”。4号高炉采用了同样的冷却装置，使用效果很好。因此，冷却板和冷却壁各有优势和不足，但长寿的原则是相同的，采用的长寿技术是综合的。

尽管我们在高炉长寿方面做了很多工作，但长寿技术仍需不断完善，特别是冷却壁凸台部分是薄弱环节，还需进一步改进。对在21世纪将扩容改造大修的1号高炉进行了一些改进，如为了彻底消除冷却壁的凸台易破损、影响炉料和煤气流的合理分布等缺点，在炉腹以上至炉身上部全部采用砖壁合一的新型冷却壁，取消凸台，将内衬厚150毫米带燕尾的衬砖镶铸入冷却壁的燕尾槽内；在炉腰及炉身下部高热负荷部位，采用2段厚120毫米铜冷却壁进行强化冷却，以形成稳定的渣皮保护层；在软水密闭循环冷却系统，采用串联冷却工艺流程，节约循环水量50%，以降低能耗和简化高炉冷却系统的工艺流程等。采用以上高炉长寿技术，并配套采用精料技术和炉顶布料技术，为1号高炉实现炉龄15年、利用系数在2.2以上，燃料比在500千克/吨以下的高效长寿目标创造有利条件。

三、推广高炉长寿技术，“绿色钢铁”已成世界趋势

1978年10月16日，武钢1号高炉停炉大修。按日历时间计算，高炉大修周期超过20年。由于三年困难时期减产和“文革”中的减产、停产，高炉一代工作实际时间为18年1个月。这一代中间，经过3次中修。当时武钢1号高炉属于国内一代大修炉龄最长的大型高炉。为了解高炉和热风炉炉体破损状况，利用大修机会对高炉、热风炉剩余的炉衬、残留的渣铁、冷却设备、炉体结构进行详细测量、取样和检验。对它的炉体破损调查使武钢的炼铁工程技术人员开始认识到碱金属和煤气的碳沉积作用对高炉炉衬破坏的严重性、铁水侵入炭砖的危害以及高炉炉体结构和冷却系统存在的严重缺陷，对热风炉结构的缺陷也有了明确的认识，对当时使用的耐火材料的性能以及存在的缺陷有了较为清晰的理解，为武钢开展高炉炉体侵蚀机理研究打下了基础，为高炉长寿寻找方向提供了支撑。

武钢1号高炉破损调查取得的成果，使我们认识到高炉炉体破损调查的重要性。其后，凡高炉大修或中修，都要组织炉体破损调查，并对调查结果进行分析研究。

多次炉体破损调查研究使武钢的炼铁工程技术人员认识到，没有哪一项独立技术能够确保高炉实现长寿。高炉长寿的必要条件包括：(1) 合理的炉体结构，包括冷却型式、结构等，属于设计问题；(2) 耐火材料质量、结构和冷却设备质量；(3) 建设时工程施工的质量；(4) 高炉操作对炉体的维护状况。只有以上各方面的必要条件具备，高炉才能真正实现长寿。

我在实践中体会到，对高炉寿命的定义也应当加以明确。长期以来把包括炉底、炉缸的全部更换作为大修，而把保留炉底和风口以下炉衬的各种规模的修理均作为中修。炉底炉缸炉衬更换以外的工作量往往大得多。20 世纪 90 年代以来，技术进步使高炉炉身寿命得以延长。国际钢铁界普遍的概念中高炉一代寿命往往指一代（炉身不中修）的高炉炉衬的寿命。高炉长寿的目标，应当是高炉一代不中修达到的寿命周期。以此来衡量，我国高炉一代寿命与国际先进水平差距很大。

钢铁工业要走向可持续发展，实现高炉长寿是高炉炼铁走向可持续发展的第一步。高炉大修停产不仅会损失铁和钢的年产量，而且大修要消耗大量耐火材料和备品备件，并产生大量废弃物。那种认为高炉仅追求高容积利用系数，不怕高炉寿命短的观点是错误的。武钢高炉炼铁应当做到高炉一代炉龄（不中修）达到 10 年以上，应努力争取一代炉龄（不中修）12~15 年。在多次高炉炉体侵蚀机理研究的基础上，认为高炉要获得长寿，必须在以下几方面取得实质性进展：

(1) 高炉结构合理化。首先是冷却结构的合理化，使高炉在一代寿命中操作炉型保持稳定。高炉操作炉型稳定是高炉一代保持高产、优质、低耗和长寿的基础。武钢采取的是从炉底到炉喉全冷却壁型式，对冷却壁的结构、材质和制造工艺进行优化和改进，提升其可靠性。

(2) 用软水密闭循环冷却系统取代工业水冷却系统。实践已充分证明，工业水冷却系统不能保证高炉长寿。4号高炉建设时汽化冷却系统采用了软水，但当时对汽化冷却的理解十分肤浅，不恰当地对待热量回收，采取自然循环系统。对软水处理不完备，使高炉汽化冷却以失败而告终。从失败的教训中我和技术人员认识到，高炉的冷却系统必须是强制循环系统，而且在循环系统中必须防止气泡的产生。在此认识的基础上，借鉴了PW公司（卢森堡一家知名的工程公司）的技术，采用软水密闭循环冷却系统。

（3）提升高炉耐火材料的质量。高炉不同部位的工作条件不同，炉衬侵蚀的机理不同，对耐火材料质量的要求也不同。为此，武钢与耐火材料制造厂家联合开发出高导热率的微孔炭砖、微孔刚玉砖、微孔铝炭砖及可塑性耐火材料。武钢的高炉不仅炉底砖衬厚度由5.6米减薄至2.8米，炉缸砖衬厚度也减至1.0米左右。炉身用镶砖冷却壁目的是尽量在整个炉役中使耐火材料的侵蚀减少到最低限度。

（4）提升高炉操作的灵活性。高炉操作直接影响高炉一代炉龄寿命，关键因素是高炉内煤气流调节和炉温及造渣制度控制。武钢高炉炉顶装料设备原来采用马基式双钟炉顶，调节灵活性差。20世纪90年代开始用无料钟炉顶取代后，使高炉内煤气流处于可控状态。与此同时，完善了高炉的监测计器、仪表，除砖衬和冷却壁温度外，增加了炉体热负荷监测，使高炉炉体侵蚀处于受控状态。这些认识都是在长期实践中逐渐形成的。必须把这些技术集成在一座高炉上，才能形成完整的高炉长寿技术。

高炉为什么要长寿？初看是一个老生常谈的问题。如果进一步思考，人们似乎对这个问题的认识并不一致。从长远观点看，高炉长寿应当是钢铁工业走向可持续发展的一项重要措施，以减少资源和能源消耗、减轻地球环境负荷为目标。在这一点上容易取得共识，而对达到什么程度的高炉才能算长寿，钢铁界的认识并不一致。高炉长寿是为钢铁工业走向可持续发展服务的。高炉长寿应包含以下目标：（1）高炉一代寿命（不中修）在20年以上。（2）高炉的一代炉龄是在高效率生产的状态下度过的，一代寿命内平均容积利用系数在 2.0 以上，一代寿命单位炉容产铁量在 15000 吨/立方米以上。(3) 高炉大修的工期缩短到钢铁联合企业可以承受的范围之内，例如两个月之内；大修后在短期内生产达到正常水平，例如 7~10 天。

高炉长寿技术的核心是高炉一代构建一个合理操作炉型的永久性炉衬，使高炉一代寿命达到上述目标。如能达到，高炉座数可以最少，能源消耗可能最低，运行效率可能最高。

我国高炉现在的长寿水平与上述目标差距很大。国际上炼铁高炉寿命也未都达到上述目标。为了钢铁工业的可持续发展，高炉长寿技术应当为实现上述目标服务。

从长远发展看，世界生铁产量大致等于世界粗钢产量的 60%。假如世界粗钢年产量为 20 亿吨，则世界生铁年产量大约为 12 亿吨。世界钢铁工业的规模还有相当大的发展空间。

然而，由于不同地区和国家工业化的程度不同，经济状况有差别，21 世纪钢铁工业将呈现不同的发展态势。工业发达国家在工程技术方面仍将处于领先地位，技术创新能力强，在产品和工艺技术上仍将引领钢铁工业发展潮流。由于经济结构的变化、钢铁的需求量减少以及环境负荷的压力，使这些国家在世界钢产量中的份额将下降。发展中国家和进入工业化阶段的国家成为 21 世纪钢铁工业增长的主流。经济增长和大规模基础设施建设是这些国家钢铁工业规模扩大的动力。地球资源和能源的有限性和地球环境负荷的约束，使钢铁工业在发展过程中艰难地走向绿色化。

在我国年产钢量超过 1 亿吨以前，世界钢铁工业的铁钢比大致为 0.65。世界钢铁工业进入第二个高速增长期后，由于我国在世界总产量份额增加，2000 年世界铁钢比达 0.685，2007 年达 0.756，同年，我国铁钢比为 0.959。2015 年后我国铁钢比开始下降。我国不仅转炉炼钢使用铁水，连一向国际上用废钢的电炉炼钢在我国也用铁水代替部分废钢，从而造成我国钢铁工业的铁钢比高。

我国生铁产量的规模如此之大，减少高炉座数、实现高炉大型化、延长高炉一代炉龄比其他国家更为重要。我国炼铁高炉一向炉容小、座数多。在1990年至2000年，地方县乡小钢厂无序发展，重点统计单位产量的比例越来越低。究竟我国有多少座高炉，大部分专业人员认为在1000座以上。重点统计单位的生铁产量占全国总产量的3/4，这些企业的高炉座数早已超过400座。连重点统计单位的单座高炉的产量水平也是比较低的。

日本生铁年产量在2000年大致为7000万吨，约29座高炉生产，平均单座高炉年产在200万吨以上。即使中国的高炉单座平均达到年产200万吨，以2006年至2008年的产量水平，也要有200座高炉生产。如此多的高炉，对地球环境仍是沉重的负担。我国高炉的大型化和高炉长寿技术应用和推广已是我国钢铁工业走向新型化工业道路的必然选择。经过多年的实践，大型高炉的长寿技术，在我国从理论到实践上已经形成。我国已能够依靠自己的技术力量，使大型高炉实现一代（不中修）炉龄达到20年以上，问题在于认真应用和推广。对于幅员辽阔、人口众多、经济环境差别大的我国，高炉全部实现大型化是困难的，这就要求钢铁工业实现结构重组，使钢厂的数量减少，同时把大型高炉的长寿技术在中型高炉上推广应用。对于非高炉炼铁要予以重视，以便用非高炉炼铁工艺取代部分中型高炉以减轻钢铁工业的环境负荷。对高炉长寿技术，必须从钢铁工业可持续发展的高度予以重视。

第十三章 “一米七”轧机工程从计划到实施

一、“四五”期间武钢“双四百”计划孕育“一米七”

1970 年，我作为武钢的一名炼铁工程师，对国家“四五”期间，武钢要达到“双四百”万吨是非常关注的，因为跟我的工作密切相关。“一米七”轧机工程，萌芽于这一计划。1980 年 4 月我成为武汉钢铁公司副总工程师，其中有一项工作就是深入了解“一米七”轧机工程的建设过程和竣工后的现状，狠抓其产品质量问题。1982 年，我担任总工程师、副经理，全面抓炼铁、炼钢、轧钢包括“一米七”轧机工程的产能配套，同时，主抓“一米七”轧机工程的成功达产。

“一米七”轧机工程怎么来的呢？1970 年，国家开始编制第四个五年计划，简称“四五”计划（1971 年开始实施至 1975 年结束）。2 月 15 日至 3 月 21 日，全国计划会议在北京召开。会议重点讨论了 1970 年计划和第四个五年计划纲要（草案）。中央确定“四五”计划的主要任务即集中力量建设“大三线”强大的战略后方；加速农业机械化的进程；狠抓钢铁、军工、基础工业和交通运输的建设；大力发展新技术，赶超世界先进水平。1973 年，根据国内外形势的变化，特别是中美关系趋向改善，中共中央两次修改“四五”计划的高指标，逐步调整了以战备为中心的战略，开始强调经济效益，注意沿海和“三线”地区并重，大规模“三线”建设开始收尾。

1957 年，毛泽东主席就提出：“经过第四个五年计划可以有三千五百万到四千万吨钢”的设想。国务院一直在朝这一目标努力，将计划落实到各个钢铁厂。1970 年 5 月，国务院业务组召集中央有关部委、武汉部队以及武钢等单位的负责人，研究了武钢“四五”期间的发展问题，并拟定了《关于武钢发展问题座谈纪要》。纪要指出，“武钢扩建条件很好，完全可以抢时间，在短时间内搞起来”，纪要决定武钢“四五”期间生产能力扩大为年产 400 万吨铁，400 万吨钢（简称“双四百”）。

1971 年 7 月，冶金部以（1971）冶基字第 701 号文件《关于编制武钢扩建初步设计的意见》，要求有关部门和武钢等单位立即组织力量编制武钢扩建工程的初步设计，同年 8 月冶金部又以文件《关于武钢“四五”规划设计中的几个问题》，对初步设计中涉及的规模、矿山、烧结、炼钢、轧钢、耐火材料等问题做了明确的批示，成为编制武钢“双四百”扩建初步设计的主要依据。

编制武钢“双四百”扩建初步设计的指导思想和基本原则是：

一是立足于挖潜和革新。充分挖掘武钢现有设备的潜力，根据生产发展需要，考虑扩建和新建必要的工程项目，争取少花钱多办事。

二是针对武钢当时矿山能力小和钢材品种少的薄弱环节，扩建重点放在实现铁矿石的采、选、烧的配套（同时重视辅助矿山的配套）和扩大钢材品种（多生产重轨、大型材、中厚板）。另外，新增加薄板和无缝钢管两个方面，建设资金优先用于矿山和轧钢系统。这一条里面就有上薄板轧机的想法。

三是采用的生产工艺流程，必须是成熟和合理的，对主要设备的选型尽量是通用的、定型的产品，对技术指标必须是经过努力能够达到的平均先进的；对总图布置以考虑“双四百”的生产规模为主，并留有发展的余地。

四是遵照毛泽东主席在 1958 年 9 月 13 日视察武钢时的指示和“综合利用”的方针，开展综合利用，兴利除害，变废为利，把武钢逐步办成除了生产多种钢铁产品外，还要有机械工业、化学工业和建筑工业的联合企业。

根据上述指导思想和基本原则，武钢对“双四百”生产规模进行了总体设计。

挖潜革新项目有：大冶铁矿东、西露天采场年生产铁矿能力由原设计300万吨提高到400万吨，灵乡铁矿由原设计年产铁矿45万吨提高到100万吨，一烧结由原设计年产223万吨烧结矿提高到300万吨，焦化厂由原设计年产焦炭225万吨提高到230万吨，大型厂由原设计年产大型钢材60万吨提高到80万吨，轧板厂由原设计年产钢板56万吨提高到80万吨。

扩建新建项目主要有：大冶铁矿、灵乡铁矿、程潮铁矿、金山店铁矿建设规模共计450万吨铁矿石，选矿厂的建设规模为年处理铁矿石350万~400万吨，三烧结4台90平方米烧结机，建设规模为年产345万吨烧结矿；第二炼钢厂3座50吨氧气顶吹转炉和4套连铸机，建设规模为年产150万吨钢。

新建1700毫米热轧薄板厂、1700毫米冷轧薄板厂和318毫米无缝钢管厂。其建设规模分别为150万吨、73万吨和12万吨。3个轧钢厂投产后增加新的钢材品种有热轧薄板、热轧带钢、汽车板、镀锌板、镀锡板、硅钢片和无缝钢管。

这就是“一米七”轧机工程的雏形。当时没有规划单独的硅钢片厂，但是其中有硅钢产品，这是国家需要的产品。“一米七”轧机拟采用国产设备，后来“一米七”轧机从国外进口是有原因的。早在1965年，中共中央和国务院在化肥和化纤设备引进小组的基础上，批准成立了新技术引进小组，扩大范围，准备引进50多个项目，包括石油化工、电子工业，冶金工业中就是“一米七”轧机。当时与德国西马克公司达成初步意向，以后由于外交和政治方面的原因搁浅。

为配合武钢“双四百”生产规模的建设，中央有关部门在武钢厂区附近新建了炼油厂和化肥厂，生产武钢所需要的重油和利用武钢的煤气制造化肥。为形成“双四百”生产规模，需要增加基建投资概算 11.37 亿元，新增加职工约 30000 人。

1972 年 8 月 18 日至 9 月 5 日，国家建委和冶金部共同邀请湖北省冶金局，水电局、武钢建设指挥部、武汉市城建办公室以及生产、设计单位的干部、工人和技术人员共计 200 多人在北京召开对武钢扩建“双四百”初步设计审查会，同年 11 月 30 日冶金部以（1972）冶基字第 2145 号文件《批准武钢扩建初步设计纪要》对有关建设项目的规模、方案、标准、结构形式、设备选型、总图位置和投资概算等做了明确规定，武钢“双四百”配套所需的投资，由审查前的 11.37 亿元增加到 11.55 亿元。

1973 年 1 月 27 日，国家建委和冶金部联合发出文件《关于武汉钢铁公司扩建初步设计几个问题的批复》，原则上同意《武钢扩建初步设计审查纪要》，还将武钢扩建中对外协作的几个主要问题提出了明确的意见，这些都作为武钢“双四百”扩建的主要依据。

二、党中央决定引进“一米七”建在武钢

1972 年 8 月，国家计委关于开展对外经济技术合作的报告呈报党中央，周恩来总理做了批示，最后毛泽东主席圈阅同意。这份报告的重点内容是决定在三五年内引进一批国外的先进技术设备，其中包括 13 套大型化肥设备、4 套大型化纤设备、3 套石油化工设备、“一米七”轧机等，共计外汇 43 亿美元，所以称为“43”方案。

在这“一揽子”计划里，“一米七”轧机身价最高，不计国内配套设施，引进费用 6 亿美元。

报告在阐述引进“一米七”轧机时说：轧钢能力不足，钢材品种不配套，特别是板、管少是当前国民经济发展中的一个比较突出的问题。进口一套“一米七”轧机，虽然用的外汇多一些，但和每年进口 200 万吨钢板所花外汇（约 3 亿美元）相比，还是合算的，考虑到国家外汇比较紧，可以一次订货分批进口或者先进口热连轧

机和冷连轧机。硅钢片、镀锡和镀锌机组是否进口以后再定。

为了做好这项工作，建议由冶金部、外贸部和国家计委指派人员成立小组专门来抓。

随后，中央决定“一米七”轧机落户武钢。

1974 年，冶金部根据国家基建计划和物资供应管理体制的要求，以（1974）冶金基字第 1164 号文件通知：“武钢‘一米七’轧机工程基建计划应单独编制”，从此“一米七”轧机工程与“双四百”工程分开管理和建设。原青山厂区“双四百”工程中与“一米七”轧机工程有关的项目均转入“一米七”轧机工程统一考虑，同时还削减了 318 毫米无缝钢管厂、初轧厂 14 组半均热炉等。

“一米七”轧机工程成套设备的引进工作，在外贸部和冶金部的直接领导下，于 1972 年底组织有关人员出国考察，先后访问了西欧五六个国家，参观了 20 个工厂。1973 年 7 月，相关部门开始与外商谈判。通过多方面询价比较和审查报价，做到“货比三家”，使卖方形成竞争局面。通过反复权衡，中央决定“一米七”轧机成套设备和生产技术分别从西德和日本引进。

1974 年 3 月 27 日，1700 毫米带钢连续式冷轧机引进合同在北京签订，卖方为德国杜伊斯堡的迪马克公司。

1974 年 6 月 3 日，1700 毫米连续热轧带钢厂和硅钢片厂的成套设备引进合同在北京签订，卖方为新日本制铁株式会社。

1974 年 8 月 30 日，1600 毫米板坯连续铸锭机引进合同在北京签订，卖方为德国杜塞尔多夫的施雷曼和西马克公司。

所谓“一米七”轧机，是指轧钢机的轧辊有效长度为 1700 毫米，产品钢板的最大宽度为 1550 毫米。“一米七”轧机系统工程，包括主体工程“三厂一车间”（连铸车间、热轧带钢厂、冷轧薄板厂、冷轧硅钢片厂）；配套工程（第二炼钢厂、硅钢前工序改造工程等）；辅助设施工程（机修、检验、运输、仓库、电讯、供排水电、燃气、热力、计控等）。工程的总概算为 38.9 亿元（其中国外引进费用6亿美元，折合人民币22.28亿元）。

"一米七"的全部产品可归纳为"六板一片"，即汽车板、自行车带钢、镀锌板、镀锡板、船板、普通板和硅钢片。

"一米七"工程主要产品品种、产量、装备如下：

连铸车间主要生产规格从170毫米×700毫米至250毫米×1600毫米普碳钢、低合金钢和硅钢的铸坯，设计能力为年产150万吨板坯。

热轧带钢厂主要生产厚度从1.2~12.7毫米的各种普碳钢、低合金钢和硅钢的板（卷），设计年生产能力为热轧带钢301万吨，其中供冷轧用坯119.5万吨，供硅钢用坯9.75万吨。

冷轧薄板厂设计年产各种冷轧薄板（卷）100万吨，其中镀锡板10万吨，镀锌板15万吨，产品规格最薄为0.15毫米的镀锡板。

硅钢片厂主要生产0.28~0.5毫米的冷轧硅钢片（卷），设计年产7万吨，其中制作电机用的无取向硅钢片4.2万吨，制作变压器用的取向硅钢片（包括HiB高牌号硅钢片）2.8万吨。

"一米七"轧机具有20世纪70年代世界先进技术水平。主要设备综合了炼钢工艺、机械制造、金相热处理、陶瓷化工和电气、液压传动、检测、信息传递、能源介质以及环境保护等方面的新工艺、新技术。它的主要特点是：

（1）轧制速度快。热轧连续轧钢机最高轧制速度为23.3米/秒，冷轧最高轧速为31米/秒，连铸机最大拉坯速度为2米/分。轧钢机都采用了快速换辊装置，一次换辊时间只需5~7分钟。

（2）自动化程度高。"一米七"轧机的轧制过程由25台电子计算机控制，冷连轧机、热连轧机用的计算机最快的每秒可运算100万次。电机一半以上是用可控硅调速的直流电机，其反应时间仅为0.3秒。大量采用液压传动，反应时间只需百分之几秒。

（3）板卷大。连铸板坯长10米、宽1.6米、厚250毫米，重达30吨，热轧成品板卷重30吨，冷轧成品板卷最重的达45吨。

（4）产品质量好，品种多，成材率高。产品厚度从 1.2 毫米至 12.7 毫米，厚度公差为正负 50 微米，冷轧板厚度为 0.15～3 毫米，厚度公差可达正负 5 微米。为保证带钢全长的厚薄均匀和表面光洁度，采用了自动对中防止跑偏的装置和控制速度、宽度、涂层及镀层厚度的各种自动检测手段。

（5）工艺先进、技术新。为保证生产出表面光洁度达到 V10 的硅钢片的要求，对生产粗钢坯的连铸设备，采用放射性同位素，精确检测和控制结晶器中的钢水液面。

三、"一米七"四年建成

1974 年 9 月 7 日，"一米七"工程破土动工兴建。

"一米七"轧机工程由 143 个单项工工程组成，其中主体工程 40 项，辅助配套工程 103 项。

"武钢'一米七'轧机工程建设指挥部"由湖北省委、武汉市委派出 19 名领导干部和冶金部派出的工作组成员担任指挥部领导工作。湖北省委书记赵修任指挥长，冶金部副部长叶志强任副指挥长。

在指挥部统一指挥下，分设 11 个分指挥部，按区域分工，实行包建责任制。"一米七"轧机工程建设，是我国冶金建设史上一项规模巨大的工程，它的建设规模超过以往武钢建设的总和，在建设高峰阶段，施工队伍达 10 万多人。

工程指挥部在国务院和湖北省委的领导下，排除干扰，根据中外合同工期要求，拿出比较切实的施工总计划，将 143 项重要工程，分工程交叉进行。

先后安排了 3 个战役和 6 个歼灭战。第一个战役是"三通一平"（即通水，通电，通路，平整场地）。第二个战役是以土建为主，辅之建筑安装。第三个战役是以设备安装为主，辅之调整试车和竣工收尾。

6 个歼灭战：土方、基础工程、结构吊装、设备安装、调整试车、收尾竣工。

1978年“一米七”轧机建设进入以调整试车为主的建设阶段。

武钢一面建设新厂，一面培训职工，四年共培训近万人。其中选派到联邦德国和日本实习的300多人；在国内83个同行业厂培训2600多人，在大专院校培训1500多人，由武钢各厂培训5000多人。在学习培训的基础上，回到新厂学习本工种、本岗位的基础理论和专业知识，并选拔部分人员参加设备安装和调试，在实际工作中向外国专家学习。为了尽快熟悉和掌握现代化设备，新厂还把职工分配到1300多个岗位上，按岗位专责的技术操作要求，进行模拟和技术练兵。1700毫米轧机投产后，青年职工占80%以上。他们勤奋好学，通过实际锻炼，掌握了1700毫米轧机的先进技术，成为现代化生产的主力军。

通过四年多的建设和试生产实践，不仅达到了“建成、学会”的目的，而且实现了“开好、用好”这套先进的技术装备的要求。为了总结经验和教训，指挥部还组织设计、施工、生产单位，撰写技术论文、技术总结800多篇，约1000万字。在此基础上，编写了130万字的《武钢“一米七”工程技术总结》，为冶金工业的现代化建设提供了借鉴。

“一米七”轧机经过一年多的试生产情况良好。

国家计委、建委等部门于1980年10月组织预验收工作组，来现场进行工程的预验收检查。

1981年12月12日，武钢“一米七”轧机工程经国家验收正式交付生产。

钢铁“双四百”万吨生产能力的配套和“一米七”轧机工程建设，是武钢在发展阶段的同一时期、相互不可分割的重要内容。20世纪70年代进行的“一米七”轧机工程建设，是武钢发展乃至整个冶金工业建设史上的一个壮举。在当时“文革”末期，加上全国又开展“批林批孔”（1974年）“批邓反击右倾翻案风”（1975年）两场运动的历史条件下，仅用了四年多的时间，就基本建成了其规模大大超过以往二十年来武钢建设总和的工程，是十分艰难和了不起的。通过设备功能考核和试生产，证明引进的设备性能良好、工艺先进，工程质量优良，投产后经济效益明显。总之，“一米七”轧机工程竣工为全国冶金工业的现代化建设和引进工程的建设积累了宝贵的经验和教训。

同时，不容忽视的另一主要问题是：由于引进的“一米七”轧机，未全面考虑原“双四百”万吨配套的平衡，造成了“一米七”轧机投产后武钢生产上的不平衡（轧钢生产能力大于矿山、冶炼生产能力）局面，限制了“一米七”轧机生产能力的发挥，影响达产时间和经济效益的。

“双四百”万吨计划，由于诸多的原因，在“四五”“五五”期间都未能完成。

第十四章　“四恢复”为“一米七”轧机系统正常生产建功

一、黄墨滨经理给我压担子，把炼铁炼钢“一米七”管起来

1981年8月，中组部将黄墨滨从包钢调至武钢任经理。黄墨滨到武钢后，面临两个大的难题：一是武钢除了生产厂以外，社会功能齐全，职工多达12万人，生产效率低，管理难度大；二是从国外引进当时具有世界先进技术的“一米七”竣工后生产不顺，离达到设计生产能力差距太大，引起国家领导人的担忧。

黄墨滨经过调查研究，针对上述情况，决定拿出相应的对策。首先，以改革整顿为动力，大力调整各级领导班子。当时，武钢按照中央精神抓企业整顿已有两年多，但是仅限于一般的整顿，两级领导班子过于庞大、臃肿，领导人知识结构偏低，基层负责人中技术干部少。同时，从抓“三规三制”工作入手，大抓“三个变化”（生产、设备和精神面貌）。其次，抓“四个恢复”（即恢复“一米七”设备的面貌、精度、功能、自动化水平）和消化、发展“一米七”先进技术，尽快达“一米七”核定生产能力。

黄墨滨根据当时中央“干部四化”的精神，调整了公司和二级厂矿的领导班子。当时的领导干部主要来源为老干部、工人提拔、部队转业。技术人员所占比例极小，即使有职也无权。这样的领导班子不可能适应企业现代化发展的需要。经过整顿之后，公司的领导班子做出精简榜样，领导干部只剩下十余人。二级单位也提拔了一大批年轻有专业技术能力的干部。

我当时的职务为武钢副总工程师，主要负责炼铁这一片的生产技术和质量工作。经过一段时间的工作，黄经理对我也逐渐了解，他认为我工作扎实，炼铁专业理论知识深厚，现场工作经验丰富，无论形势多么动荡坚持研究炼铁技术，取得了不少成果，认可我是当之无愧的高炉专家。

黄墨滨对我在“反右”“文革”期间遭受重大挫折，即使顶着“右派”的帽子时，在工作中敢于表达不同意见，从不回避矛盾，对工作兢兢业业，高度负责，保持强烈的事业心也是很看重的。

1982 年 9 月，在黄墨滨的建议下，我被上级任命为武钢副经理、总工程师。做出这样的安排，公司领导班子和黄墨滨有他们的考虑，是想让我把生产和技术一同抓起来。

黄墨滨在多年管理钢厂的实践中，有他独有的思考。他的这种做法，与国内大部分钢企明显不同。当时国内的一些企业，总工程师大多是有职务权限少，发挥实质性的作用比较小。而钢铁企业技术进步是非常重要的，作为负责技术的总工程师如果能发挥作用，对整个企业的发展是十分有利的。而现实是总工程师和生产经理的地位平级，甚至管生产的副经理级别还高于总工程师。这就让总工程师在某些时候，要看副经理的配合程度了，技术改造和生产两方面协调成了问题。两个人和谐便好统一，否则总工程师发挥的作用就极为有限。他建议我的职务应是副经理与总工程师一肩挑，实际上也就是将生产组织、技术进步、质量管理统一起来，有利于相互促进，良性循环。

黄墨滨在我任职以后对我高度信任，大胆放权。技术、生产方面的事，我职责范围的事能决定的，不必向他请示，有重大事情需要集体决策的再汇报。黄墨滨出差期间，经常把很重要的工作交给我，有时还代行总经理职权。当时，全国各个大钢厂的总工程师都羡慕我，笑称我是全国钢企最有职有权的总工。

“一米七”竣工投产后，由公司副经理赵恕卿分管。1982 年，他突发脑溢血，病情比较重，医生建议他离开工作岗位。黄墨滨让我接赵恕卿的工作，把前面的炼铁、炼钢，后面的“一米七”轧机管起来。我感觉压力挺大，特别是“一米七”不太顺利，黄墨滨和班子成员都表态，大力支持我。我作为副经理、总工程师，当然不能推辞，责无旁贷要把工作抓好。我负责的领域从炼铁扩大到炼钢和轧钢，以前对后面生产管理是清楚的，但是这跟亲自去做是两码事情，从精通炼铁到精通冶金领域非得深入进去。黄墨滨鼓励我做一位真正的钢铁专家，既要精又要全面。

30 年后，黄墨滨和我谈心交流时说起这段往事，他说：“在你没有当总工程师之前，你就与铁打交道。1949 年从北洋大学毕业到鞍钢，你开始研究高炉生产，后来把你调到武钢来，从建设高炉到高炉投产一直没有离开高炉是好事，但也有局限性。当了总工程师以后，情况就有了变化，除了高炉，接触到钢铁冶金的全面工作，抓炼钢，抓轧钢，后来成为冶金领域专家，工程院院士，说明当年的任用是正确的。”

要让“一米七”达核定产能困难重重，黄墨滨对我授权和放权，让我有信心从“四恢复”抓起，啃下这块硬骨头。

二、为什么对“一米七”进行“四恢复”

“一米七”的“四恢复”即恢复设备的外貌、精度、系统功能和自动化程度。但“四恢复”不是掌握引进设备必经的阶段，而是在特定的历史条件下提出的。我们为什么要做“四恢复”呢？就是因为“一米七”建设是在“文革”期间，试车和投产也是在“文革”刚刚结束不久。在这种特定历史条件下“一米七”受到许多影响，投产后就暴露出来了。具体体现在以下方面：

出现了一批由于设计、制造、施工缺陷带来的遗留问题，如冷轧酸洗活套摆动门与提升器设计不合理，致使投产以后一直不正常。另外，还有不少是由于设计、施工、设备诸方面的原因所造成的，如地下渗水、厂房漏雨和热轧超过2600km电缆铺设混乱等，还有一些盲电缆和根本就没有用的电缆。又如热轧的个别设备，从开工以来轴承温度高，是日本设备带来的毛病，无法调好。另外，由于当时外汇限制，为节约投资，冷轧所有机组的主电室都无空调，头一个夏天就烧坏了插件板200多块，而且相当一部分受了严重的锈蚀。还有国内有些配套设备质量不高，也是由于当时的历史条件所造成，给“一米七”设备带来了不少问题。

备品备件供不上。引进时，我们光买了设备。设备和备件没有图纸，国内制造很困难。仅随机引进了一部分易损备件，有的是事故备件一时用不上。再加上我国机械体制有大而全的问题，要做备件，他们又提出要增添设备等许多条件。引进备件，当时又要经过中技公司，引进手续很复杂，备件订货单要提前1年提出来，一般要400天左右才能到货。另外，国外的备件，特别是电气备件和计算机备件更新换代非常快，开始我们引进到的那些备件，几年之后又买不到了，能买到的，价钱也要高十倍到几十倍。

设备管理工作不适应“一米七”设备的要求。我们已有的经验是管理20世纪50年代老厂的经验。新设备，老办法，根本不适应。而且人员素质、机构编制和人员配备都不适应现代化管理要求，再加上规章制度不健全，所以在“一米七”开工之初，出现的问题比较多。突出的问题是设备管理跟不上，老办法适应不了新设备。

“文革”流毒对“一米七”轧机系统的管理造成了很不好的影响。表现在无政府主义思潮，劳动纪律涣散，操作随随便便，人员责任心不强。在“文革”中派去国外实习的人员，当时只强调政治条件，不看技术水平，所以，有的从国外回来技术上不能胜任。到后来进行生产和维护时，实际上还得靠在厂里参加安装、调试的这批人（当然有一部分出国人员正常发挥作用），这就给“一米七”造成了一些特殊的问题，大家非常担心。因为设备没有维护制度和定修制度，见不到设备本色了，很多地方漏油、漏水，脏得一塌糊涂；

有些工人劳动纪律差，上班睡觉、抽烟，交接班不在现场而是在马路上；许多液压润滑设备、能源管网坏了不及时更换和修理，跑、冒、滴、漏现象非常严重。设备故障和事故相当多，包括重复、操作和违章，例如冷轧五机架作业线上的卷取机卷筒 L 轴和热轧平整作业线上的开卷机筒心轴都发生过违章操作弯曲事故，还有由于维护不良，屡次烧坏油膜轴承。

外国人来参观提了不少意见，特别是日本人专门给中央领导同志写报告，说武钢热轧厂若像这样搞下去，大概两三年这些设备就要变成一堆废铁。1983 年日本人在热轧厂回访时做了调查说：1982 年，因为管理不好，个别设备自动变为半自动，还有局部变手动的有 59 项；因为润滑不良造成的事故占事故总数的 80%，“一米七”轧机设备的外貌性能、精度和自动化程度也逐步下降。各级领导得知后非常重视，特别是中央领导和冶金部领导非常关心。国家花巨资建成的“一米七”轧机系统，如果管不好的话，我们负有不可推卸的责任。为此，在冶金部领导和指导下，我们下决心对“一米七”轧机系统进行“四恢复”。

三、“四恢复”的经过

“一米七”轧机系统的“四恢复”大致分为三个阶段：

1982 年 10 月至 1983 年 10 月为第一阶段。这个阶段主要是进行缺陷整改，共查出缺陷 613 项。公司同时提出“三大变”：一是改变精神面貌，当时“一米七”职工的精神面貌不好；二是改变劳动纪律状况，当时劳动纪律和责任制落实较差；三是改变设备面貌。当时我们想，必须改变精神面貌，才能落实责任制，只有落实责任制才能改变设备状况。将查出的 613 项缺陷，编入第一次“四恢复”整改计划，其中包括 21 项攻关项目。经过一年多的努力，在“三厂一车间”共清除垃圾 3000 吨，排除积水 8000 立方米，清除地沟废油 350 吨，除锈刷漆面积 200000 平方米。到 1983 年 10 月，废物、油池和积水的状况都得到了基本解决，设备面貌有了很大的改观。我们提的沟见底、电机亮、设备见本色等一些表面上的整改要求达到了。

1983年10月至1984年10月为第二阶段。这一阶段从表面上的整改和一般缺陷的整改转到重点抓恢复设备精度、功能和自动化程度的整改。第一次613项完成551项，遗留62项未完。把这62项和新查出的共计408项，进行第二次整改。还对重大问题进行攻关，同时建立和完善了设备管理体制、设备管理制度和规程及落实设备维护检修岗位责任制。对于设备缺陷，逐项分类，按难易程度和轻重缓急分别落实到厂、车间、班组和个人。到1984年10月底止，两次“四恢复”项目已经完成882项，占总数的91.97%；21个攻关项目完成16项，还剩5项。

1984年10月至1985年6月为第三阶段。这阶段是对“四恢复”进行扫尾，959项“四恢复”项目基本兑现，攻关项目绝大部分也完成。

对于摆正设备工作和生产工作的关系，我们在职工中强化如下几个观点：一个是以设备为基础，以生产为中心的观点，组织生产必须以设备为基础；第二个观点是掌握、消化“一米七”，必须以管好、用好这些设备为中心，如果设备管不好，掌握消化引进技术就是一句空话；第三个观点是用抓设备来促“一米七”生产的观点。在现代化生产当中，没有良好的设备就不可能正常生产，也不可能拿出具有市场竞争力的优质产品，也就不可能有良好的经济效益。不维护设备就违背了现代化生产的客观规律，拼设备就是杀鸡取蛋。我们采取的方针是做到“三个同时”：在编生产计划时，同时编制设备检修计划；布置生产任务时，同时布置设备工作任务；检查生产时，同时检查设备工作。再就是做到“四个为主”：抓生产时以抓好设备为主；在抓设备管理时以抓好基础工作为主；在抓设备维修时以抓好设备操作为主；在抓设备检修时以抓好计划预修为主。这就是“三个同时”“四个为主”。解决问题我们采取现场解决的办法。从1983年初，每周六上午定期到现场开“轧钢片”例会，就现场存在的所有设备问题组织有关部门去解决。这次定的问题到下次开会检查，对搞得好的表扬，干得不好的批评，甚至扣奖，及时发现和解决了大量问题。

在管理方面，适应新设备的要求抓了两项工作：一是设备运行状态的掌握和管理；二是以岗位责任制为中心建立各项规章制度，推行全员设备管理。我们认为，抓好设备的运行管理是减少设备故障停机时间和延长零部件使用寿命的重要手段。1982年成立了公司机电部（原是机电处），机电部是一个指挥部门，有权对各厂的设备管理工作进行具体指挥、具体调度和下达任务；而原来的机电处仅是一个职能部门。机电部的中心工作就是加强设备管理，整个“四恢复”的工作，都是以机电部为主来具体组织的。机电部的主要负责人和一批专业管理技术人员集中精力在现场进行调查研究，协助解决各种问题。在各厂的管理制度上也进行了一些改革。比如热轧厂开始是“操（作）检（查）合一”，不久就改成检修力量集中，在实践中又感到这办法弊端不少。1984年该厂经过反复研究，把设备体制改为一级管理，厂长和几个助理直接领导区域工程师，直接指挥，取消了车间，把互相之间扯皮的问题都解决了，而且职责分明，取得比较好的效果。冷轧厂开始的时候，检修工作分得很细，搞机械一个车间、液压润滑一个车间、电气一个车间、动力一个车间，好多个车间。五机架试车的时候，哪家不到，就不能进行。所以，检修完成试车就是个大难题，得厂长坐镇，派人一个个地去找。找来后，这个说不是我的毛病，那个说不是他的毛病，找来找去，轧机还是转不起来。管理体制分工过细也不行。后来采取按区分片包干，这办法比以前强多了。

根据“一米七”轧机系统的特点，我们进行了如上所述的一些改革。管理体制改革后，故障率不断减少，作业率状况有所好转。

在管理方面的另一个工作是搞全员管理，就是让生产工人也负担一部分设备管理的责任。过去生产工人光管操作，设备工人光管检修。检修工人不太熟悉设备情况，而生产工人，设备坏了又不管。为此，我们搞全员设备管理，首先对设备工人和生产工人建立起“三规六制”。“三规”即设备工艺技术操作规程、设备使用维护规程和安全规程。“六制”即生产工人和维护工人的交接班制、设备点检和巡回检查制、设备分工岗位责任制、设备润滑管理制、事故管理和设备预修等 6 项制度。这些制度都以经济责任制的形式，层层分解落实到班组和个人；严格考核，并同奖惩挂钩。硅钢厂在这方面做得比较好，它把全员设备管理和全员质量管理作为厂的两个经营管理的支柱，纳入方针、目标管理 PDCA 循环中去。全厂 1104 台设备都定机、定人和定责分工管理，其中生产工人维护设备 630 台，占总数的 57%。第二炼钢厂从 1983 年以后，特别是 1984 年，在设备管理上，尤其在执行设备预修制上有很大进步。连铸机以前作业率很低，主要是设备老坏，坏了以后换一次零配件花的时间很长。1983 年底，我们就准备了一大批零备件，搞组立（组装、装配）更换。同时，实行预修，先规定 600 炉修一次，根据实践，又把炉次延长。搞组立更换，检修时间缩短，检修周期延长漏钢等事故大大减少，1985 年 3 月以后连铸比达到 100%。当然工艺上操作上有诀窍，但基础是设备实行了预修、组立更换和定期检查，所以连铸比高，作业率高。

由于在管理上抓了上面两项工作，就逐渐能适应“一米七”设备的特点和需要了。

采取各种措施解决备品备件供应问题。“一米七”的备件质量要求相当高。备件供应的解决办法是我们尽量立足于国内制作。但我们的设备没有图纸，就组织测绘。测绘工作是在各个机械厂的大力支持下完成的。武钢和 260 多个厂签订了试制合同，先后组织和接待了全国各地将近 1 万多名人员到“一米七”轧机现场进行设备、备件的解体测绘。除了我们国内能做的备件外，还有一部分仍得靠引进。开始靠中技公司，后来我们组织了专门引进班子到国外采购。我们自己引进的速度比中技公司快得多，周期要缩短一半。因此，从 1984 年底，国家就给了武钢更大的权力，每年拨给一定数量的外汇要我们自行引进。现在，我们备件直接对外商，这当中要了解行情，询价后加速确认，搞商务谈判，货比三家，了解哪家最便宜，哪家最快，有不少工作要做。另外，对国内备件也要区别对待，国内能做的，尽量国内做，但有些东西国内做比国外做贵得多，因为国内没有这种产品要试制，比如冷轧厂用的 A_2V 液压泵，光试制费就为引进价的 33 倍多，试制后用量也不多，这种情况就不如引进好。有些电气备件，国内质量过不了关，特别是计算机和仪表，只好买国外的。总的说来，就是国内打开渠道，国外想法组织引进。按重量算，1985 年国内供应的备品占 51. 40%。本公司内部旧品修复的占 37. 9%，国外引进的占 10. 7%。要是按价格算，大概国外占 1/3。由于在这方面做了不少工作，所以保证了“一米七”备件的需要。油脂方面，“一米七”轧机系统用油是很多的，乳化油、轧制油、液压油，还有各种脂也是相当多的，我们也组织了试制，现在绝大部分是国内的，国外仍要引进一部分。

对于设备的攻关和改造，在“四恢复”过程中，在处理设备遗留问题上，我们从实际出发，抓了设备的攻关和改造，有三个原则：第一，在保留原装置的条件下，试行新方案，这样风险较小；第二，做模拟装置，先试试看，试好了再往上装；第三，由典型到一般，同类型项目先搞一个试验，成功再推广。根据这三个原则，我们从“四恢复”工作进行以来，已经完成了 792 个攻关和改造项目，其中冷轧厂 160 项，热轧厂 263 项，第二炼钢厂连铸 190 项，硅钢厂 189 项，通过改造，设备状况根本好转，保证了生产，下面举几个例子。

冷轧厂酸洗槽的提升器，投产以后因为受酸侵蚀，不久就动不了了；后来经过改造，好用了，而且抗腐蚀能力比较强。再就是酸洗的活套摆动门，开始不好使，大家认为压缩空气有水，我们就花了一些钱，搞了个脱水装置，之后还是不行。后来冷轧厂几位厂长到德国去考察，发现德国没有一家用这种形式的，并获知德国给委内瑞拉也设计了这种形式的摆动门，也不好使。后来查明这是德国在国外搞的试验，它这一试验几乎把酸洗都“试趴下来了”。酸洗在最困难的时候，一个月只能洗 3 万～4 万吨，五机架老待料停轧，严重地影响了生产。改造以后，现在酸洗能满足五机架的需要。热轧厂的 6 台除鳞泵也不好使，经改造后，完全恢复了正常运行。又如热轧厂 R_3 主电机轴承温度高，日本人调来调去无法调试好，临走的时候说这个东西他们也搞不了啦！这回，机电部和热轧厂的技术人员把它搞好了。再就是热轧电缆紊乱的问题，普查之后，涂防火涂料，装防火报警设施，问题逐步予以解决。另外，硅钢厂剪切线的定尺剪不好使，是日方设计错误，后来，我们把它改了，也好用了。硅钢厂的氢气发生站电解槽工艺落后。槽子占地面积大，每年检修费劲得不得了，劳动条件非常差。同样，德国人给冷轧的设计就非常简单。所以我们从 1983 年就决定改，改掉日方给我们的这些落后的东西。所以说，引进的设备总体来讲是先进的，但个别部分落后的也有。这可能有两种情况：一种是外方把没有经过充分考验过关的给送来了；另一种是设备落后。像硅钢厂的那个电解槽，我们分析是淘汰设备。因此，对引进设备也存在着技术改造攻关问题。

在提高人员素质、抓队伍的思想作风和提高操作水平上下功夫。因为“一米七”是建在“文化大革命”期间，进厂的工人 80%是招的上山下乡知识青年。从这一批职工来看，主流是好的，但受了“文革”的影响，无政府主义的流毒比较深，组织观念、纪律观念和责任心都不强。其中有一部分不愿学技术，文化程度又特别低，可以说是高中文凭，小学水平，个别人连 26 个英文字母也认不清。根据这个情况，我们一方面加强政治思想工作，抓劳动纪律；另一方面，我们进行人员调整，落实经济责任制，奖惩分明，从严要求，对事故实行“三不”放过。这样严要求以后，整个职工队伍的精神面貌有了大的改善，同时加强文化技术培训，职工的素质得到了显著的提高。

四、“四恢复”取得显著效果

“一米七”轧机系统三厂一车间的生产能力得到较大的提升：

（1）1985 年连铸坯产量可以大大超过规定的目标，设计为 120 万吨，实际可达到 160 万吨，超过设计能力 1/3。

（2）热轧厂原来的核定设计能力为 251 万吨，本来的设计能力是 301 万吨，那么，核定设计能力 251 万吨又是怎么出来的呢？日方原来设计的是用连铸坯（大坯子），我们有一部分初轧坯子小，单重小，经核算认为热轧 R_3、R_4粗轧机马达能力小，压下量小，经计算认为热轧的能力只有 251 万吨，这就是所谓核定能力。而当时，热轧厂每天还限电，让峰 3 小时，日历作业率损失 12. 5 %，按设计能力 301 万吨算，减去损失的日历作业率 12. 5%，实际的能力就应是 263 万吨，也即原设计的能力应为 263 万吨。1985 年奋斗目标是 255 万吨，估计可超过 260 万吨，也就是说，限了电以后，把限电的因素扣掉，达到 301 万吨的水平。

（3）冷轧厂原来设计是 100 万吨，后来，考虑卷重因素在内，也核定为 82 万吨，而 1985 年可以达到 90 万吨。

（4）硅钢厂原来设计是 7 万吨，1985 年就可以超过 7 万吨，轧制量可以达到 12 万吨。

对于产品合格率这一指标，实际上，外国人设计没有合格率这个指标，我们自己算合格率。外国人设计的是成材率，热轧厂的设计成材率是 94. 66%，我们 1984 年就达到 96. 68%，超过了设计水平。冷轧厂的设计成材率是 83. 68%，1984 年达到 89. 9%。硅钢厂设计的成材率是 71. 97%，这里有一个因素，原来设计的硅钢是用模铸，我们改为连铸，成材率是 82. 9 %，超过了设计水平。

计算机的故障情况，1985 年比 1982 年以前大大地降低。能源消耗也比设计值有所下降。有效作业率，把日常的检修、限电都抛掉，1985 年热轧厂前 5 个月的作业率大概是 84%~85%，都算是达到了一定的水平。

总体来讲，“一米七”轧机系统从投产到 1985 年，经过“四恢复”以后已经达到了设计水平。从 1981 年国家对“一米七”轧机系统正式验收交工算起到 1985 年大约花了 4 年的时间，按 1978 年算起是 7 年时间。从国际上一般的情况来看，一个新厂、新设备从投产到达到设计能力，一般是 2~3 年。武钢从交工验收算起大约推迟了 2 年时间。应当承认是走了弯路，而这个弯路是在特定的历史条件下造成的。但在冶金部的正确领导下，在兄弟单位、科研单位、教学单位、设计单位和机械制造单位的技术人员大力协助和辛勤工作下，经过全体职工的共同努力，经过“四恢复”，1985 年“一米七”轧机系统已达到并超过了设计水平。

“四恢复”从总体上来说到 1985 年基本完成，但对于局部机组或者单位设备来说要继续完善。在“一米七”取得初步成绩的基础上，应对设备管理体制进行改革，对管理基础工作进一步加强。备品备件的供应进一步做好，更多地立足于国内。继续加强图纸测绘工作。热轧的计算机是 1978 年投产的，按规定 10 年，也就是 1988 年需更新换代。计算机上有些辅助备件，1985 年已经买不到了。设备的磨损包括两个方面：一方面是有形磨损，另一方面是无形磨损，“四恢复”的工作主要是针对有形磨损做工作，而整个“一米七”轧机系统也面临着无形磨损。也就是说，设备逐渐会老化，技术会陈旧，需要不断赶上新的技术水平。新的技术革命不断提出新的挑战，经济体制改革也要求我们不断解放思想，认真解决管理中的新情况和新问题。所以说“四恢复”的任务基本完成，只能是一个起点。后来，“七五”期间，我们在这个基础上进一步搞好技术改造，采用新技术把“一米七”轧机系统落后的部分逐渐改掉。

五、向王震同志汇报武钢整顿及“一米七”达产进展

1985年3月初，公司党委决定派我去北京向王震同志汇报“一米七”的达产工作。这事还得从1980年开始说起。

1980年8月底至9月中旬，全国人大五届三次会议和全国政协五届三次会议在北京召开，期间，有的代表关心“一米七”的达产，有的代表质疑武钢能否管好“一米七”。原因是“一米七”在投产的初期，管理工作欠缺，生产事故频繁，产品质量也达不到要求。同时，来武钢的日本技术人员将他们看到的“一米七”存在的问题反映到国家的有关部门，中央领导非常关心“一米七”的投产和达产，邓小平同志非常担心这个引进项目在武钢能否开花结果。

尤其是中央政治局委员王震对武钢的情况更为关切，于1981年、1982年两次来到武钢视察，参观“一米七”轧机生产线，鼓励武钢干部职工尽快掌握新技术，让“一米七”早日达产，为国民经济的发展发挥重要作用。

1981年11月18日上午，王震在湖北省领导的陪同下来武钢视察。武钢党委书记沈因洛、经理黄墨滨还有我一起陪同。沈因洛和黄墨滨向王震汇报了“一米七”轧机的生产情况，以及公司领导班子的初步调整。当年的10月下旬，国务院批转国家经委《关于加强领导，抓好企业整顿工作的意见》，提出整顿企业的六条标准，其中还强调了正副厂长必须懂生产技术，会经营管理。公司领导准备借东风大刀阔斧地整顿企业，王震听了表示肯定。

年逾70的王震，拄着拐杖，视察了热轧厂、冷轧厂。他仔细观看了冷轧厂高速运转的五机架连轧机，其间还在走道边的长椅上休息了一会儿，并坚持看完冷轧厂的工艺流程，与工人们握手问好。沿着热轧厂、冷轧厂参观路线走一趟，中年人都会觉得疲劳，何况70高龄的王震呢，可见他对“一米七”的关心。王震了解现场情况后，神情变得轻松一些，我们从他脸上的微笑可以看出，对武钢干

部职工掌握“一米七”技术的信心大于担心。

1982年11月5日，王震第二次来武钢视察。当时沈因洛已任湖北省委副书记，他和武钢领导人黄墨滨、郑云飞，还有我一同陪王震视察热轧厂、冷轧厂。

在热轧厂，我们原来想让王震就在下面看生产线，但他坚持要上空中的走道。沈因洛搀扶拄着拐杖的王震，一步步地踏上钢结构楼梯，观看了热连轧机的连续轧制钢坯。王震看完热轧生产线，再次视察冷轧厂。

这次视察，王震身体状况比上次要好许多。武钢领导人向他汇报了组织职工学习和消化“一米七”技术的进展情况。

离开冷轧厂，王震与武钢领导人在厂前接待室座谈。当年的1月2日，中共中央、国务院联合发出《关于国营工业企业进行全面整顿的决定》。武钢经理黄墨滨、党委书记郑云飞汇报了扎扎实实抓整顿的情况。

王震说：“一个日本专家写信给中央，判断说，‘一米七’不出三年就要变成一堆废铁。小平同志很担心啊，全国人民也很担心。小平同志很忙，我就跑来看一看。”我们在座的武钢负责人感到肩上的担子十分沉重。

我汇报了“一米七”轧机的生产情况和工人的技术水平状况。

王震提出一系列希望：武钢要搞好企业整顿，加强管理，发挥好技术人员的作用，提高工人的技术水平，在奖励分配上克服平均主义……总之，要让小平同志放心，让全国人民放心。

为了让邓小平和全国人民放心，武钢全体职工众志成城，大打翻身仗。武钢以改革整顿为动力，大力调整各级领导班子。从抓“三规三制”的基础工作入手，大抓“三个变化”（生产、设备和精神面貌）、“四个恢复”（即恢复“一米七”设备的面貌、精度、功能、自动化水平），消化、发展“一米七”先进技术，为“一米七”达到和超过核定生产能力奠定了基础。1983年、1984年武钢每年上一个台阶。

1985年2月，当王震了解到武钢有了很大的起色，整顿工作收到显著成效时，希望我们当面告诉他，是怎样做这些工作的。2月底，冶金部通知武钢：3月上旬派人来京，向王震同志汇报。

于是，武钢拟定了呈报王震并报小平同志的报告。

1985年3月6日，我到了北京。王震住在西城区一栋安静朴素的老式平房内，当时他正在接待来自基层企业的一位客人，他的秘书热情地迎接我。

王震送走客人向我表示歉意，说让我久等了。我代表武钢向王老问好，王震说问武钢职工好。他已到77岁高龄，但精神焕发，在家行走不用拄拐杖。他在沙发上坐下，王震说我喜欢大企业，尤其喜欢现代化大企业。

“欢迎王老再到武钢去视察。”“人老了，走不动了。”王震微笑说：“过去对‘一米七’不放心，听说武钢现在搞得不错嘛。”“王老，这是报送给您和小平同志的报告。”我拿出印有“武汉钢铁公司”红色文头的报告《关于武钢当前情况的汇报》。

“好，我看一看。”王震仔细看汇报材料。报告是这样写的：

王震同志并报小平同志：

遵照您的指示。将武钢两年来的情况报告如下：

1983年起遵照小平同志对武钢工作的指示，在湖北省委及冶金部的领导下，我们对公司的工作进行了全面整顿。以设备管理为中心加强了“一米七”三厂一车间的管理，同时以重点技术攻关推动技术进步对老厂的技术改造。经过近两年的努力，武钢生产经营出现了新局面。1984年，第二炼钢厂钢产量达到144.42万吨，比1983年增长23.1%，连铸坯产量达到127.7万吨，超过设计120万吨的指标。热轧厂、冷轧厂和硅钢片厂1984年分别比1983年产量增长21.07%、27.31%和79.56%。

在掌握引进技术的基础上，依靠自身开发，1984年实现了转炉顶底复合吹炼、硅钢全连铸等80年代水平的新工艺。老厂的技术改造也取得较快进展。全公司主要技术经济指标大都创武钢投产26年来的最好水平。“一米七”三个厂的产品全部按国际先进标准组织生产。1984年，全公司优质产品率已超过50%；实现利税8.94亿元，创历史最好水平。今年我们准备继续努力，实现“双达到”，即钢、铁年产量各达到400万吨。“一米七”三个厂达到或超过核定设计能力，实现利税10亿元。我们打算在“七五”计划的第一年，即1986年，使武钢从1980年至1986年累计上交的利税偿还国家对“一米七”三厂一车间的全部投资；并继续下大力气，推进技术改造和技术进步，向实现钢、铁“双600”万吨的目标迈进……

王震看完武钢的报告高兴地说：“从现在的情况来看，比起我到武钢去的那个时候，是大不一样了啊。前几年，日本专家写信说武钢‘一米七’不出三年就要变成一堆废铁，小平同志很担心。现在看来，情况不是这样了。‘一米七’今年就可以达到核定能力，大家放心了。”“王老两次到武钢视察，我都在场。”我说。

我接着汇报：武钢打算在“七五”期间进一步抓技术改造，采用先进技术，使“一米七”的三个厂全面超过设计能力，但是……

王震说：“你们的报告上说：影响‘一米七’系统发挥效益，最大的困难是供电紧张，对吧？”

“是的。从‘一米七’开工到现在，热轧厂在每天晚上用电高峰时间，要让电停产三小时。”

“我把你们的困难，向有关部委反映。”王震又问了几个他所关心的问题，其中最重要的是人才问题。王震强调说：“人才培养是个大问题，社会主义建设和事业的兴旺发达靠人才。要让年轻人到基层锻炼，学会真本领，然后再上领导岗位。”

三个月后，即1985年6月，武钢领导班子里增添了两名最年轻的副经理——刘淇和刘玠。刘淇于1990年底担任武钢经理，1992年被选为中央候补委员，1993年担任冶金工业部部长。

说到人才的千锤百炼问题，王震拿出一位日本人写给他的信对我说："给我写信的这个日本人，本来就是工程师，为了得到多方面的锻炼，他到瑞士一家工厂当工人，学会了精密机床的操作、管理。然后，他考进德国的工厂当工人，等到掌握了技术，又到英国工厂里当工程师。回到日本后，他开办了一个有一百多人的小厂，现在发展为世界有名的公司。"

王震对我说："像你们这样的总工程师，应当在大学里当兼职教授。这不是为了什么名义，而是为了加强学校与工厂的合作，加快人才的开发。你们有自己的职工大学，但还不够，必须和武汉市的大学合作，多培养人才。"

王震亲切地将一个大广柑切成几瓣招呼我吃。他手上的那把水果刀质地精良、银光闪亮，刀柄上有精细的装饰花纹。王震说："日本人注重工业品质量。他们送我的这把刀，做得十分精致。我们的工业品在提高质量方面要向日本人学习。"

我说："是的。我们在提高实物质量方面的长远目标，是追赶新日铁。"随后，王震详细询问了武钢领导班子的情况，并表明了自己的看法。王震说："中央主要领导同志的意见是大企业的班子调整不能一刀切。武钢的班子还要稳定几年，可以局部调整，但黄墨滨还要干几年。"

王震表示，一定会把武钢的报告报送小平同志。大约中午 11 时，汇报完后王震送我出门。

我说："室外气温低，请王老留步。"

"你是远道来的，我送几步路吧。"

走出会客厅，3 月的北京，室外乍暖还寒。

王震与我握手道别，一直站在院子里目送我走出大门，挥手致意。我觉得这不仅仅是对我个人的尊重，而是一位老一辈革命家对武钢有着深厚感情的一种表达。

下午，我来到冶金部办公大楼，向部里主持工作的副部长周传典汇报了王震接见的详细经过。“一米七”投产初期的被动局面及国内外的舆论批评，让冶金部承受了巨大的压力，为此，李东冶、周传典等冶金部领导多次到武钢指导工作。周传典曾经在武钢说，“一米七”具有举足轻重的特殊地位，因此，党中央、国务院都十分关心武钢，全国人民也瞩目武钢。武钢取得进步和发展，大家都高兴；如果有了问题，上下都担心。

武钢彻底改变了形象，冶金部领导当作大喜事。

“好！很好！”周传典听完我的汇报，欣喜地说：“张总，请你整理一份记录稿，尤其要把王老关于武钢领导班子的意见写进去。”

“好，我马上就办。”我立即答应。

我当即回到北京新侨饭店，摊开专门起草公文的稿纸，如实记录，整整写满了三页纸。周传典仔细看完全文，当即提笔批示：“王老的指示很重要，此件即送请党组并即送东冶同志阅。”

到了1985年的下半年，随着武钢“一米七”达到设计能力，为邓小平分忧的王震放心了，邓小平和全国人民也放心了。后来的事实证明：王震对武钢领导班子所作出的具体指示，为武钢“七五”起飞提供了可靠的组织保证。以黄墨滨为首的领导班子，带领十多万职工创造了武钢的辉煌。

第十五章 “四同步”改造：“双四百”目标和“一米七”达产的基础

一、“四同步”进入“六五”武钢基建收尾配套工程计划

在1981年至1985年的“六五”期间，武钢面临如何尽快完成原设计的“双四百”万吨配套项目、“一米七”轧机部分未完工程收尾和如何加速改造50年代冶炼系统的主要装备，以适应具有70年代先进技术水平的“一米七”轧机的需要问题。

1981年，武钢根据当时冶炼工序不能满足“一米七”轧机生产的实际情况向国务院呈送《关于武钢“一米七”轧机配套有关问题》的报告。1982年初，国务院以［1982］国函字4号文件批准“六五”期间武钢基建收尾配套工程计划，并列入国家重点建设项目。其7.4亿元的投资，主要由武钢自筹，国家只拨款1亿元。投资的大部分资金集中起来用于技术改造和部分配套项目，以充分发挥现有设备的生产潜力，提高企业的经济效益，其余用于市政配套、环保治理及轧机部分零星收尾项目。

在“六五”前期，武钢以基建收尾和重大改、扩建项目的前期工作为主，并从填平补齐入手，先做好前工序配套，逐步开展较大规模的老厂技术改造。其立足点是：既要尽快完成技术改造任务，又要顾全大局，不使产量大幅度波动，影响国家计划的完成。

为了保证“六五”期末实现钢铁产量达到“双四百”万吨和“一米七”轧机达到核定设计水平的战略目标，武钢在讨论1984年计划时，提出1984年上半年要实现钢铁日产“双超万”吨的水平。

下半年则集中力量进行“四同步”大修改造工程会战。这个方案，得到了冶金部的支持。1983 年四季度，鉴于“六五”“七五”期间武钢技术改造与扩建任务十分繁重，经与湖北省政府研究，冶金部决定成立武钢技术改造领导小组，负责统一规划，统一部署，统一指挥。领导小组由武钢经理黄墨滨任组长，一冶经理、武汉钢铁设计院院长任副组长，成员由武钢主管技术改造的副经理、一冶主管施工的副经理以及武汉钢铁设计院、长沙矿山设计院、鞍山焦耐设计院的有关领导组成，领导小组下设办公室处理日常工作。领导小组成立之后就准备组织实施“四同步”大修改造工程。

武钢“四同步”即包括 4 号高炉、3 号平炉、三烧结第二系列及 5 号焦炉四项部控重点设备同步进行大修改造工程。

武汉钢铁设计院负责 4 号高炉、5 号焦炉大修改造的设计，长沙矿山设计院负责三烧结改造部分的设计，武钢设计院负责 3 号平炉大修改造的设计。

1983 年 7 月，冶金部在秦皇岛召开的高炉大修审查会批准了武钢 4 号高炉大修改造设计方案后，以 4 号高炉为重点的武钢“四同步”大修改造工程的准备工作相继展开。

施工分工如下：一冶负责 4 号高炉、三烧结、3 号平炉施工及 5 号焦炉的砌筑施工；武钢修建部负责 5 号焦炉除砌筑外的全部工程。

1983 年 12 月 25 日，武钢会同一冶、武汉钢铁设计院联合发文，决定成立 4 号高炉大修改造工程联合筹备组，研究确定 4 号高炉大修改造未完成设计的方案，并分别进行技术、物资、施工的准备工作。与此同时，武钢对其他 3 项工程的准备工作也抓紧进行。

1984 年 5 月，冶金部负责人来武钢检查工作，召集武钢、一冶、武汉钢铁设计院的领导，制订进一步进行动员和部署的方案，并批准成立了武钢“四同步”大修改造工程总指挥部，由武钢副经理毛占元任总指挥长，一冶副经理王明焕、武汉钢铁设计院副院长宋广玳任副总指挥长。总指挥部下设四项工程分指挥部。两级指挥机构职责、分工落实，制度健全，形成工程会战的指挥中心。我在黄墨滨经理的领导下，负责整个工程大的方面的组织协调、各工厂设备工艺、技术进步的方案制定和在改造过程中解决疑难问题。

二、“四同步”工程会战开始

1984 年 7 月 10 日，“四同步”工程会战开始。武钢四项工程所在的生产厂首先停炉、停机；接着施工单位在 1 个月之内完成拆除任务；随后“四同步”工程转入安装和检修阶段。在会战中，两级指挥部坚持现场指挥，坚持定期召开工程例会制度，坚持安全第一，解决了施工与生产互相干扰多，场地、平面限制严，施工条件差等问题。

在同一天里，4 号高炉、3 号平炉、三烧结第二系列及 5 号焦炉改造性大修会战打响。以一冶筑炉工程公司为主力军的万余名检修大军，在高空、地面、地下，展开了战斗。

当时正值高温季节，工人们又要经受炉内百多度高温的辐射，他们战酷暑抢时间。4 号高炉刚一休风，为了让一冶工人提前施工，炼铁厂的工人忍受烘烤，靠近百多度滚烫的铁渣，扶钢钎，抡大锤，烧氧枪，展开了 10 个小时连续战斗，开残铁口，出残铁。

为了保证施工人员的健康，环保人员先进炉内将炭砖水冷薄炉底下为检测炉底厚度埋设的四个 Co60 放射源移走。

一同进去的还有一支队伍，他们是由钢研所和炼铁厂组成“高炉破损调查组”的五六位成员。从 1970 年投产到 1984 年开始大修，4 号高炉一代炉龄创造了新纪录。历经 14 年铁水侵蚀，炉缸和炉底的真实情况怎么样？如何真实评价炭砖水冷薄炉底技术？我们特地成立了这样一个小组，深入炉膛获取第一手资料。他们在钢研所工程师许传智的带领下，钻进炉内拍照、录像、测量。

四个放射源上盖了厚厚的铅板，原本“高炉破损调查组”也可以等放射源挖出移走后再测量，但是那样放射源周围的炭砖炉底的形态就不是原始状态了。许传智、宋木森两位工程师冒着风险，在保持原状下做了测量，在移走放射源之后又做了更为全面的测量，为我国第一代炭砖水冷薄炉底留下了完整的资料，为以后的改进提供了科学依据。

拆除开始了，首先是打水降温，可炉内有的部位由于火熄灭不久，辐射热很厉害，有的部位耐火砖大面积严重变形，有垮塌的危险。一冶筑炉工程公司工人们先派突击队进炉，将欲坠落的地方拆掉，大队工人再进去进行大范围拆除。炉膛里的空气热得烫人，工人们轮换进出炉膛，前一拨出来，后一拨立即顶上去。出来的人一身黑炉灰，厚厚的工作服里，汗流浃背。

虽然安全环保人员用仪器测量炉内已无放射源污染，但是工人们仍有疑虑，所以头几天，施工组织不顺畅。为了消除这一阴影，毛占元和我分别多次亲自进出炉膛检查工作，工人们一看，领导都进炉子里了，安全是没有问题了，于是大胆进炉膛施工，后面拆除的进展明显加快。

4 号高炉大修，要在一百天的时间里竣工，这不仅在武钢，就是在全国冶金系统也是从未有过的速度。一冶检修队伍走南闯北也是见过许多大工程的，可是这一次，他们遇到了以前没有出现过的问题。拆除刚一开始，切割铸铁冷却壁时，里面被烧结后的冷却壁一般的乙炔枪无法烧割，导致许多天没有进展，拆除遇到了极大的障碍，他们向指挥部求援。

总指挥长毛占元到现场仔细了解，让武钢碎铁厂来高炉支援一冶。一支由 30 名有丰富经验的老工人组成的专业切割队来了，他们使用专割铸铁的氧矛切割枪进行切割。由于切割现场狭窄，以往工人操作时为保证安全，都要在前面安放钢板作挡板，而这次，周围都在施工无法安放，工人们就在面前有 100℃的环境下切割，连嘴唇都烤起了皮。在我的印象中，用了 12 个小时连续奋战才完成切割冷却壁的任务。

之后，一冶要在高炉炉皮开施工孔时，他们过去没干过，武钢修建部就抽调正在其他单位施工的队伍，赶到高炉帮助开炉皮。

与此同时，在5号焦炉，上午八时停炉，下午二时，武钢修建部工人就冒着炉体600℃的高温进行拆除；在3号平炉，一冶筑炉工程公司五队的工人在炉内干二三分钟一换，用钢轨、铁管撞击炉墙加紧拆除。

会战单位喊出“时间就是金钱，效率就是生命”“决不让检修在我的岗位上延误时间”“工期提前一天，4号高炉可多产生铁四千吨”等口号。

“四同步”会战打响之前，武钢作了总动员：“一切工作要为‘四同步’开绿灯，施工方要人给人，要物给物，千方百计为满足施工的需要！”

在会战中，作为甲方的武钢积极配合施工的乙方，还无偿出人、出物，这是极其少见的。武钢给施工单位支援的项目不下五百项，仅烧结厂组织的力量，就为一冶处理了二百来项属于一般性缺件、损坏性的小项目。长期与武钢打交道的一冶工人在感动的同时也迸发出更大的干劲。

当时工地需用大量的电焊工，一冶一时安排不过来，眼看就要影响工期时，金属结构厂放下自己的工程，选出20名电焊工交给一冶安排。

正当工程紧张之时，一冶接到电焊条厂拍来的电报：因设备大维修，不能供货，待正常生产后即发。没有电焊条，整个工程将停摆。一冶领导急得没办法，找武钢支援，可武钢自己的库存也很少，其中一种特殊电焊条全武钢都没有。指挥部命令武钢材料处兵分几路到湖北境内寻找，找了十几个单位，弄到了一些电焊条，只能解决一时之需。指挥部以武钢的名义与电焊条厂联系，把焊条供货当作武钢的合同任务，希望突击维修设备，及时供货。电焊条厂见武钢工程急需，就组织力量提前先修一套设备投入生产，从而保证了焊条供应，施工恢复正常。

会战开始几天后，大型吊装设备——三百吨的液压坦克吊坏了一个零件，这是一冶从上海十九冶租借来的，从联邦德国进口的，当时全国只有三台，武汉没有这种零件备品。一冶方面心急如焚。总指挥长毛占元向冶金部副部长周传典求援，周传典立即让十九冶派技术人员携带零件乘飞机来汉解决了问题。

工程急需的200多台仪表，要提前一年订购，全国仅四川仪表厂一家生产这种设备，该厂下属各分厂听说武钢“四同步”要，打破惯例，在短时间里赶制出200多台仪表，满足了工程的需要。

8月上旬，武钢在辽宁省四平市订购了6台分集流阀，好不容易催货成功，用汽车押运到沈阳，结果沈阳连下三天大雨，飞机不能起飞。三天后风住雨停，但乘客很多，民航不托运货物。离工地安装日期只有三天，催货员心急如焚，拿着一份《武钢工人报》请机场人员看报上的“四同步”会战报道，这才终于获准将货物托运到北京。第二天，北京机场的人员获悉武钢会战工程急需分集流阀，立即安排托运到武汉。这样，保证了工地按期安装。

武钢各生产厂积极为施工创造条件、提供方便；铁路、交通运输、能源、动力系统、物资供应部门密切配合，想方设法满足施工的需要。施工主力一冶集中兵力，确保重点，各级领导一线指挥，措施得力，保证了每项工程按时完成；武汉钢铁设计院等设计单位抽调技术力量组成现场设计服务组，紧密配合施工。

三、为“双四百”万吨和“一米七”达到核定水平打下坚实基础

通过生产、设计、施工三方面的共同努力，1984年10月4日和6日三烧结第二系列3、4号烧结机分别点火烘炉，11日按系统无负荷联动试车完毕，23日投料试生产。

4号高炉于10月31日23：55正式送风，11月1日出铁，按高

炉停开炉“风见风”（停风—送风）计算，实际工期112天。

3号平炉于12月30日17：30分点火烘炉，1985年1月10日11：30炼出了改造性大修后的第一炉钢水，比计划工期提前20天，并被冶金部评为全优工程。

5号焦炉工程于1985年6月13日建成出焦，若扣除外部因素，工期比原计划提前了25天。

“四同步”大修改造工程会战，历时11个月，四项主体工程相继竣工投产。

“四同步”改造工程是当时武钢投产以来最大的一项技术改造工程，工程规模大、任务量多、工期集中，施工人员密集，达到1.4万人。四项工程投资达1.4亿元。“四同步”的四项大修改造工程，均采用了一些新技术和新的工艺流程：

4号高炉采用了重量补偿及中子测水水分补偿，炉顶设备动作及槽下供料采用M-584可编程序控制器自动控制操作，炉型减矮、炉皮加厚，增加风口并改为双腔高速水冷，原料系统增设电除尘，出铁场安装布袋除尘等。

同时，我国赶超世界先进水平的第二代炭砖水冷薄炉底技术在4号高炉中得到成功运用。1985年1月15日至17日，冶金部组织全国有关生产、设计、科研、高等院校的80余名专家在武钢召开鉴定会认为，这项新技术为国内首创。与传统的综合炉底相比，它具有省工、省料、易检修，可实现砌筑吊装化等优点，从而为今后国内高炉结构改造提供了有益的经验。

3号平炉采用了炉顶4枪吹氧，前后墙及上道端墙采用水冷设施，炉后增设机械化测温装置，在盛钢桶内测量水温度、蓄热室采用红外线测温装置、氧枪冷却使用循环净化水、烟气净化采用W3P-1000/4型100平方米电除尘器等。

三烧二系列3、4号烧结机采用了可塑性小烧嘴节能型点火保温炉，增设整粒铺料系统，改进环式冷却机台车布料设施、完善配料流程，设置微型电子计算机以及电除尘和污水处理设施等。

5号焦炉采用了上升管汽化冷却、焦炉头尾焦回收、双集气管、高压氨水喷射、水封式上升管盖、气封炉门、熄焦塔加高等30项新技术。

“四同步”改造性大修工程竣工后，生产正常，经济效益明显。

4号高炉产铁量由原日产4000吨增加到4500吨左右。

三烧结二系列3、4号烧结机生产烧结矿的产量、质量、作业率都有了较大提高，能耗每年可减少近6万吨标准煤，而且，使用三烧结二系列烧结矿的3、4号高炉因烧结矿质量提高而节焦增铁的年效益可达700万元。

3号平炉通过大修改造，1985年全年产钢41.29万吨，比该炉过去最高年产量提高63%；冶炼时间约比过去缩短一半，最短冶炼时间为4小时10分钟。

5号焦炉大修改造以后，减少了环境污染，改善了工人的劳动强度，节约了能源，仅上升管改为汽化冷却一项，每年可为国家回收热能价值近33万元。在改造中采用的近30项技术成果，每年增加效益120万~130万元。

“四同步”改造工程的完成，为武钢钢铁产量达到“双四百”万吨和“一米七”轧机达到核定设计能力，为武钢再展宏图，打下了坚实的基础。到1985年底，形成生产能力钢400万吨/年，铁400万吨/年，一次材418万吨/年。

第十六章　“一米七”轧机系统技术消化吸收创新

一、“一米七”技术的消化与掌握

前面讲到以管好用好“一米七”轧机系统设备为目标的“四恢复”以及解决“一米七”前段生产不匹配问题的“四同步”两大战役。这里我再讲第三个战役——武钢狠抓对“一米七”系统技术的消化，同时，在消化运用的基础上，大胆进行了挖潜、创新。武钢把抓好整个“一米七”的工作交给了我，作为组织实施者，当然要有一个全盘思考。前两个解决了设备问题和工序矛盾，这后一个是关键，也是要解决最实质的问题，就是消化掌握这项引进的技术，并在此基础上进行创新。

武钢对“一米七”轧机系统从熟悉、适应到逐步消化、掌握以至开发创新，走过了三个阶段：

(1)“一米七”系统试生产阶段（1978-1981 年底）。试生产阶段从“三厂一车间”全部开始投料生产到“一米七”系统正式通过国家验收。这一阶段因为武钢对引进技术没有消化掌握，所以明显不适应“一米七”系统的要求。概括起来有四个方面的不适应，即管理方式和管理水平与“一米七”系统要求不相适应，人员素质与“一米七”系统要求不相适应，前工序技术装备和生产工艺与“一米七”系统要求不相适应，能源介质系统与“一米七”系统要求不相适应。因此，“一米七”投产后，很长一个时期生产不正常，事故多，没有达到设计能力。当时轧制 1 吨硅钢需要 3 吨坯料，轧制 1 吨深冲板需要 2 吨坯料。平炉冶炼“一米七”需要的 08F 等品种，几乎是炼成一半废一半。面对这些问题，武钢组织了科研攻关，初步解决了“一米七”轧含铜钢板、轧自产钢坯等难题，生产有了初步好转。为了学习、掌握引进轧机的操作技术，武钢以开展岗位练兵为重点，狠抓职工培训，并在“一米七”系统的 1314 个岗位上全面实行考核上岗，从而提高了“一米七”系统职工的管理水平和操作水平。

（2）“一米七”技术消化掌握阶段（1982–1985 年底）。消化掌握阶段即“一米七”系统正式投产直至达到核定生产能力的 4 年时间。这一阶段，武钢针对老厂“一米七”系统不相适应的矛盾，采取“以新促老，全面提高”的方针，一方面狠抓老厂的技术进步和改造，如“四同步”这样大的改造，一方面以“一米七”系统达产为目标，全力消化掌握引进技术。武钢在对“一米七”系统前工序进行技术改造和技术攻关方面，在原料系统，采取改进选矿工艺、实行混匀过筛、改善高炉炉料结构、改进高炉操作制度等一系列精料措施，使高炉能提供“一米七”系统需要的低硅硫铁水。在炼钢系统，平炉全部采用顶吹氧技术，改善原料、辅料质量，强化炉后精炼措施，使平炉能为“一米七”系统提供低碳钢种；转炉则增设铁水脱硫、真空处理、装料系统的电子秤、合金微调装置等，显著地提高了转炉原料控制、冶炼控制、炉后精炼的技术手段。能源介质和辅助材料系统，也基本上满足了“一米七”系统的要求。在“一米七”系统内部，自 1982 年 10 月起，武钢针对当时某些设备劣化的情况，全面开展了恢复设备原有性能、精度、自动化程度和外貌的设备“四恢复”工作。用两年半时间，整改设备缺陷 1000 余项，完成重大攻关项目 21 项，使“一米七”系统主体设备可开动率、日历作业率、轧机小时产量逐年提高。通过内部努力和外部协作，“一米七”备品备件国产化程度 1984 年达到 51.44%，改变了备品备件严重不足的局面。“一米七”系统全体技术人员和职工通过刻苦努力，对引进的技术专利和技术诀窍，做到一项一项地掌握，到1985年，“一米七”产量已全面超过核定的设计水平，并达到原设计生产能力。武钢已完成消化掌握“一米七”技术的艰巨任务。

（3）“一米七”技术的开发创新阶段（1986-1992年）。开发创新阶段即“一米七”系统连续全面超过设计生产水平的时间。在前两个阶段中，就已经有了属于开发创新的研究应用项目。但在这一阶段中，武钢开始有计划地瞄准国际80年代钢铁工业的先进水平，从设备、工艺、原材料、能源、产品等各个方面改进开发，使“一米七”系统的原有引进技术不断得到新的发展。十余年里，属于“一米七”系统开发创新的新技术项目（包括“一米七”的所有前工序和为满足“一米七”需要而开发创新的项目）累计达到197项，其中具有80年代国际先进水平的有47项。

二、“一米七”新技术开发与创新

十多年中，“一米七”系统开发的新技术、新工艺，比较重大的有12项：

（1）热、冷连轧计算机数学模型的开发；

（2）第二炼钢厂实现全连铸；

（3）三座50吨转炉采用顶底复合吹炼新技术；

（4）硅钢生产开发高磁感取向硅钢（HiB）连铸工艺，W18-W10无取向硅钢连铸工艺等新技术；

（5）瞄准国内外先进水平，热轧厂开展加热炉技术改造，开发连铸坯热装热送等新技术，冷轧厂对引进的酸洗线进行重大改造，对五机架工作辊压下系统进行改造等；

（6）对平炉炉体结构、冶炼工艺、浇铸工艺等进行改造，从总体上提高平炉的工艺技术水平；

（7）矿山选矿工艺的技术改造和原料系统的技术创新取得明显成效；

(8) 耐火材料新品种进一步开发，质量也有所提高；

(9) 能源介质系统改进受电电源和配电线路结构，改进循环冷却水质和水处理技术，提高煤气供应品质等；

(10) 备品备件的国产化比重进一步提高；

(11) “一米七”轧机系统新开发22个钢种系列86个品种；

(12) 推行以全面质量管理为中心的现代化管理。

三、“一米七”产生的效益

1985年以后，“一米七”系统的技术创新得力，使这一系统在生产运行中水平不断提高。在“一米七”的开发创新阶段，其主要设备的实际生产能力每年都超过了原设计能力，尤其是硅钢片及连铸坯超产量呈逐年上升趋势。随着产量的超额，商品材也不断增加。1992年与1985年相比，热轧材增长了21.6%，冷轧材增长了7.8%，硅钢材增长了85.7%。

经过技术消化和创新，“一米七”系统的产品质量明显提高。在“一米七”系统的创新阶段，冷轧、热轧、硅钢按国家标准和国际先进标准生产产量的比率都较高。其中，硅钢更为明显，它的比率不仅较高，而且每年都大幅上升。

同时，“一米七”系统能源和材料消耗不断降低。1990年，工序能耗热轧122千克/吨，冷轧为168千克/吨，硅钢为526千克/吨。连铸坯为22千克/吨，都达到国家一级企业标准。电力消耗、煤气消耗、重油消耗和耐火材料消耗，各厂都有大幅度降低。

“一米七”系统给企业带来了巨大的经济效益。10多年中，剔除“一米七”前工序价值的转移因素，按独立商品生产单位进行计算（产品按国拨价计算），武钢综合实现利税累计126亿元，其中税金52亿元，利润74亿元。若以原设计能力为基数，1986-1992年7年超设计能力效益，实现利税总额为10亿元，其中利润6亿元、税金4亿元。

武钢还取得了一大批重大科研成果："转炉复合吹炼技术"攻关项目获"七五"国家科技攻关奖；"大型板坯连铸机开发"项目获国家科技进步一等奖；"铁路耐大气腐蚀钢"项目获"七五"国家科技攻关奖；"硅钢系列新产品开发"项目，开发出高磁感纯铁，成功地用于北京正负电子对撞机，获国家攻关奖励；"武钢'一米七'轧机系统新技术开发与创新"项目获 1990 年国家科技进步奖特等奖。

四、荣获国家科技进步奖特等奖

武钢不断消化和掌握被誉为钢铁工业"艺术品"的硅钢生产技术，通过技术改造和工艺革新，产量从原设计的 7 万吨增加到 1990 年的 10 万吨，创投产以来最好水平。企业升级 6 项主要经济技术指标均达到和超过国家特级企业标准。冷轧硅钢产品荣获冶金部"实物质量达到国际先进水平金球奖"。

1990 年 12 月，由硅钢事业部负责研制成功的 W08、WTG200 等 5 项高牌号冷轧硅钢片，在北京通过了冶金部的新产品鉴定，被列入《国家"七五"重点科技攻关项目》的 12 种高牌号冷轧硅钢片中。至此，我国冷轧硅钢片的品种已由"六五"时期的 4 大品种 32 个规格，增加到 10 大品种 76 个规格。这些产品填补了我国空白，取代了进口产品，其技术性能均达到 80 年代国际先进水平。高牌号冷轧无取向硅钢 W08 和 W07，已被分别用于制造 20~60 万千瓦的特大型汽轮发电机，顶替进口产品每年为国家节约外汇达 170 万美元；用于中、高频发电机的关键材料 WTG200 无取向宽带硅钢片，薄如纸张，主要性能优于日本产品，使发电机的空载损耗降低 40%以上，用于北京正负电子对撞机主机的心脏材料低硅钢板，使我国高能物理的研究达到世界先进水平。"七五"期间，硅钢产量平均以每年 7.8%的幅度递增，共生产优质冷轧硅钢片 45 万吨，为国家创利税 5.06 亿元。

1990 年 12 月 7 日，我和刘玠副经理到北京人民大会堂参加 1990

年度国家科学技术奖励大会，我们坐在台下第一排中间位置。当国务委员、国家科委主任宋健宣布“武钢‘一米七’轧机系统新技术开发与创新”项目获国家科技进步奖特等奖时，全场响起热烈掌声。我的心情也十分激动，取得这样的成绩是多么不容易啊！“一米七”轧机新技术开发与创新，倾注了武钢12万职工的心血，凝结着武钢人奋发进取的智慧，它不是哪一个人的功劳。随后，李鹏总理作重要讲话。他称赞武钢“一米七”轧机系统新技术开发与创新项目，推动了武钢的技术改造，成为企业依靠科技进步、自力更生走技术改造之路的典型。

在授奖前的评审过程中，我到北京香山饭店参加了特等奖答辩会。我代表武钢接受了由国内著名专家组成的答辩评审委员会的提问，在三项特等奖提名——“北京正负电子对撞机”“武钢‘一米七’轧机系统新技术开发与创新”“西昌卫星发射系统”和若干接受评审的项目中，武钢的这一项目得分最高。

专家们给予以下高度评价：

第一，武钢充分发挥引进的“一米七”技术的主导作用，以引进为契机、样板和动力，不失时机带动老厂系统全面改造，把整个装备工艺技术提高到适应引进新技术的水平。避免了老系统拖垮新系统的危险命运，开辟了新系统带动老系统的探索之路；

第二，武钢对于引进的先进技术，既认真学习消化，又不盲目迷信，不停顿，而是紧跟时代步伐，不断发展创新。把消化同创新结合起来，使20世纪70年代的“一米七”系统在许多关键性的工艺装备技术上已经跃入80年代国际新水平，从而使企业在技术上得以不断进取，永葆青春，避免了走“引进-停滞-再引进”的老路，开创了“引进-消化-创新-提高”的新局面。

第十七章　建大高炉，我国炼铁可持续发展的一次有益尝试

一、建3000立方米级5号高炉，武钢铁产量可达700万吨并推动我国高炉大型化

经过“八五”期间的努力，1986年武钢实现了钢、铁年产量双超400万吨和“一米七”轧机系统超设计生产能力的目标。根据国民经济发展的需要，国家确定武钢的规模为钢、铁双700万吨。当时，武钢有4座高炉生产，可以达到年产生铁400万~460万吨。为将生铁年产量提高到700万吨，必须新建年产240万吨生铁的高炉一座。我提出实施自主技术集成建设大型高炉的技术方案。

经过反复研究比较，确定建设1座3000立方米级的高炉，采用当代国内外高炉炼铁先进技术，使这座高炉的技术装备达到20世纪90年代先进水平。从5号高炉拟建伊始到1991年建成投产，前后持续了5年多时间。从设计到具体工程实施，再到投产后的攻关，我都全程组织和参与。

当时我设想这座高炉的建设应发挥以下作用：

一是带动武钢炼铁系统的技术改造。武钢炼铁系统技术装备基本属于20世纪60年代水平，“六五”以来，为满足“一米七”轧机系统需要，虽然进行了一些技术改造，但主要技术装备仍停留在20世纪60年代后期水平。尽快将武钢炼铁系统技术装备提高到80年代末90年代初的水平，是武钢进一步发展的需要。武钢建设一座集当代炼铁先进技术于一体的3000立方米级高炉，将推进武钢炼铁系统

的现代化建设。

二是自70年代以来，我国自主设计建设的大型高炉只达到2500立方米级，而且2000立方米级以上高炉的技术经济指标不如1000立方米级高炉。当时有一种观点认为，我国原燃料质量差，高炉不宜大型化。1985年，上海宝钢4000立方米级高炉建成投产，但这座高炉是日本设计的，全套技术装备由日本提供，并且原燃料也是按日本的技术条件供应。采用中国的原燃料，中国的高炉能否大型化，这在当时仍是一个疑问。如果武钢依靠国内力量成功地设计并建设好3000立方米级高炉，将对我国高炉的大型化作出有益的贡献，并将推动我国高炉结构的重组。

三是长期以来，我国高炉炉身寿命短，一代炉龄中往往需要中修2~3次，有时甚至在4次以上。而我国高炉的中修，不单是换风口以上的砖衬和冷却设备，有时连炉缸砖也得更换，只保留炉底砖不动。这种中修方式，不仅缩短了高炉的有效作业时间，而且会浪费大量的耐火材料、设备和人力，属于粗放型生产模式。20世纪80年代，国外已出现高炉一代炉役寿命（不中修）达10年以上的高炉。武钢能否在高炉长寿研究工作的基础上，采用先进技术，将3000立方米级高炉建成我国一代炉役寿命最长的高炉？如能达到这一目标，我国高炉炼铁将向可持续发展迈出重要的一步。

新建的3000立方米级高炉能否发挥上述三个作用，关键在于高炉的技术方案如何确定。

我们首先要拿出一个3000立方米级高炉的技术方案，这个方案要有一个大的原则，那就是满足武钢需要，满足中国高炉的发展。具体要求如下：

（1）必须达到年产生铁240万吨，当时的铁产量是460万吨，加起来刚好700万吨。

（2）原燃料必须是武钢自产的，即用国产煤炼出的焦炭和武钢自产的烧结矿。这可为我国建设吃国产矿的大高炉积累经验。

（3）建设场地只能在4号高炉西侧预留的场地范围内。

（4）必须采用当代行之有效的先进技术，使高炉长寿，操作指标先进、经济，工作环境良好，使我国高炉炼铁向可持续发展前进一步。

国产原燃料的主要弱点是：焦炭灰分高、强度低；铁矿石含铁量低、渣量大。能否依靠当代炼铁新技术的综合效应来弥补国产原燃料的弱点，使3000立方米级高炉达到国际水平的技术经济指标和一代炉役寿命（不中修）10年以上，是3000立方米级高炉建设必须解决的核心问题。

因此，3000立方米级高炉技术方案的基本原则必须是：力求炉型选择和总体布局合理化，广泛采用20世纪80年代以来国内外高炉炼铁的新技术，使新技术的集成发挥综合效应，弥补国产原燃料的弱点，使3000立方米级高炉利用系数达到2.0吨/(立方米·日）以上，焦比450千克/吨以下，一代炉役寿命10年以上。

二、确定5号高炉有效容积为3200立方米，相应技术措施和改造跟上来

按年产生铁240万吨设计，如年平均利用系数在2.0吨/(立方米·日）以上，则高炉有效容积应不小于3200立方米。高炉炉型的确定必须以使用国产原燃料为前提：由于国产焦炭强度不高，所以高炉的高度不能太高；使用国产铁矿，渣量大，则炉缸要加高，炉腹要加大。另外，武钢4号高炉（2516立方米）的炉型可作为确定新建3000立方米级高炉炉型的参考，武钢4号高炉已不用渣口放渣，故新高炉不设渣口。以武钢原燃料条件为基础，考虑所采用新技术的效果，最终计算出3200立方米高炉的生产技术指标。

为确保达到3200立方米高炉的生产技术指标，要做的工作很多，应采用以下一些技术措施：

（1）改善5号高炉的原燃料的质量。国产煤、铁矿石质量，虽

然不如进口焦煤和进口矿，但是如果能在工艺技术装备上加以完善，入炉原燃料的质量仍有提高的潜力。具体措施如下：

1）原燃料入炉前过筛。高炉料槽中焦炭料槽与矿石槽均装有振动筛，以筛除烧结矿中小于5毫米粉末和焦炭中小于25毫米的部分。要筛分回收大于10毫米的焦丁，然后再加入高炉。

2）配套建新焦炉与烧结机。为5号高炉配套新焦炉两座，每座55孔、炭化室高度为6米，采用改进式的燃烧室结构，结焦时间由16小时延长至19小时。在使用相同配煤条件下，新焦炉焦炭的抗碎强度比旧焦炉高2%~4%，耐磨强度低1%~1.5%。为5号高炉配套的四烧结车间，设1台435平方米烧结机，采用当代烧结技术装备，烧结矿质量明显改善。

3）改造三烧结车间。由于配套的四烧结车间的建设滞后，高炉投产的前几年还要由三烧结车间供料。因此，必须对三烧结车间进行改造，主要改进混合料系统、点火器、环冷机、整粒和铺底料系统。

（2）采用PW式无料钟炉顶。在5号高炉建设之前，武钢4座高炉均为双钟式炉顶，炉顶压力一般在0.13~0.14兆帕。为弥补炉料透气性差的不足，提高炉顶压力水平，并增强炉顶布料调节的灵活性，决定引进PW并罐式无料钟炉顶。

（3）内燃式高风温热风炉。随着内燃式热风炉的不断改进，到20世纪80年代中期，供应风温的水平也可以达到1200℃以上，而外燃式热风炉的造价比内燃式热风炉要高出20%~25%，占地面积也大，因此，5号高炉采用内燃式热风炉。

通过技术措施以期达到如下效果：一是改善炉料透气性；二是利用布料手段，充分利用煤气热能及化学能；三是提高炉顶压力，强化高炉冶炼过程；四是利用高风温和大喷煤量，强化高炉操作。

三、让高炉更长寿，铁厂更环保

高炉寿命越长，一代炉龄中单位炉容所生产出的铁越多，则吨铁的建设投资越低，相应地也增强了最终产品的市场竞争力。炉龄越长，一代炉龄中有效作业时间增加，相应增加了产量。一代炉龄中取消了中修，不仅增加了有效作业时间，而且节省了大量人力物力消耗。因此，高炉长寿是高炉炼铁走向可持续发展的重要步骤。5号高炉建设以前，武钢高炉大修周期比较长，但两次大修中间有多次中修，并不属于真正的长寿。5号高炉建设的重要目标之一，就是一代炉役寿命要达到10年以上。所采取的技术措施如下：

（1）水冷全炭砖薄炉底。1970年武钢建设4号高炉时，首先采用水冷全炭砖薄炉底。由于炭砖导热性好，水冷全炭砖薄炉底可使炉底侵蚀长期稳定在一个平衡界面上，实践证明炉底是长寿的。80年代以来，武钢高炉均改为这种炉底结构。5号高炉仍采用这种结构，炉底为2层1200毫米炭砖立砌，其上砌2层400毫米高铝砖保护层，炭砖以下为水冷管。与其他高炉不同的是，在炉缸炉底交界区（通常称之为异常侵蚀区），使用了7层微孔炭砖。

（2）全立式冷却壁炉身结构。武钢使用立式冷却壁已多年，发现存在不少缺点。80年代中期武钢自行研发了一种球墨铸铁铸造的冷却壁，其平均抗拉强度为395兆帕，平均伸长率为22%，耐热震性能好。与其他高炉不同的是，5号高炉从炉底到炉喉保护板，全为立式冷却壁结构，共有17段立式冷却壁，炉身8段为带凸台的冷却壁，其余为光面冷却壁。

（3）软水密闭循环冷却系统。高炉能否长寿与冷却系统的有效性和可靠性有很大关系。因此，5号高炉采用软水密闭循环冷却系统，该系统由3个子系统组成：炉体冷却壁，风口、热风炉热风阀，炉底水冷管密闭循环冷却系统。

（4）炉衬监测。为准确掌握炉体侵蚀状况，除监测炉身砖衬温度和炉底砖衬温度外，还用监测冷却壁温度和各段热负荷的办法来监测炉衬变化。

改善炉前环境主要从两方面入手：一是改善炉前通风除尘；二

是减轻炉前劳动强度。主要有如下技术措施：

（1）环形出铁场。与常规的矩形出铁场相比，环形出铁场面积小，渣、铁沟短，吊车少且吨位小、覆盖面积大，自然通风条件好，具有明显的优越性。

（2）炉前炉渣粒化。为避免炉前冲水渣对环境的污染，应提高炉渣粒化系统的作业率，减少维修费用，提高水渣质量，因此采用INBA 粒化装置。

（3）炉前静电除尘。武钢 4 号高炉炉前曾采用布袋除尘器，因布袋易粘灰，阻力大，维修量大，使用效果不好，因此 5 号高炉拟改用静电除尘器。

5 号高炉还采用了不少节能技术：（1）煤气干式除尘。由于场地限制，5 号高炉不能采用常规湿式除尘，决定采用干式除尘。（2）高炉煤气余压透平发电（TRT）。（3）热风炉余热回收。（4）电动鼓风机。

四、八国现代化技术有机融入 5 号高炉

1991 年 10 月 19 日上午，武钢 5 号高炉点火送风，10 月 20 日清晨出第一炉铁。开炉后的最初几年，由于焦炉建设进度比高炉晚，焦炭供应不足；高炉设备大都为国产的，某些属于首次制造，故障率高；操作人员掌握新设备需要一个过程等种种原因，高炉技术经济指标没有达到设计要求。我认为这是一种正常现象，多国技术和国内多项技术集合在一起，不是简单合一就见效，需要真正地花时间磨合。为此，我率领公司联合攻关组及炼铁厂、技术部、设备部进行各项攻关，攻克了许多技术集成、设备匹配、操作运行等方面的难题。

随着国产设备运行过关、操作人员水平提高、新焦炉建成投产、原燃料质量改善，5 号高炉的主要技术经济指标逐渐达到设计要求，并在长寿方面取得了显著成绩（当时以 10 年为一阶段做了小结）：10 年中，高炉炉衬不仅没有修过，连小修和喷补都未有过。当时我

预计5号高炉第一代炉役寿命有可能达到15年，这将是我国第一座最长寿的高炉。后来实际达到了15年8个月，创造了全国纪录。

从总体上讲，武钢5号高炉的建设与生产实践都达到了预期的效果。从1991年10月投产至2001年10月预计累计产铁量达2150万吨，高炉单位炉容产铁量将达6720吨/立方米。

到2006年10月，5号高炉投产15年，累计产铁量达3375万吨，高炉单位炉容产铁量将达10550吨/立方米，属于国际先进水平。武钢5号高炉的建设投产，不仅缓解了冶炼能力小于轧制能力、老高炉长期超期服役的压力，而且推动了武钢高炉、烧结机和焦炉的技术改造，使武钢炼铁系统的技术装备总体上达到20世纪90年代国际水平。同时，积累了现代化大型高炉建设、操作的经验。

具体的经验总结如下：

5号高炉以武钢为主体，武汉钢铁设计研究院负责设计，第一冶金建设公司负责施工，即“三位一体”共同建设5号高炉。

武钢在指导思想上树立了三个观念：一是在整个工程建设的管理上以武钢全面负责的观念，二是武钢为设计和施工创造条件的观念，三是“三位一体”搞建设的观念。

这座高炉在技术装备上以我国为主，兼容并蓄，分别从卢森堡、日本、美国、德国等8个国家引进14项关键设备和技术，同时消化移植国内高炉的18项新技术，开发了18项新成果。高炉的综合功能和技术装备，具有90年代国际先进水平。

直接引进多国技术。现代高炉的先进技术，并非一国所有，如让一国实行总包引进，虽然避免了许多衔接配合上的麻烦，但毕竟不能按我们的要求，做到世界最先进的技术组合，而且要向承包商支付一笔不小的费用，相当于让他们赚了一道过手钱。直接引进虽然增加了建设难度，但节约了投资，还促进了技术输出国在我国市场上的竞争，让我们以最小代价、最短时间，引进了最先进的技术和设备。

采用“大拼盘”引进项目的设计很困难。要将来自 8 个国家的专利技术融于一炉，关系犬牙交错。总包设计者武汉钢铁设计研究院组织了 15 个专业的 300 多位设计人员，打破常规搞设计，担风险，顶压力，提高预见性，奋战两年，攻克一道道难关，完成施工图 1.2 万张甲$_1$图纸，仅图纸制作和修改量就增加了 30%。他们现场施工服务历时三年，处理了 3000 余个有关设计问题。

一冶注重施工前期准备工作，积极创造条件。他们主动到武汉钢铁设计研究院了解设计进展，做好特殊施工机具的订货工作。培训技术人才，准备充分的技术力量，保证了施工顺利进行。

成立联合工程指挥部，形成强有力的指挥体系。在管理模式上突出了三个特点：一是对重大问题以武钢为主，三方高级会议拍板决策；二是在施工管理中，以武钢为主，联合指挥部全面管理和协调；三是建立武钢指挥部，超前服务，为设计和施工创造条件。

武钢发挥自身优势，千方百计降低工程造价：第一，组织高炉、热风炉炉壳用钢的研制；第二，组织 WSM50C 等新钢种的试验攻关；第三，组织高炉炉壳等超大型构件的制作，节省投资 3000 万元；第四，组织热风炉炉壳、炉箅子、高炉冷却壁等自制，节省投资 5800 万元。这些都为 5 号高炉设备自制做了有益的探索。

五、我国高炉大型化、长寿化、清洁化是钢铁工业持续发展之路

我原来担心我国铁矿石、焦炭质量差，会阻碍高炉大型化，实际上只是焦炭质量有问题。我国生铁产量居世界首位，而铁矿石金属铁的蕴藏量居世界第八位，钢铁工业规模与铁矿石蕴藏量十分不适应，钢铁工业利用国内与国外两类资源是基本格局。进入 21 世纪，2000 年我国进口铁矿石量已近 7000 万吨。进口铁矿石含铁品位高，加之国内矿山努力提高品位，入炉料含铁品位低的矛盾得到缓解。武钢 5 号高炉用的焦炭全是国内煤生产的，焦炭质量逐年提升。

由此可以认为，国内高炉大型化到3000立方米级应当是可行的。对我国高炉炼铁来讲，提高国际市场竞争力的主要对策之一就是高炉结构的重组，实现炼铁生产的集约化。根据具体条件，推行高炉大型化，减少高炉座数，提高劳动生产率，减轻环境负荷，是我国钢铁工业进入21世纪技术改造的主要任务之一。应当根据生产规模确定钢铁厂高炉的炉容，钢铁厂高炉座数可以2~3座为佳，最多以4座高炉为限。推行高炉大型化，不仅有利于提高劳动生产率，有利于提高铁水温度，对炼钢有好处，而且对减轻环境负荷有利，因为多一座高炉就多一个污染源。我国炼焦煤资源的质量不如某些工业发达国家，实践证明，经过选煤方面的改进是可以满足建设3000立方米级高炉要求的。在提高焦炭质量方面，我国炼焦工艺装备还有很大改进空间。通过技术改造，建立起以2000~3000立方米高炉为主力的炼铁高炉结构完全可以做到。这对增强我国钢铁工业的总体竞争力起到重要作用。

武钢5号高炉的成功实践，加快了我国高炉大型化、国产化的步伐。进入21世纪以来，武钢相继建设了6号、7号、8号等大型高炉，国内很多大型钢铁企业新建的大型高炉也借鉴了武钢5号高炉的炉型。为了检验炼铁先进技术自主集成的效果，武钢7号高炉在2007年进行了强化冶炼试验，取得了月平均日产生铁9000吨的好成绩，这一水平属于国际领先水平。实践证明，实施自主技术集成建设大型高炉的技术方案是成功的。

武钢5号高炉的实践证明，我国高炉可以做到一代炉役寿命10年以上，而且有可能达到15年。这里讲的长寿，是高炉稳定高产的寿命周期，而不是靠“特护”，花费大量人力物力为延长寿命而特殊维护换来的寿命周期。应当认为，长寿是高炉炼铁走向可持续发展的第一步。高炉长寿是为了降低人力物力消耗，如果靠消耗大量人力物力来延长高炉寿命，这样的长寿是不符合可持续发展要求的。武钢5号高炉一代炉役寿命达到10年以上的事实表明，我国大型高炉依靠我国的技术和装备是可以实现长寿的。对于我国高炉结构重组和实现大型化，这是十分重要的技术支撑。高炉大型化以后，一个钢铁厂的高炉座数将减至2~3座，一座高炉大修将使产量减少1/3~1/2，这时的最佳选择只能是力求高炉长寿。利用现有技术使我国高炉一代炉役寿命（不中修）达到10~15年是有把握的。有人提出问题：有没有必要将高炉一代炉役寿命延长到20~25年？进入21世纪的钢铁工业技术进步非常迅速，相当多的炼铁新技术必须利用高炉大修机会实现。高炉一代炉役寿命20年以上，则意味着20年技术不更新，从技术进步的这个观点来看是不可取的。

20世纪科学技术进步推动了人类社会的工业化进程，大规模生产创造了空前丰富的工农业产品，人类社会生活水平空前提高。大规模生产必然大量消耗自然资源，并排放大量废弃物，这会对人类的生存环境造成危害。人类赖以生存的地球只有一个，自然资源是有限的。人类社会要想延续下去，必须学会与地球和谐相处，于是提出了人类生产和消费必须走可持续发展道路的理念。

21世纪世界钢铁工业将继续发展，钢产量将继续增长。为了不再增加对地球环境的负荷，必须努力减少钢铁工业的资源消耗，对流程中的排出物实行无害化、资源化，首先要做到的是对人类社会无害化，实现清洁生产，进而使钢铁工业成为绿色的先进制造业。

在21世纪，高炉炼铁走向可持续发展的重要步骤就是降低资源消耗（包括能源消耗）。高炉长寿，降低了人力消耗和物力消耗，提高了高炉有效利用率，因而是高炉炼铁走向可持续发展的重要一步。高炉进一步地节约能源和降低能耗，是21世纪高炉炼铁技术进步的重要课题。在先进高炉上燃料比已降到450~500千克/吨，如能把燃料比降到450千克/吨以下，则全世界高炉排出的温室气体将减少1亿吨以上，这将是对改善地球环境的重要贡献。对我国钢铁工业来讲，首先要在节能降耗的基础上实现清洁生产，并将钢铁工业逐步纳入可持续发展道路，这是21世纪我国钢铁工业技术进步的主旋律。

第十八章 走质量效益型道路

一、从全面质量管理到走质量效益型道路的三个阶段

武钢从1982年试行全面质量管理到群策群力、历尽艰辛、锲而不舍，用了10年时间反复实践和提炼总结，终于找到了质量效益型之路，为企业的发展开辟了坦途。武钢走质量效益型道路，为搞好我国国有大中型企业树立了一个可资借鉴的榜样，受到国务院的充分肯定。1991年国务院办公厅行文在全国推广武钢走“质量效益型”企业发展道路的经验。这期间，我作为副经理、总工程师，在黄墨滨经理的领导下，在班子成员的协助下，组织实施了武钢从全面质量管理到走质量效益型道路的探索。

武钢从推行全面质量管理到走质量效益型道路可以划分为三个阶段：

第一阶段：1982—1985年，主要抓企业整顿，试行全面质量管理。

1979年，“一米七”轧机系统投产不久，武钢前工序与“一米七”系统不适应、传统管理与现代化技术装备不适应的矛盾非常尖锐。1979年9月，武钢参加了冶金部在天津举办的中日全面质量管理技术交流会，决定引进全面质量管理（TQC），推动武钢管理水平提高。1980年，武钢派人参加国家经委举办的第一期TQC学习班，随后组织编写了两本TQC普及教材，并举办厂、矿、处学习班和两期教员骨干培训班，二级单位也接着办学习班。此后几年，武钢共举办9期TQC教育学习班，参加人数1000余人，其中有公司级干部

32 人，厂矿处级干部 213 人。每年单位平均有 6~10 名职工参加了学习，他们成为推行 TQC 的骨干力量，为推行全面质量管理奠定了基础。

1982 年，武钢生产钢 277.7 万吨，其中废品 27.6 万吨，成材率 80.48%。管理混乱、事故多、产品质量差的局面促使武钢把整顿企业、加强基础工作作为重点。从整顿领导班子到整顿基础工作，从抓最基本的“三规三制”（技术操作规程、安全规程、设备使用维护规程；岗位责任制、考勤制、交接班制）开始，连续几年如此，后来又把整顿同改革结合起来，抓配套改革。1983 年起，武钢以减少废品、提高质量、扩大品种作为企业整顿的重要内容和突破口，围绕“一米七”系统达到设计能力抓质量攻关、设备“四恢复”（前已述及）和综合能力配套，三年内相继提出一系列质量方针目标，同时成立以黄墨滨和我为正副主任的全面质量管理委员会，领导实施全面质量管理。

1985 年，公司钢产量增长到 397.8 万吨，废品量减少到 10 万吨，47 项质量指标中有 45 项超过 1984 年水平，3 个产品荣获国家质量奖，并实现了“六五”时期三大目标；钢铁产量达到“双 400”万吨综合能力，“一米七”轧机达到核定设计水平，利税年均增长 1.6 亿元。

第二阶段：1986—1988 年，主要抓质量升级，强化全面质量管理。

1985 年下半年，武钢在分析上半年生产形势后认为，产量可达到设计水平，废品减少的任务也可完成，但是产品质量仍不稳定，质量标准也不高，因此主要矛盾仍是质量，企业潜力也在于品种质量。于是在各项工作中把全面质量管理放在企业经营管理的中心位置加以强化，并提出要实现“两个转移”，即抓生产由以产量为中心转向以质量为中心，抓企业管理由以经济责任制为中心转向以全面质量管理为中心。

1987 年下半年，武钢进一步分析了所面临的形势：

第一，武钢当时生产能力不可能有新的增长，要提高效益只有在改善品种质量和降低消耗上下功夫。

第二，国内轻工产品、汽车、机电产品质量不断提高，对包括钢材在内的原材料质量提出更高的要求。

第三，随着宝钢投产和沿海经济的发展，武钢产品已遇到国内外市场的严重挑战，质量上不去将使“一米七”优势消失。

第四，利用外资进行“双 700”扩建改造，需要高质量产品顶替进口或出口创汇来偿还外债。同时，针对品种质量的压力进一步增大的局面，武钢提出了“两个突出”（即突出质量是生产经营指导思想的中心，突出全面质量管理是推进企业管理现代化的中心），并制订了《武钢 1988 年到 1990 年深化全面质量管理规划纲要》，进一步突出和强化质量管理。这一时期，武钢围绕“两个转移”和“两个突出”，集中力量抓产品“一条龙”质量保证体系，抓质量升级，以标准化为重点抓基础工作，使产品质量、管理水平、经济效益都上了台阶。

1988 年，武钢钢锭综合成材率达 86. 56%，工业产品优质率达 69. 96%，按国际标准和国际先进标准生产的钢材产量分别占总产量的 85. 68%和 73. 93%，被评为全国大型联合企业中唯一获得部级质量管理奖的先进单位。当年年末，根据冶金部的建议及武钢发展的需要，武钢成立了以黄墨滨为组长，冶金部经济发展研究中心邬大震为副组长，由冶金部经济发展研究中心、武钢经济研究所、武钢干部管理学院等单位人员参加的“武钢发展战略研究小组”，共同研究武钢发展战略。

第三阶段：1989—1992 年，确立和进一步完善质量效益型道路。

通过中国质量管理协会的帮助，1989 年，武钢全面总结以质量求效益、求发展的经验，研究以后的战略发展规划，明确提出要“走质量效益型的发展道路”。这条道路的内涵是：进一步牢固树立以质量为中心的指导思想，建立和健全以质量为核心的生产经营管理体系，创建以“质量优先”为主要特征的企业文化。此外，武钢坚持一切工作以质量效益为中心，全面提高企业素质。1990～1992年，武钢围绕充实、完善质量效益型发展模式，进一步将社会效益与企业经济效益结合起来，在建立、健全以质量为核心的生产经营管理体系上，坚持以提高产品实物质量为目标，以标准化为重点，健全“一条龙”质量保证体系，加强方针目标的动态管理，理顺各单位质量工作职能，采用以全面质量管理为核心的各种现代化管理方法和手段，强化基础工作，取得显著效果。1991年10月15日，武钢荣获国家质量管理奖。1992年，武钢按国际标准和国际先进标准生产的钢材产量占钢材总产量的比例均比1988年有较大幅度提高，实现利税达19.6亿元，比1989年增长13.48%。

二、深入一线抓全面质量管理，质量无小事

“一米七”的投产，改变了我国薄板长期依赖进口的局面。1980年，上海产“凤凰牌”自行车架和钢圈均采用了“一米七”薄板。刚开始，武钢用进口钢坯轧出的钢板的质量同进口钢板相比不相上下，使用国产坯后，质量却明显下降。上海自行车某厂及11家全国同行上书国家经委，对武钢产品质量低劣提出抗议，冶金部责令武钢向用户道歉。

20世纪50年代初，我们国家上映过匈牙利故事片《废品的报复》，片中的男主人公是一位纽扣工，给衣服钉扣子马马虎虎。一次穿上刚买的一身新衣裤去参加相亲舞会，结果在跳舞的过程中稍一用劲衣裤的扣子都掉了，出尽了洋相，而那些扣子就是男主人公亲手钉的。巧的是电影中的故事竟然发生在武钢炼钢厂的一位炉长身上。1981年初的一天，他骑着新买的天津“飞鸽”自行车兴冲冲地上班，谁知刚骑不远，车架变形，无法骑行。恼怒的炉长次日就写了一封投诉信，商家接到后马上寄给天津自行车厂。这个厂很重视，

立即派人调查。结果查出这批自行车用的钢板发自武钢，而这钢板正是由炉长所在的炼钢厂生产的钢坯轧制，质量低劣的产品报复了它的制造者。

那时，武钢生产的镀锡板制作的罐头盒子，一冲就裂；镀锌板冲脸盆，沿口开叉；冷轧和热轧板上有裂纹、分层、块状以及串状的夹杂。用户对武钢产品是“离不得，信不过”。有受害的用户又向上面告状，冶金部责令武钢派人“背回”这些板子。

上面讲了，1982 年，武钢的钢，废品约占总产量的十分之一。如此严峻的局势，我该怎么来应对？

企业有无竞争能力，取决于产品质量的高低。质量的优劣是企业综合实力的体现，质量是企业的生命。

我提出第一年“废品减半”的目标。1983 年，武钢将其列入全年奋斗目标之一，动员 12 万武钢职工打产品质量翻身仗。

1983 年起，武钢以减少废品、提高质量、扩大品种作为企业整顿的重要内容和突破口，围绕“一米七”系统达到设计能力，抓质量攻关、设备“四恢复”和综合能力配套，相继提出一系列质量方针目标。黄墨滨经理作为全面质量管理委员会主任、我作为副主任，领导实施全面质量管理。武钢全面质量管理委员会是我国大型企业中第一个专抓质量的机构。随后，各厂矿纷纷形成了党政工团齐抓共管的态势。

首先，抓质量先抓“首脑”，让 580 多名处级干部增强质量意识。黄墨滨和我带头走上了讲台，质量专家也走上了讲台。2000 多名科级干部，3.5 万名工人受到了系统培训，8 万多名青工文化和技术知识补习轰轰烈烈地在武钢展开。与此同时，我组织技术部、钢铁研究所与各厂技术人员相结合，针对产品质量方面的“十大害”，组成了许多攻关队伍到生产第一线。针对自由、随意等习惯性操作带来的弊端，各厂矿建立严格的内控标准，并把允许出现的废品量按吨数分解落实。

其次，建立激励机制。当时的武钢，除了对“一米七”设备和技术不适应外，还有平均分配制度使得企业缺乏激励机制，养了不少懒人。这一年，我们把质量否决制和经济责任制与30%的工资和全部奖金捆在一起，一旦质量出了问题，奖金泡汤，工资受牵连。于是，工人们对减少废品开始重视了。

有一次，冷轧厂出了产品质量事故，有许多镀锌板被判废。我支持《武钢工人报》曝光，文章中提到：“工人们平时有重产量、轻质量的思想。在分析思想根源时，工人们说：《奖励办法》中有一条是超产一吨奖5元，报废一吨扣3元，这种惩处办法让工人们重产量轻质量，导向不对。”而这个文件是我签发的。报社的同志有顾虑，怕得罪了我。打电话来解释，我说没关系，从工作出发，我接受批评。我还鼓励他们，办报纸就应该这样办，不能没有批评。不搞批评，报纸就是一杯白开水，没味道。

想质量、讲质量、抓质量形成氛围，质量管理就好推进了。

1983年底，武钢的总产量比上一年净增33万吨，废品总量却比上一年减少12.67万吨绝对量，实现了“废品减半”。

1983年，“四恢复”已进行了一年，初显成效。有一次我向黄墨滨经理汇报工作时，谈了自己的忧虑。在1986年之前，“一米七”超过核定生产能力没有大的问题。往后几年，要想靠提高产量来增加效益已不可能。唯一的选择，只有提高质量和优化产品结构。我们准备借用外资搞建设，只能用产品还债，如果质量不过关，我们拿什么偿还？生存的危机就会出现，严酷的现实逼得我们抓质量。这不仅是摆脱目前困境的需要，更是从战略上考虑，是企业长远发展的需要。当时我提出把武钢办成质量型企业的思路。

黄墨滨听后，对我的想法表示支持，他说：“我们将面临两大挑战。宝钢随后的崛起将打破武钢薄板在国内市场一统天下的格局，皇帝的女儿就要愁嫁了；改革开放，也使国外的薄板涌入，从而使武钢处于激烈的竞争之中。要想立于不败之地，唯一的出路就是抓质量，没有质量，哪来的效益。”我们这些思路是走质量效益型道路最初的一些萌芽。

1983 年“减废”首战告捷。第二年，再接再厉，我又提出：1984 年废品再减去三分之一。经过全员奋斗，年底在公司总产量净增 37 万吨的前提下，减废量再次达标。

1985 年初，商业部向武钢订购 1300 吨镀锌板建造棉花仓库。武钢按要求向山东禹城和河南民权发出一批钢卷，对方把这批钢卷堆放在露天含盐碱的地上。后来经日晒雨淋，板面的锈蚀面积达 40%，中途因此扯皮导致仓库停建。雨季即将来临，棉花入库迫在眉睫，商业部向冶金部投诉武钢。

3 月 27 日，消息传来。我向黄墨滨报告，并表达了自己的具体处理意见：“不要把眼睛盯住别人，要找自己质量上的问题，自己给自己过不去。该赔则赔，该补则补，一定要认真处理。”公司紧急磋商之后，黄墨滨派周良俊副经理带人星夜赴京。黄墨滨说：“即使是他们乱堆乱放造成的锈蚀，也是我们的责任，我们没有做好售后服务。连说明书都没有，用户怎么知道该怎么存放？”

武钢主动承担了责任，并答应赔款 30 万元。商业部的一位处长感动地说：“武钢严于律己的精神十分可贵。保管不善，我们有责任。”武钢的高姿态保证了问题的及时处理。否则，就有一大批棉花烂在地里了。

针对用户对武钢产品包装是“用稻草包金子”的批评，我让生产厂、销售部门组织攻关小组，结合武钢的产品实际，设计包装方式，制造包装产品。从 1985 年起，武钢连续 3 年被评为全国“勇于改进包装先进单位”。我提出的在质量上就是要“自己给自己过不去”的理念，渐渐地融进了企业的经营活动中。那几年，公司平均一年要走访用户 60 多次，每月召开座谈会一次；分发产品意见征询书 3000 多份；还建立重点用户档案，武钢和用户建立了血肉联系。

1985 年 7 月，全国首次开展声势浩大的“质量大检查”。黄墨滨经理和我都想借此机会，按全国质量大检查的要求，来一个全覆盖，促进武钢质量管理工作。“大检查”由黄墨滨挂帅，我具体负责。

这次质量大检查不仅在主体厂进行，而且分成好几个大片，包括矿山、能源、设备、材料、辅助、服务等系统。连学校、幼儿园、医院、食堂、招待所、职工住宅等都涉及了，是真正的全覆盖。

武钢质量大检查声势浩大，我每天晚上听取 10 多个组长的汇报。梳理发现的问题，思考解决的措施。当时对于在建的钢花新村西区宿舍楼，职工们反映了一些意见，我专程到民建指挥部调研，并登上在建的宿舍楼顶层，察看屋面的施工。后来，我让《武钢工人报》去了解情况，质量抓得好的地方和差的地方都要报道，要有监督和批评的声音。结果，记者采写了几篇对建筑质量提出批评的稿子并发表，民建工程处的负责人坐不住了，说这片职工宿舍用地是市里批的，建楼也是市里的施工单位，得罪他们，武钢再征地建房就困难了，施工单位还放出话来要打官司。双方不服，矛盾交到我这里。我表态：如果房子的建筑质量有问题，批评就是应该的，要打官司我去应诉。当然，后来也没打官司，因为批评是实事求是的。我们在质量方面听不得批评，那怎么行？建筑质量，百年大计，人命关天。

“四恢复”“四同步”大修改造和同时进行的整顿企业、整顿领导班子、加强基础工作，抓最基本的“三规三制”，抓配套改革，这一系列举措使武钢的生产步入良性循环轨道，使武钢的质量有了新的起色。

三、“一条龙”，生产过程的质量管理

1985 年，武钢为解决过去强调纵向指挥和专业分工，忽视横向协调和专业协作的问题，决定学习日本“一贯制管理”的经验。我在调研的基础上，决定对重点产品品种实行“一条龙”管理，即把生产这一品种的所有工序连同与它有关的部、处、室作为一个系统

配套地组织起来，通过上下左右、纵横连锁的相互协作和服务，共同实现产品实物质量的目标值，求得系统的优化。例如生产一条线从冶炼系统的焦化、烧结、炼铁、一炼钢、二炼钢，到轧钢系统的初轧、轧板、大型轧钢、冷轧、热轧、硅钢等成材厂。我们扭住主体生产厂这个“牛鼻子”，横向抓住原料、能源等辅助系统，形成“条块结合”的体系，全面控制产品质量。

我经常这样打比方——“‘龙头’在成材厂，‘绣球’是市场需求，‘龙头’围着‘绣球’转，‘龙身’跟着‘龙头’走”来说明“一条龙”管理的作用、目的、运作。

武钢先后建立了11个产品质量保证体系，并在重点工序设立质量管理点，开展QC小组活动。这一年热轧自行车用钢实施“一条龙”管理后，车用钢带被评为国家银质奖。

1987年，武钢按产品的原始记录流向建立“一条龙”信息处理网络，对管理信息实行闭环处理，实现由单项产品向系列产品管理的转化。同时加强工序质量控制，关键工序的质量管理点发展到45个，分布面扩展到辅助系统，基本形成从原、燃材料进厂到售后服务的全过程质量保证体系。

1989年，“一条龙”管理向矿山系统延伸。此后，武钢在“一条龙”质量保证体系不断完善的基础上，健全运行机制，着力提高工序控制能力：

（1）整顿工序管理点，增强工序管理的有效性。1991年调整确认公司、厂矿、车间三级工序管理点由1989年的443个减为315个，其中公司级由81个增至100个。建立管理点指导者制度，重点加强对公司级管理点的技术指导和监督检查。1991年，将原“一条龙”协调办公室（1985年成立）改为实体的“一条龙”管理科，对公司级及二级厂矿质量管理点从选点、目标值、控制因素等方面进行全面复核检查，建立了明确的工序质量责任制，针对存在的问题，逐级加以整改。

(2) 制定产品质量审核与工序质量审核制度，保证审核的有效性，并实施“三跟踪”，即对协调会决定事项、质量改善项目、质量问题点整改的落实跟踪、敦促落实。

(3) 建立“一条龙”质量技术责任制。1991 年制定质量技术责任制，明确公司、厂矿和有关部处室的质量管理职责，形成以总工程师为首的“一条龙”质量管理体系，从组织体系上强化技术管理与质量管理的相互渗透和专业管理向系统管理的推进。

(4) 推进现代化管理手段在工序管理中的运用，开展“提高工程一次合格率”活动。

武钢以产品为龙头的“一条龙”质量保证体系，把产品从原料进厂到成品出厂全过程的所有相关工序、相关部门都组织起来，形成一个层次分明、责任明确的组织控制网络。全公司还健全质量调度、质量统计、用户质量反馈、用户档案等信息系统，建立以工序、产品和体系为内容的质量审核系统，并把工序管理点的建设与 QC 小组活动、标准化建设结合起来，为“一条龙”质量保证体系打下坚实的基础。

当时，技术监督处处长吕军在推动“一条龙”中做了许多工作，技术监督处编发《情况反映》下发给予指导。有一期上刊载了他们处罗建华写的《搞活企业玩活“龙”》一文，这一期《情况反映》出来，当时恰好在召开“一条龙”协调月例会，讨论“一条龙”分工方案。有的单位负责人就这篇文章中的某些概念表述不满，如“两个转变”——从“死后验尸、无可救药”向“事前把关、过程控制”转变，从“条块分割、以邻为壑”向“系统协调、工序管理”转变。参会者有人说：“各部有各部的权责，谁和你们‘以邻为壑’了?”有的说：“现存的一套不要都否定，‘死后验尸’(‘死后验尸’后改为‘事后定案’) 这话也太难听了。”会上议论纷纷。

让大家议论了好一会儿，我才讲话，要让人说话嘛。我说，现在的问题不是抠字眼，而是转变观念，有人认为“以邻为壑”这个提法重了，我看“以邻为壑”就很恰当。现代化管理的精髓不是方法，首先是现代化管理思想，控制论、系统论都是思想！“一条龙”要解决的不单是工序质量问题，更要解决思想观念问题。

我认为大家议论之后，再达成统一认识，有利于工作。我又给大家讲，抓“一条龙”就是要让一个企业也要生存得有质量、发展得有质量。对高质量的追求要融化在意识之中，成为自觉的行动。

此后，协调例会上大家就共同关心的质量问题讨论多了，互相扯皮的少了。当时，协调例会每月一次，在各主体厂进行。我不允许搞简单轮流坐庄方式，而是哪个厂有瓶颈问题，就到哪个厂去开，“冲”它一下。抓住问题，解决问题，举一反三，防止问题重复发生。

抓全面质量管理就是要咬定青山不放松，坚持“一条龙”带活一盘棋。在我执着地推行下，分管技术质量的副厂长或总工程师具体组织实施，经常牵头抓整改。公司生产部虽是管生产的，也积极参与落实许多具体事项。

“一条龙”的深入推进，对武钢逐步建立起质量保证体系起到了重要作用。后来，黄墨滨提议，公司总调度室专门设立质量调度室，每天编制《“一条龙”管理动态信息日报》《工序管理点动态信息日报》，供领导层掌握进展。我每期都看，根据其中反映的问题提出指导意见。

四、九方面工作推进全面质量管理

我认为下面九项工作当时是抓得十分有成效的：

第一项工作是抓质量意识，抓质量教育。20 世纪 80 年代中期，在 8 亿农民的农业大国的条件下，在国有企业中，要想让职工自然而然地产生质量意识是相当困难的。在西方发达的资本主义国家，市场经济已经发展得很成熟，并且不是一个长期供不应求的市场；

而我们国家的市场，根据当时国内许多专家预测，整个紧缺的市场状况总体来讲要持续很长时间。拿钢铁来说，长期是卖方市场，而不是买方市场。这样，生产者之间就没有竞争，要想生产者自发地产生竞争意识，质量意识，真正全心全意抓质量非常困难。因此，那时，我们国有企业真正抓质量的关键还是企业领导层的质量意识和群体质量意识，只有靠对社会主义建设和发展的高度责任感，对社会主义发展方向的高度责任感才行。所以我们始终把加强领导层的质量意识和职工的质量意识作为一项重要的工作常抓不懈。

第二项工作是加强推行全面质量管理的领导。现代化管理是把企业管理当作一个整体的系统工程来对待，而企业的任何专业管理都是这个系统的一个组成部分，要想把企业管好，不用系统工程的观点看待企业管理，不可能在整体上取得高效益。武钢以前经常出现这样的情况，如财务部门发的通知和物资部门的有冲突，为什么会冲突呢？因为从专业管理这个角度来看是对的，从总体上来看是不合适的，局部上是正确的，但在总体上不一定正确。所以说，运用系统工程来管理企业，把各个专业系统管理纳入整个企业系统管理，这是现代化管理的精髓。因此，我们从 1988 年开始把企业管理机构统一起来。原先武钢是三个部门抓企业管理，一个是企业管理办公室，一个是全面质量管理办公室，一个是企业升级办公室。三个部门各有一套，企业管理办公室推行现代化管理，全面质量管理办公室也有自己的一套，升级办公室管升级指标，实际上这三套根本上是一回事，都是为了提高企业素质，三个部门的工作好多都是重复的。经过研究，我们决定“三办合一”，把三个办公室捏在一起，成立一个统一的全面质量管理办公室，既管升级又管推广现代化管理方法和手段的应用，属于企业管理的事都管，这样一来管理体制上就加强了，各个二级厂矿也成立了全面质量管理办公室，企业管理上的事情就统一起来了。我们就这样解决了机构上的问题，所以说解决问题要有系统工程观点。

第三项工作是建立产品质量保证体系。保证体系是从原料进厂一直到产品的包装、装车，装完车还不算，这两年我们还延伸到售后服务。前面原料进厂，也延伸到包括对供应厂家的质量保证能力的调查。我们从 1985 年开始抓这项工作，每个月自己抽查一次，一是查实物质量，二是查包装，到成品库随机抽查，抽出一包，打开取样，检查尺寸和理化性能，还有包装合不合格，每个月抽查一次，好的就表扬、奖励，不行的就扣罚，月月查。特别是在市场紊乱的情况下，要保证产品质量，没有这些手段是不行的。

第四项工作是抓标准化，以标准化为重点抓基础工作。企业要想使产品质量好，关键要把标准体系建立起来。标准化体系实际上是两部分，一部分是技术标准，一部分是管理标准。技术标准包括产品标准、操作规程，原材料标准都包括在内。贯彻标准对于企业产品质量是非常重要的，也可以说是企业基础工作中最重要的一项工作。当时我们国家的标准属于国际标准或国际先进标准，都属于商务标准，在国际上通用，是大家都认可的商务交货标准。交货标准是国际上进行商务交往的最低标准，产品实物质量不是这个标准，应该比这个严格得多。对国外企业来讲他们自己为了保证产品质量，都有一套内控标准。内控标准是保密的，属于技术诀窍，你想要得花钱买，不花钱不行，因为他们靠内控标准来保证他的产品质量。应该说我们的产品质量离国际上内控标准还有相当大的差距，所以，每一个企业要想真正搞好质量必须有一套内控标准，否则，没法跟人家比。因此，我们这几年也在搞内控标准，我们的内控标准是靠调查外国产品的实物质量，解剖人家的产品制订出来的。

第五项工作是抓质量职能，建立生产经营管理体系。推行全面质量管理以前，我们的机构设置在思路上不够清晰，通过数年对质量职能的研究，对机构的设置逐渐清楚了。机构的设置最主要的是先把职能理顺，重点是质量职能。为此，我们花了很长的时间，根据武钢的特点，对机构的设置进行了研究，根据质量职能调整机构。

原来武钢有40多个部、处、室，按质量职能的分配，把机构调整为20多个。没有质量职能的部门，就没有存在的价值，按此原则，该并的并，该合的合。另外，把每个部门的职能都按照国际标准质量保证体系的要求，重新分解、分配。质量职能理不顺，机构设置不适应，质量保证体系、生产经营管理体系都搞不起来。

第六项工作是在抓管理工作时，必须同时抓技术进步。管理进步与技术进步两项工作，哪一项工作单打一都不行。抓全面质量管理时还要抓技术进步开发生产力，因为产品是不断发展的。不开发新产品，不进行更新换代，就无法满足市场要求。当时，我国彩电生产线不少，宝鸡显像管厂的彩色显像管要用荫罩带钢，这种钢材像纸一样薄，用来制造彩色显像管的关键部件——荫罩网板。日本生产这种钢，占世界产量80%，西欧占20%，美国不生产。在我们国内还没有哪一家厂能生产。新的彩色显像管与老的又不一样了，我们老的产品还没有做出来，人家新产品又出来了，所以说不进行技术开发、产品更新换代，是没有出路的。我们在抓管理的同时，不断开发新产品，不断采用新技术，取得了一些成绩，与20世纪80年代的国际水平缩小了差距。

第七项工作是落实经济责任制的考核，必须符合企业的经营方向，要在经济责任制考核中突出质量否决权。过去武钢在考核中，奖金和基本工资是分开的，质量完不成只扣奖金30%~40%。从1988年开始，如果质量达不到要求扣工资总额的30%，这30%与奖金的30%悬殊可就大多了。工资总额的30%超过奖金的总数额，因为奖金只占工资总额的1/4。因此质量否决不仅把奖金否了，还把工资也搭进去了。我们把否决工资总额30%的钱用来嘉奖质量搞得好的。经济责任制考核一定要为质量服务。如果不为质量服务，质量责任就落实不了，制定的规章制度、标准化也不能落实。要是没有配套的经济责任制来保证，来监督、考核，前面所讲的产品质量的稳定、内控标准的执行率，都不能落实。

第八项工作是把现代的各种管理方法和手段都运用到全面质量管理的体系中。我讲的全面质量管理不是原来单纯的产品质量管理，而是包括企业管理的各个方面。所以在推行全面质量管理中，方针目标，网络技术，A、B、C分类法等各种现代化管理方法都在广泛运用，现在的15种方法和手段都是必须用的。例如设备管理，我们运用全员设备管理（TPM）的理论和方法，把设备的使用、维护和检修实行全员的全过程管理，就是从设备的操作、点检、定修这个全过程，按全面质量管理的理论思想建立设备运行保证体系，建立备品、备件保证体系，建立检修质量保证体系和设备点检、定修的保证体系。武钢获得国家设备管理优秀单位，和这套办法是分不开的。安全工作也一样，安全也靠保证体系，哪个地方事故多，就要设管理点，事故要做事故因素分析，不分析就没有人管。这几年事故伤亡逐年减少和这套办法是分不开的，因为在危险的区域都建立了管理点。

第九项工作是抓QC小组活动。这是群众参加管理的一种有效方式。就我感觉，职工参加管理，职工当家作主，有两个含义，第一个含义是参政、议政。通过职工代表大会，职工行使重大问题的审议权、监督权和决定权，这是职工民主管理的一个方面。另一个含义就是要搞群众性的QC小组活动，使每一个职工都参加小组里的管理活动。总的来讲叫QC小组，在设备管理方面叫PM小组，另外，还有个叫自主管理小组。总之，用这些方法搞质量管理，找问题、攻难关。有的小组发展得也很宽泛，如焦化厂的食堂也成立了QC小组，食堂QC小组的题目就是饭、菜怎样能使职工满意。医院也有QC小组，专题研究配药，配得好、配得省，怎样保证药物质量。所以，我们现在的QC小组，不但生产现场有，包括食堂、医院、招待所等后勤服务部门都有QC小组。这样，一是调动了广大职工对质量的重视和工作的积极性，二是加强了班组建设，提高了职工素质。

五、武钢走质量效益型发展道路

质量效益型是一个什么概念呢？当时为了探索武钢走质量效益型道路，我对前苏联“产量效益型”企业、美国“规模效益型”企业、日本“质量效益型”企业等模式都进行了认真学习研究，比较他们的优劣。我以为，一个企业如果只为了企业自身效益考虑，将效益放到唯一的地位，不管产品质量，不管社会需求，显然行不通；作为社会主义企业，不能为国家创造财富，年年赔钱，不讲效益也不行。社会主义企业生产的目的是最大限度满足人民的需要，这是社会主义企业和资本主义企业的根本不同点。西方的管理方法可以借鉴，但绝不是说把西方的管理思想、管理道路都拿来模仿，把社会主义企业办得不讲质量和社会效益，光讲赚钱，这种企业和资本主义企业还有什么区别？

因此，质量效益的含义，就是要体现社会主义企业的道路，要体现社会主义企业的质量效益。要靠不断提高产品质量增长的需要，为国家积累财富。所以说，质量效益型实质上是以质量求效益来满足社会主义最大的需要。而质量效益型企业就是以质量为中心，将提高质量和增加效益同步进行的、统一起来的一种经营思想。同时，这种效益是企业效益和社会效益的统一，不能光讲企业效益而不讲社会效益。产品掺假可以给企业带来效益，但也会给社会带来不安全因素，这不是我们所讲的质量效益型企业。

我们讲的质量效益型企业具有如下五个特征：

第一个特征：产品的实物质量是第一流的，而且要不断开发新产品来适应市场的需求，满足国家建设和生产发展的需要。因此，产品是第一流的，不是第一流谈不上是质量效益型企业。

第二个特征：产品应当优化成本。所谓优化成本并不是成本越低越好，在钢铁企业中，有些产品要想上台阶就要增加投入，想出高质量的产品，又想不增加提高质量的投入是不现实的。我们搞一些要求比较高的钢种，要经过铁水脱硫、钢水吹氩、真空处理等好多工序，每道工序都要花钱。我们说的最优化成本，不是指最低成本，而是指最优化的处理增加的投入应当是最低的。质量效益型企业的产品，在用户中应有信誉。

第三个特征：企业的生产工艺、装备和技术应当是一流的。没有一流的工艺、技术和装备，好产品是生产不出来的。能工巧匠能做出来的东西，价值很高，甚至是无价之宝，可是产量太低。要想大批量生产，工艺水平、技术水平、装备水平上不来不行。要通过不断的技术进步和技术改造，使工艺、技术和装备永远保持第一流水平。生产与体育一样，如女排七连冠，想连冠不容易，要有新人辈出，技术保持在较高水平。企业的工艺、技术和装备总是靠老的维持，不可能永远保持第一流水平，到一定的时候必然会被别人打败。

第四个特征：应当形成一个以质量为核心的生产经营管理体系。这个体系既要保证企业生产出高质量的产品，又能取得高效益，就是我们所提的质量效益型企业的现代化管理体系。

第五个特征：应当有一个体现质量“彻底优先”的企业文化。这个“企业文化”，要体现企业职工有很高的群体质量意识和高度的社会主义觉悟。而且要不断地提高职工队伍的文化技术素质，保持“企业文化”的发扬光大。

质量效益型企业必须具备上述五个特征。只有具备这五个特征，企业无论在什么情况下，在任何复杂的市场变化情况下，都能立于不败之地。当时武钢的很多工作还没有达到这个水平，但是我们正朝着这个方向努力。

1989年，在比较苏、美、日企业三种不同的模式之后，我根据武钢改革开放发展的实际，提出建议：武钢走质量效益型道路是合适的。公司党委结合武钢发展战略研究成果和班子其他成员们的建议，经讨论最后决定，武钢走质量效益型发展道路。

六、走质量效益型道路的成效与思考

（一）武钢质量效益型道路的基本内容与做法

武钢质量效益型道路的基本内容与做法有哪些呢？重点有以下这些内容。

武钢所总结出的质量效益型发展道路，是指坚持社会主义办企业方向，以质量求效益、求发展，建立以质量为核心的经营管理体系，实现企业整体素质提高的道路。从武钢来看，质量效益的基本要素是：深化改革，不断完善经营机制，以市场为导向，以质量为中心，以科技进步为先导，以现代管理为基础，以人为本，开拓经营。

1. 树立以质量为中心的经营指导思想

随着工作的不断发展，武钢解决了三个问题：

第一，从全局出发，增强大企业提高产品质量的历史使命感和责任感。武钢领导逢会必强调："坚持质量第一，竭诚为用户服务，是坚持社会主义办企业方向的重要标志。"通过反复教育和工作实践，这些观念在武钢已深入人心。

第二，确立以质量为主导的经营战略，以质量为中心带动各项工作和各项管理。明确提出要变过去各业务部门的各个中心为以质量为中心，企业的各级组织、各种工作、各项管理，都与这个中心相联系，并为它服务。抓住多年来困扰武钢的主要问题即质量问题，带动整个企业的管理水平和队伍素质的提高。

第三，培养和强化职工的质量意识。在质量意识教育中，主要强调处理好三个关系：一是质量与经济效益的关系，二是产量与质量的关系，三是抓质量与提高企业素质的关系。

2. 应用系统工程理论，建立以质量为核心的生产经营管理体系

武钢在推行全面质量管理的过程中，运用系统工程思想，把公司各个部门和单位，按照各自承担的质量职能，系统地组织起来，

形成一个责权分明、相互协调的有机整体，建立起从生产到管理和销售的以质量为核心的体系，使影响产品质量、服务质量的各个因素都处于受控状态，为实现最终产品的质量目标发挥出整体优化系统功能。具体措施有：

（1）建立方针目标管理体系，强化目标管理。

（2）建立产品“一条龙”生产过程的质量保证体系，强化工序管理。

（3）调整管理机构，理顺质量职能，形成直接和间接的综合及系统质量管理保证体系。

（4）采用现代化管理手段及方法，将各专业系统联系起来，丰富全面质量管理的内容。

（5）以建立标准化体系为重点，全面加强基础工作。

（6）坚持用户至上，重合同、守信誉，形成销售服务的保证体系。

（7）发动职工群众，开展 QC 小组活动，以群众性的自主管理活动作为整个经营管理体系的基础。

3. 推进技术进步，加快技术改造，形成产品开发的保证体系

1980 年以来，武钢在消化、掌握“一米七”技术的基础上，围绕品种、质量、工艺、设备不断进行开发创新。在科技管理上，武钢建立了总工程师技术负责制，形成了总工程师全面负责的技术管理系统。1992 年制定《关于加强科技人员工作的要点》，颁布科技进步奖励办法，对有贡献的科技人员实行重奖和特殊津贴，从生活、工作上调动科技人员的积极性。非投入因素（科技和管理）产出效益占总效益的比重，1978 ~ 1985 年为 38%，1986 ~ 1990 年上升为 54%。

4. 创建以“质量优先”为主要特征的企业文化

武钢在走以质量求效益、求发展的道路的过程中，逐步认识到企业的竞争力主要决定于质量，而质量归根结底决定于人的素质。

为此，除了抓物质的、制度的建设之外，武钢还抓了文化的建设，提出创建以“质量优先”为主要特征的企业文化，实现以物为中心向以人为中心的管理转变。

由于武钢常年坚持走质量效益型发展道路，因而在经营管理、经济效益、社会效益、技术进步、精神文明和企业文化等诸多方面取得明显的成效，路子越走越宽。局部存在的某些不足与问题，在企业的发展过程中逐步得到解决，前景是很好的。

（二）走质量效益型发展道路的基本成效

武钢推行质量效益型道路的10年，是生产大发展、质量大提高、效益大增长、企业素质显著进步的时期，具体表现在以下几个方面：

首先，经济效益大增长。1992年与1979年相比，钢产量增长85.6%，年递增率为4.87%；钢材产量增长214.54%，年递增率为9.22%；工业总产值增长260.5%，年递增率为10.37%；产品销售收入增长727.94%，年递增率为17.66%；实现利税增长652.48%，年递增率为16.80%；上交利税增长516.07%，年递增率为15.01%。这些增长速度，都大大超过了同期其他工业企业的平均增长速度。

这里特别想说的是：“六五”末期，武钢的钢铁生产水平已达到“双400”万吨的设计生产能力，“一米七”轧机也全面地达到了设计水平。由于武钢在“七五”期间继续深化以质量为中心的发展战略，并明确提出了走质量效益型的发展道路，在经营管理、技术进步等方面采取了一系列改革措施，虽然主体生产能力和职工人数没有增加，但生产和经济效益仍取得了明显的进步。与“六五”期间相比，钢产量增长39.37%，铁产量增长32.09%，钢材产量增长69.05%，实现利税增长95.28%，上交利税增长87.59%。

“七五”期间，实现利税和上交利税的增长大大高于产量的增长，其主要影响因素是质量，也就是说，开发新产品，优化产品结构，增加适销产品，提高产品质量档次等直接带来的质量效益占

36.61%，属于工作质量（如降低成本、开发市场需求的非主导产品等）增加的效益占 19.12%，以上两项之和占 55.73%。属于增加产量和调整价格所增加的效益只占 44.18%，这就是以质量求效益的具体体现。

武钢经济效益的提高，还表现在综合经济效益和投入产出比的提高方面。根据国家统计局关于工业生产评价考核指标的计算，武钢 1992 年的经济效益综合指数为 167.38% ，位居十大钢的第三位，仅次于首钢和宝钢。从投入产出比来看，武钢的效益也是不错的。根据冶金部经研中心计算的“六五”“七五”以固定资金投入和当期新增利税之比为 2.4956 和 1.5536，在全国十大钢中仅次于首钢而名列第二。

再从社会效益来看，效果也是可观的。主要表现在三个方面：（1）1981~1990 年，武钢共上交利税 86.9 亿元，企业净留利（提取数）29.8 亿元，国家所得占 74.46% ，企业留利占 25.54%，企业与国家所属之比为 1∶2.92。10 年上交的利税超过了国家对武钢的全部投入。（2）武钢生产的高质量的热轧板、冷轧板、镀锌板、镀锡板、冷轧硅钢片，是国家短缺的钢材品种，顶替了进口产品。在 1980~1990 年的 11 年中，共顶替进口产品 2573.2 万吨，按当年价格计算，价值 97.1 亿美元，折合人民币 291.9 亿元。武钢从这些产品中只获销售收入 241.7 亿元，其余 50.2 亿元的价差由用户获得成为社会效益。（3）武钢的产品为用户产生了超常规的效益。如武钢生产的耐大气腐蚀钢，用于制造铁路货车车厢，使用寿命由 6 年增加到 12 年，后来又提高到 18 年，每使用一吨钢材可直接受益 620 元，武钢每年向铁道部提供 14 万多吨，使之从节约钢材方面每年可受益 9000 万元。又如北京电子对撞机用的 0.5 毫米 J23 磁性材料无取向硅钢开关专用料等，促进了科学技术产品的发展和社会效益的增长，这样的事例很多。

（三）技术创新取得重大进步

1978~1991 年间，武钢经上级主管部门正式鉴定并申报获奖的研究开发项目共722项，其中主要有：武钢“一米七”轧机系统新技术的开发与创新，北京正负电子对撞机和北京质谱仪两项目用钢荣获1990年度国家科技进步特等奖（后者为参加项目），大冶铁矿混合矿石弱磁—强磁选矿工艺流程工业试验，轧机变相单辊驱动技术及开发，武钢4号高炉炭砖水冷薄炉底，氧气转炉顶底复合吹炼，二炼钢全连铸技术，大冶铁矿边坡加固，造船用结构钢国家标准，SHP系列湿式强磁选机研制及推广应用，高炉贯流式风口的研制与使用，烧结矿冷碎及筛分整粒工艺等项目荣获国家科技进步一、二等奖。

1990年获国家科技进步特等奖的武钢“一米七”轧机系统新技术的开发与创新，是武钢自引进1700毫米轧机后10年来科技成果的综合反映，共实现创新项目197项，其中47项达到国际80年代先进水平。它把武钢的消化、创新技术改造、技术开发、品种开发提到一个新的水平。

那10年，共开发新产品22个系列，86个品种，一些重要的技术指标达到了先进水平。如钢锭综合成材率由1980年的82.44%提高到1990年的86.33%；吨钢可比能耗由1980年的1150千克降到1990年的980千克；转炉金属料消耗由1980年的1250千克/吨降低到1990年的1110千克/吨。1990年武钢在全国重点钢铁企业60项比较指标中，处在第一位次的有7项，第二位次的有14项，第三位次的有8项；前三位次共29项，占总项数的48.33%，总平均位次为4.57。

（四）企业综合素质大幅提高

由于武钢坚持了正确的质量观，促进了企业的技术素质、管理素质和队伍素质的全面提高。前面提到的技术进步从一个侧面说明了技术素质的提高。在管理方面，新管理思想、管理模式、管理方法、管理手段在不断地创新和运用。例如“精干主体、剥离辅助”的优化企业组织结构的管理思想和管理模式，是继质量效益型道路之后又一个新的创造，香港报纸把它誉为内地搞活大中型企业的一块试金石。武钢决策层、执行层和操作层的职责分明，综合管理、专业管理和基层管理严而有序，管理水平向现代化前进了一大步，管理手段也在逐步现代化。公司引进的大型管理计算机 IBM3090 运用于设备管理和生产管理，全公司 700 多台各类微机被广泛应用于辅助管理，有效地提高了管理效率和水平。20 多种现代化管理方法应用于 500 多个项目的生产经营管理，创经济效益 1.3 亿元以上。职工素质包括全员质量意识、当家作主精神的发扬和技术文化素质方面的都有大的提高。质量是企业的生命的观念深入人心，人人为争创质量效益作贡献，每年都涌现大批先进人物和典型事迹，为精神文明和“质量优先”的武钢文化建设注入了新的内容。全国“五一”劳动奖章获得者刘渝兴，解决了国外先进的烟气回收装置中的技术难题，并将此技术作为专利返销国外，就是一个例证。通过开展群众性的“双增双节”活动，每年都创效益 6000 万元以上。通过培训和“双考”，职工文化程度和技术水平有显著提高。

在促进企业整体素质提高的过程中，武钢建立的以竞争上岗动态管理为核心的劳动人事工资制度，对素质提高起了重要作用。

（五）市场竞争力增强

武钢质量效益型道路是一条走向市场的康庄大道，质量效益型道路所要求的各项工作正是市场经济所需要的。武钢运行机制有了很大的转变，企业活力有了很大加强，主要表现在以下几个方面：（1）能根据市场需要，按产品的反工艺顺序来安排生产，初步形成了以市场为导向、以销定产的生产运行机制；（2）建立了以提高产品质量、降低成本、提高市场竞争力的保证体系；（3）建立了提高产品品种质量档次和开发新产品的雄厚的开发能力和技术储备；（4）建立了全方位的经营开发体制；（5）建立了以竞争为核心的劳动人事制度；（6）建立了以按劳分配和动态管理为核心的激励机制；（7）建立了自我调控的约束机制。公司经历了市场旺销—疲软—旺销—疲软的多次反复考验而保持正常发展，即使外部条件发生重大变化也能承受并应付自如。例如1989年的紧缩和1991年起60万吨外部坯全部停供，武钢采取一系列措施，保证了经济效益的稳定提高，1991年在钢材产量比上年下降20多万吨的情况下仍保证了利税近1个亿的增长，充分显示了质量效益型道路的强大生命力。

（六）树立了企业良好形象

到1991年，武钢投产30多年，为国家作出了重大贡献，但由于“文化大革命”造成的破坏，在一段时间里，企业管理比较混乱，各项经济指标一直处于同行业的中下游水平。特别是经常跑钢、漏钢，中央领导都很关注，邓小平同志还为此提出过批评。武钢在一段时期成为冶金行业的老大难企业之一。改革开放以后，通过企业整顿，抓质量管理，进而走质量效益型道路，不仅产品质量在提高，而且在1983-1989年间连续7年合同兑现率100%，在广大钢材用户中也赢得了很高的信誉。武钢的形象有了很大的改观，从湖北到全国到中央，大家都知道武钢在前进，在发展，武钢进入全国企业管理的先进行列，在国内外已享有一定的声誉，一系列的荣誉就是最好的说明：

1987年获全国五一劳动奖状

1988年获国家经济效益先进企业称号

1989年获中国质协产品质量第一、服务质量第一称号

1989年获全国企业管理优秀奖（金马奖）

1991年获国家质量管理奖

1991年国务院办公厅行文推广武钢走“质量效益型”企业发展道路经验

（七）武钢走质量效益型发展道路在1988年以后经受的冲击

1988年，在全国经济过热的情况下，遇到了粗制滥造风的冲击。当时钢材走俏，废次材供不应求，废次材的市场价远高于计划内正品钢材的国拨价。有的企业为了多赚钱，拼命抢产量，粗制滥造。

武钢没有跟这股风跑，而是强调提高按国际标准生产的比例，强调提高产品的实物质量。1988 年四季度，公司在质量月活动中开展了实物质量大检查，以自查为基础，采用下工序查上工序，主体查辅助，基层查机关的办法进行互查。这一年，武钢顶住了第一次冲击，“双标率”提高了 10%以上，得到用户的好评。

第二次是 1989 年，遇到了追求企业效益不顾合同信誉风的冲击。当时原燃料、电力、运输紧张，价格上涨，而钢材计划价格不变，使部分计划内钢材产品变为亏损。在这种情况下，有的企业为追求自身效益，将计划内部分钢材不交国家合同而变为计划外钢材卖高价；有的企业抢在 1989 年 4 月自销钢材限价规定公布之前将计划内钢材高价出售。武钢没有随波逐流，而是从国家的全局出发，克服重重困难，认真履行合同，尽量满足用户需要。虽然这一年武钢资金很困难，但在多方面努力下，钢材合同执行率仍达到 99%。

第三次冲击是 1990 年的钢材市场疲软，产品滞销。武钢面临的外部条件是产品由俏转滞，资金紧张，用户大量拖欠货款，三角债前清后欠，原燃料、运输、电力涨价。由于受 1989 年的春夏之交的政治风波影响，使管理工作滑坡，基础工作、工艺纪律滑坡，导致产品实物质量滑坡。为迎战第三次冲击，公司分析了内、外部条件，决定调整当年的目标计划，调减某些产品的数量，调整产品结构，增加市场紧俏品种，同时下大力气抓基础工作，抓工艺纪律，以期扭转产品质量滑坡的被动局面。公司组织了 7 个技术攻关队，对产品质量、工艺技术、消耗等方面的技术问题攻关。各厂、矿也开展了技术进步活动。为扭转被动局面，四季度开展了质量月活动。从 10 月份起在全公司职工中开展“揭、查、议、改”活动，即揭露产品实物质量、服务质量、工作质量中存在的问题；查造成问题的原因；议问题的危害；提出整改措施。12 月份又对公司各厂、矿、部、处、室进行了质量管理奖的评审。这次评审，实质上是全公司的体系审核，也是对各单位管理工作的综合检查。由于采取了一系列措施，群体质量意识，特别是干部质量意识有了加强，产品质量下降的局面得到扭转，基本完成了调整后的目标计划，实现利税比 1989 年有所增长。但形势仍然严峻：产品质量没有恢复到历史最好水平；均衡、稳定、良性循环的生产局面尚未形成；某些消耗指标尚未达到历史最佳水平。1988 年以后的几年实践证明：只有坚持走质量效益型的发展道路，企业才能有较强的应变能力。另一方面，1990 年的实践，也使我们看到武钢走质量效益型企业道路形成的抵抗冲击的能力不强，应变能力不足，技术进步速度不够快，产品质量水平不够高。

（八）关于质量效益型道路的几点思考

武钢走质量效益型发展道路，取得了令人瞩目的成效，给了我们哪些启示呢？

第一，武钢之所以走上这条正确的发展道路，是企业的领导者和建设者长期艰辛探索的结果。这条道路的形成，既与武钢建厂之后的前 20 年的质量管理工作有一定的渊源关系，更与改革开放以后引进发达国家先进的管理经验，开展全面质量管理活动有着密不可分的联系。从某种意义上可以说，实行全面质量管理的过程也是质量效益型道路的酝酿及逐步形成的过程。特别是 1989 年武钢正式做出以质量求效益、求发展的战略决策之后，全面质量管理就自然地纳入了这一战略体系，二者紧密地融合为一体了。

第二，以质量求效益、求发展的战略思想，虽然吸收了发达国家全面质量管理的先进经验及合理的做法（严格地讲，还吸收了宝钢等国内同行的好做法），但同时还有武钢的新建树。例如，不仅把质量效益第一的思想贯穿于各生产环节和辅助环节，同时也贯穿于精神文明建设各环节；在求得企业最大经济效益的同时，还强调必须兼顾国家、集体和个人三者的利益，并非常注重社会效益；创立了“一条龙”管理等有特色的管理系统。武钢人在广泛吸收国内外先进的企业管理思想及方式的同时，结合中国国情及武钢实际而创立了一种有自身特色的企业发展模式。

第三，武钢质量效益型发展战略的科学性和生命力，从根本上讲，是它具有不断革新、不断完善的可贵内涵。因为，这个战略的立足点完全在于以质量求效益、求发展，而质量的提高是没有止境的，影响并决定产品质量的企业各环节也是需要经常改进的，所以武钢人为之的奋斗也就不能停步、没有止息。最明显的例子，就是使中外瞩目的“精干主体、剥离辅助”的大胆举措。它的实施，就是因为贯彻了质量效益型战略思想，洞悉本企业因劳动生产率较低而制约企业效益进一步发展而出台的。

进入“八五”以后，武钢的产品质量异议还时有发生，企业的某些经济指标与国内外同行相比还有较大差距。因此，武钢继续深化改革，让质量效益型道路走得更加宽广还需不懈努力。

第十九章 打好“八五”开局
当选中国工程院院士

一、“八五”期间武钢面临的利弊因素

1991年治理整顿的任务尚未完成，国民经济的困难时期尚未过去。对我来说，这一年也是非常重要的一年，由于年龄的原因，1992年春节过后我可能就退居二线，让更加年轻的同志顶上来，挑起重担。这是武钢事业发展的需要，我早有思想准备，但是，我仍然要站好最后一班岗，认真思考如何把武钢的“八五”开局抓好。我不能有丝毫懈怠，这是我的职责所在。另外，我对武钢怀有深厚的感情，在岗位上，一干就干了35年啦。

1991年钢材市场销售疲软的状况没有改变。原燃料、材料、电力、运输涨价相继出现。由于钢材制成品出口的推动，用户对钢材品种质量的要求越来越高。“八五”期间（1991—1995年），宝钢钢坯停供，公司轧钢能力得不到充分发挥。矿山露天采矿能力在消减，后继能力不足，矿石自给率逐月下降。炼焦能力不足限制了炼铁能力的利用。炼钢能力偏低限制了轧钢能力的发挥。这种生产环节的不平衡，在“八五”期间持续存在。“八五”是武钢自20世纪80年代以来生产经营困难的5年，而1991年到1992年，则是这5年中最困难的2年。

“八五”期间也有有利因素。“七五”期间的效益工程相当一部分已建成，如二烧车间，4号连铸机，2号RH、HC轧机、硅钢CA1和改大卷工程。还有一批建成的项目，如5号高炉、4号热轧加热

炉、工业港混匀料场、7 号焦炉、热轧精轧机 WRS 改造（WRS 轧机是由日本川崎制铁公司设计的用于板凸度和边部变薄的控制技术，是 HCW 轧机的改进型）、冷轧全氢罩式退火炉、热轧计算机更新等。经过努力，武钢拥有一批无形资产，即创建质量效益型企业以全面质量管理为中心推行企业管理现代化的经验。我们发挥以上效益工程有形资产和企业管理方面无形资产的作用，适应外部条件，克服了内、外部不利因素，在困难中求得发展。

"八五"期间，武钢进一步依靠技术进步和管理进步。一方面，依靠技术进步发挥现有技术装备和效益工程的作用，完善质量体系建设，强化管理基础和基层建设，优化产品品种，提高产品实物质量，开发新产品替代进口产品，节能降耗，提高效率，以质量求效益，使武钢整体效益在"八五"期间逐年稳步增长。另一方面，抓紧三炼钢厂建设和扩建硅钢厂增加取向硅钢的技术改造，使这两大工程和有关的技术改造项目在"八五"期间完成，为进一步优化产品结构，提高产品实物质量创造条件，使武钢在 20 世纪 90 年代赶上国际先进钢铁企业，为实现我国国民经济 2000 年的奋斗目标作出更多的贡献。

二、继续抓技术进步与管理进步

1991 年是十分困难的一年。武钢进一步依靠技术进步和管理进步，突出品种质量，开展全公司三个层次的技术攻关活动。

组织技术攻关队，对重点技术项目开展攻关。1990 年，武钢组织了 7 个技术攻关队，对重点技术项目组织攻关。将近一年的实践证明，这种方式有利于组织各方面的力量加快工作进度。如高炉中心装焦、沸腾钢锭模挂绝热板浇镇静钢、转炉 80 吨扩装、转炉噪声控渣、二烧车间降低能耗等都取得实效。1991 年，武钢继续组织公司级技术攻关队。武钢已经明确当年的重点技术攻关项目，凡属需要几个单位配合完成的与现场生产密切相关的项目，都纳入攻关队的攻关内容。攻关队由我任队长，部门领导和有关厂领导担任副队长，每个项目生产厂和研究部门都有专人负责。为加快攻关进度，每个项目建立责任书，明确目标和进度要求。建立技术攻关定期检查协调制度，及时解决攻关中存在的问题。

强化厂、矿一级的技术攻关活动。1990 年，厂、矿一级技术攻关活动有所发展。有的单位开展得较好，如二炼钢厂、烧结厂，确实解决了一批生产中的问题，在生产上取得了实效。但相当一部分单位没有广泛开展起来，有的把技术攻关当成技措，上了一些与技术进步无关的项目，有些与提高产品质量、降低消耗关系密切的项目却没有组织攻关。这种状况在 1991 年得到扭转。武钢进一步明确，技术进步是各单位负责生产技术领导的首要责任。武钢对各单位领导和工程技术人员进行考核，并纳入“双考”。

发动广大职工形成群众性技术进步高潮。武钢每年收到合理化建议不少，QC 小组与自主管理小组数目不少，但成果不多，取得成果后能巩固并转化为生产力的则更少。根据调查，各级领导对群众技术进步活动的引导、支持、鼓励不足，是群众性技术进步不能形成高潮的原因之一。为引导职工积极参加合理化建议活动，武钢于 1991 年初公布公司的合理化建议课题。各厂、矿结合本单位的实际，拟订本单位的合理化建议课题。武钢成立职工技术进步支援组织，帮助职工解决开展 QC 小组、PM 小组、自主管理小组在活动中遇到的困难，各二级单位要建立相应的支援组织。在取得成果后组织评定，将成果纳入标准化，使成果巩固下来。

大力开发与推广新产品。虽然钢材市场总体上疲软，但部分钢材仍然畅销。由于国内产品在质量和数量上不能满足要求，一部分产品仍要依靠进口。武钢新产品开发的重点，一是进口钢材的替代，二是重大技术装备用钢材的试制。武钢新产品的开发，以 20 世纪 80 年代国际先进水平为起点。与加强新产品开发的同时，加紧新产品鉴定转产后的推广工作。1991 年以前，由于产品分配体制的原因，新产品推广工作开展缓慢。从1991年起，在计划内钢材中纳入一部分转产的新产品；对计划外钢材中拿出一部分用来推广新产品，并根据市场状况，每季度调整一次。努力使武钢的产品替代进口，在高档钢材市场中占有较大的份额。这样做使武钢的产品具有较强的竞争力，用较少的数量求得较高的效益。

组织好5号高炉及效益工程的投产。5号高炉集中了当代国际炼铁生产的新技术，把武钢高炉技术装备提高到一个新水平。5号高炉开好炉，对炼铁系统工艺技术跨进20世纪90年代具有重要意义。做好原燃料准备、技术准备和岗位人员的技术培训。从国内设备的实际出发，反复进行模拟操作，使问题暴露在点火之前，经过改进并做好了5号高炉的设备考核和调试，确保了顺利投产。对1991年建成的4号加热炉、工业港混匀料场，认真准备，使其顺利投产，发挥了效益。

三、突出基础，完善质量体系

1991年完善质量体系的总体目标是健全以质量为核心的生产经营管理体系：

（1）强化“一条龙”产品质量保证体系，使产品质量恢复到历史最好水平。建立“一条龙”产品质量保证体系的思路是符合武钢实际的。1989年下半年产品质量滑坡，主要是放松了工艺纪律和工序管理，使“一条龙”的协调作用减弱。1991年对“一条龙”进行有效性的诊断，调整工序管理点，落实工序管理三级责任制，提高工序控制的有效性。对“一条龙”管理制度进行补充修订，完善“一条龙”的管理。通过“一条龙”管理有效性的加强，1991年武钢全部钢材产品恢复到历史最好水平。

（2）理顺质量职能，健全质量体系。武钢质量体系经过两年的工作，已经形成框架，即钢材形成过程的质量环和为此大环服务的4个小质量环。1991年主要充实和完善了这个框架，对质量环中的每一个过程，都建立了明确具体的办法、制度或标准，使每一项活动都有章可依，并逐步实现标准化。

（3）围绕落实质量职能，运用TQC基本原理，强化专业管理体系。根据质量职能的展开，各管理部门都承担了一定的质量职能。质量职能是管理部门的主要职责。专业部门除质量职能外，还有其他职责。专业部门的责任在于，通过专业管理有效履行所担负的质量职责。为此运用全面质量管理的理论和方法，加强专业体系建设，不断地改进了专业体系。

（4）以标准化为中心强化管理基础。企业管理基础包括原始记录、信息管理、计器计量、现场管理等，但最核心的管理基础是标准化。各项管理基础工作最终都必须纳入标准化。1991年全面完成B标准的修订，基本完成岗位作业（工作）标准的修订工作，并贯彻落实了岗位标准。

（5）加强基础建设，推行Line-staff（生产部门—管理部门）管理体制，促使技术进步。武钢管理体制头重脚轻是一大弊端。为使各项工作落实到基层，加强基层建设。通过试点逐步推行了作业长制度，接着实行Line-staff管理体制，使大部分工程技术人员投身于工艺改进和各层次的技术进步中。这一管理体制的推行，大大促进全公司的技术进步。

四、从严求实培养“质量优先”的武钢文化

建立以质量为核心的生产经营管理体系，要求每个职工能够自觉地把提高质量放在一切工作的首位，就必须创建“质量优先”的武钢文化。

企业文化是群体文化，属于企业经营管理体系中最深层的东西，决定着企业的价值观、道德规范和行为准则。企业的价值观、道德规范和行为准则是通过企业的经营宗旨、经营方针、发展战略、组织形式、机构设置和规章制度体现出来的。由此可见，不创建“质

量优先”的企业文化就不可能建立质量效益型企业。

企业文化不是自然产生的，首先要求企业的领导加以倡导和培育。这就要求把“质量彻底优先”的思想贯穿到企业的发展战略、经营方针和目标，以及各项规章制度、人事工资制度中去。与此同时，用“质量优先”的思想教育职工，在潜移默化中接受熏陶，使“质量优先”的思想支配企业群体的一切活动。

全面质量管理不能离开全员参与，必须调动他们的积极性。职工积极地参与企业的生产经营活动，献计献策。开展 QC 小组活动，职工亲身体会到自己是企业的主人，把自身的发展和企业的繁荣融为一体，把以质量求效益、坚持社会主义方向变成了职工自觉的行动，“质量优先”的武钢文化基本成为全体职工的行为准则。

武钢提出创建质量效益型企业的战略方针，是从武钢自身条件、国内外钢铁企业发展的经验教训和我国社会主义建设的需要出发的。作为社会主义企业，武钢必须以满足我国社会主义建设和人民生活日益增长的需要为第一位的责任。作为企业，武钢必须为国家创效益。质量效益型企业的特征是以质量求效益。这里所说的质量，既包括产品质量也包括工作质量。以质量求效益能够把社会效益和企业效益统一起来，从而保证企业能够沿着社会主义的方向前进。以质量求效益，不依靠技术进步是不行的。因为只有不断地推动技术进步，才能不断提高产品质量，不断开发新产品、新技术、新工艺，使企业竞争活力充沛。以质量求效益，只有建立并不断完善以质量为核心的生产经营管理体系，才能不断提高企业管理素质和工作质量，保证企业实现以质量求效益的战略方针。以上两点的实现，都要依靠全体职工团结努力，所以创建“质量优先”的武钢文化是十分必要的。当然，实现以上战略目标是一个长期而艰苦的过程。企业走质量效益型发展道路，必须培养“质量优先”的企业文化。我们提出建立“质量优先”的武钢文化对公司职工的价值观念和意识形态产生了积极影响。但 1989 年的冲击，使武钢各项工作受到严重影响，出现了产品质量滑坡。这说明“质量优先”的企业文化还没有深入人心。实践证明，“质量优先”的武钢文化，必须建立在“从严求实”的武钢人精神的基础上，才能在职工中扎根。为此，武钢把学习大庆“三老四严”的作风当作武钢职工队伍建设的迫切任务，发扬“从严求实”的武钢人精神作为1991年思想工作的主旋律。通过一年努力，职工基本养成“从严求实”的作风，“质量优先”的武钢文化开始在职工中扎根。

1992年5月15日，武钢召开干部大会，黄墨滨代表公司宣布我退二线。彼时我64岁。黄墨滨对我的工作给予了很高的评价，我觉得那都是我应尽的职责。我从心里感谢黄墨滨经理对我的充分信任，还有班子其他成员的支持，没有他们，我干不了什么大事。武钢领导让我继续发挥作用，负责一些大的战略研究、重大技术攻关项目把关等。黄墨滨很认真地说：“张寿荣同志虽然退出了领导岗位，但还要发挥作用，把武钢的技术进步事业继续干下去。”他都这样说了，我哪能推辞。我表示，一定要集中精力干好公司交给的技术方面的事情，这是我的又一个新开端。

我仍然在原来的办公楼办公，按时上下班，认真工作，没有一点点松劲。当领导干部的时间是有限的，对事业的追求是无限的，对此，我有清醒的认识。

五、当选中国工程院院士

我在北洋大学读书时的魏寿昆老师，后来在北京钢铁学院（今北京科技大学）当教授。他还是中国科学院的学部委员（以后改革称院士），一直关心我的成长，在大学时代，他是我的老师，也是学校的系主任，对我的学习要求严格。魏老师自己在读大学时成绩在班上排第一，他喜欢成绩好的学生。我在大学里是班长，成绩在班上总是数一数二，魏老师对我偏爱有加。我参加工作以后，由于我们都与冶金专业打交道，故经常联系。他对我的工作很了解，希望我事业有成，多出成果。他总是鼓励我重视技术职称申报，说到了哪一级就申报哪一级。技术职务是对能力的一种认可，也是对自己的激励。1993 年，推荐中国科学院学部委员开始，一名委员可以推荐三名候选人。北京科技大学组织推荐工作，魏老师已用完了他的推荐名额。对没能做我的推荐人表示歉意，特别解释一番，并期望得到我的谅解。我怎么敢当啊，他是我的老师，是我与他交流不够。像魏先生这样关心爱护学生的老师不多。

1994 年，第一届工程院院士推荐评选开始。通知中特别提到，大型企业总工程师，尤其是任职多年的老总工程师，符合推荐条件。

我也算“老总工程师”了，到 1994 年，任职有 12 年。期间主持“‘一米七’轧机系统新技术开发与创新”项目，荣获 1990 年国家科技进步特等奖；曾发表多篇学术论文，多次获得国家及省部级奖励。条件应该是具备的。

这一年，我被推荐参评中国工程院院士。推荐表中有一栏是“在工程科技方面的主要成就和贡献（限 300 字以内）”，我还记得推荐语是这样写的：

1949 年参加鞍钢复产。50 年代推行高炉炉顶调剂法等使鞍钢全国领先。1956 年、1957 年参加武钢一期建设和一高炉系统生产准备使其顺利投产。60 年代组织高炉布料反常、高镁渣、喷沥青及高炉长寿等试验研究。70 年代提出用 1513 立方米设备建 2516 立方米4 号高炉方案和炼铁系统技术进步总规划。“一米七”轧机投产后组织新技术消化和前工序老厂改造（包括“四同步”大修改造），使武钢 1985 年钢铁达双四百万吨，“一米七”超设计标准。“六五”后组织“一米七”系统新技术开发，完成转炉复吹、全连铸等新技术和新产品开发，使其达国际 80 年代水平。此项被评为 1990 年国家科技进步特等奖，张寿荣为第一完成人。“七五”组织新三高炉（5 号高炉）的建设和投产，博采多国新技术使其达当代先进水平。1988 年被评为省、市劳模，1990 年获全国“五一”劳动奖章。在国内外发表论文 60 篇。培养研究生 3 人。

这份材料受字数限制，大量的成果和实际效果没有充分表达。好在我还有许多的论文和成果材料作支撑，真实展示了我在钢铁生产和研究方面的能力和贡献。

1995 年我当选中国工程院院士，属于中国工程院成立后在全国增选的第一批院士之一。此前 1994 年建院时的首批中国工程院院士不到 100 名，不都是在全国推荐遴选的，其中 30 名由中国科学院的部分学部委员直接转成。这些院士大多数是老专家，人生阅历丰富，作风坚韧，在各自的专业领域出类拔萃，他们都值得我学习。

当选中国工程院院士，是工程科技界对专业实力的认可。这固然与个人坚持不懈的努力有关，但对我来说更重要的是企业给了我许多机遇，包括 1949 年鞍钢恢复生产、1957 年武钢建设、1982 年主持“一米七”项目正常达产等，我都亲自参与。

1995 年我当选中国工程院化工冶金材料学部院士，又因为担任过武钢副经理、总工程师，拥有管理方面的经验，2000 年，工程院成立工程管理学部时又被吸收为管理学部院士，成为“双学部院士”。我当了两届主席团成员，按照中国工程院的规定，主席团成员应该参加学部的常委会。秘书给我统计过，仅 2006 年我到北京出差就有三十趟之多，还不包括其他地方，所以事情还挺多。

当选中国工程院院士之后，我对自身要求丝毫没有放松。学海无涯，探索无限。我这些有限的成果不值得炫耀，还需继续在专业方面钻研和创新。

第二十章　跟上国际继续工程教育发展节奏

一、继续工程教育的重点在企业

20 世纪 80 年代我担任过中国继续工程教育协会的副理事长，并于 1992 年进入国际继续工程教育协会理事会。

国际继续工程教育协会（IACEE）成立于 1989 年。当年的 5 月 11 日在北京召开的第四次世界继续工程教育大会期间，由中国继续工程教育协会倡议，苏联教委、非洲科技联络网、美国工程教育协会、欧洲工程教育协会、东南亚及太平洋地区工程教育协会、中南亚工程教育协会、加勒比工程师协会联合会、泛美工程师协会联合会、阿拉伯工程师联合会等 10 个组织发起成立了国际继续工程教育协会（IACEE）。它是一个国际性、非赢利、非政府组织。该协会目的是支持和促进世界范围内工程领域终身教育和培训的发展，特别是满足发展中国家的需要。

1989—1992 年，第一届国际继续工程教育协会理事会由 14 名理事组成，中国继续工程教育协会副理事长路甬祥教授任副主席。

随后，我担任了第二届（1992—1995 年）、第三届（1995—1998 年）国际继续工程教育协会理事会副主席。期间我结合国内、国际情况，对当时的继续工程教育进行了研究，取得了一些成果。

武钢抓继续工程教育可以说从建厂之初就开始了，不过，那时候在中国不叫“继续工程教育”，叫“职工教育”。20 世纪 60 年代，继续工程教育才在世界上兴起。1955 年，武钢开始兴办技工学校，到 80 年代，武钢有三所技工学校、一所职工大学、一所管理干部学院、一所党校。在办学层次、短期培训、技能教育、学历教育等方面武钢都做得非常好，可以说，武钢的继续工程教育走在全国的前列。

从武钢每个厂竣工之前的集中培训，到“一米七”系统正常生产之前的上岗培训，再到以后的各类新技术培训，武钢都采取有力措施，取得了显著的效果。武钢开展继续工程教育，我是积极的组织者和支持者。

1991 年，我在布置武钢“八五”技术进步新起步的同时对抓好继续工程教育也提出要求：首先，要把 5 号高炉设备管好，操作好；其次，我们要组织好技术改造工程，一次投产成功，早日达到设计水平；第三，开展三个层次的技术攻关活动，使现有工艺不断完善，技术水平不断提高、产品不断改进；第四，我们要根据国民经济发展需要加强技术开发，开发国家急需的新产品，开发优化流程、降低人力物力消耗的新工艺。

上述任务能否完成，人的因素是第一位的。如何不断提高职工队伍的素质，以适应武钢技术进步不断前进的需要？为此必须把武钢劳动人事制度的改革和培训制度的完善结合起来。我们的事业需要有一批高水平的技术工人，一批精明强干的生产管理人员、设备管理人员、质量管理人员，一批实践经验和理论知识丰富的各专业的专家，他们是推动武钢技术进步的骨干力量。这批力量必须由我们自己造就和培养。为此必须使武钢的培训教育工作彻底转到以满足生产发展和技术进步需要的轨道上来，对工人、管理人员、技术人员都要建立起系统的培训制度，同时要结合企业发展实施继续工程教育，建设一支高素质的职工队伍。

20 世纪 90 年代，国外公司都比较重视继续工程教育。以往美、欧的企业不为职工个人的教育承担费用。后来情况变了，许多企业，特别是一些大公司对职工的教育提出了明确的需要，并投入大量资金。可见，继续工程教育已经成为企业可持续发展的重要手段。

二、国际继续工程教育发展趋势

（一）国际上的经济影响

国际产业间的竞争越来越激烈。1970 年美国的《幸福》杂志评出、公布的世界 500 强企业，到了 1983 年就有 1/3 被挤出去了，到 1990 年就仅仅剩了一半，而一些新的企业又跃进了 500 强。这就是说，国际上商业竞争、市场竞争很激烈，你搞得好就上去了，搞得不好，尽管你在 500 强世界大企业名内，几年之后也可能垮台了。大家知道，中国人在美国开的一个计算机公司——王安公司，1990 年在美国原来还算计算机前 10 强，因没搞好，1993 年宣布破产了。外国的企业变化很大，搞得好就发展起来了，搞得不好最后破产了或者让人家兼并了。

另一方面，世界经济全球化。哪一个国家都不能离开国际经济，各国经济都是世界经济的一个组成部分，哪个国家若想和国际上不来往、自己独立于世界经济之外，这不可能。因此，现在跨国公司特别多。

国际上的经济影响，对企业员工和管理人员的素质要求越来越高，这也就是对继续教育有要求。这种经济影响可概括为以下几点：

（1）竞争激烈，才干是竞争力的要素。企业竞争力有很多要素，如产品质量、成本等，许多经济学家认为职工队伍的才干也是竞争要素。质量品种满足用户要求，这些都是企业竞争获胜的条件。

（2）企业竞争对职工素质提出更高的要求。因为有竞争，很多企业的产品竞争力强的销售就好。欧洲有大的航空公司 22 家，他们之间竞争很厉害。有的因经营不行、竞争力差就亏损和关门。欧洲有 12 家大的汽车公司，重组成为趋势，法国的雪铁龙公司和标志公司就已经合为一家了。

（3）技术发展迅速，对提高技术的需要增长。20 世纪 30 年代的大学毕业生学的知识20年内还有用；到90年代就不行了，技术发展很快，学校学的知识过几年就落后了。如果对新的知识不了解，知识的衰减期就越来越短。在某些高技术领域，知识的衰减每年可达15%~20%，也就是说，5年知识就全更新了。因为发展快，对岗位技能的要求也提高。因此，不断提高职工的操作技能，是保证企业竞争力的一个根本条件。

（4）生产重新组合。由于企业之间合并、兼并，新的产业出现、老的产业淘汰，致使就业难度增加、企业人员减少。荷兰的飞利浦电子公司，1990—1993年减员7.5万人；德国的运输公司，1992—1993年减员5万人；意大利运输公司减员4.3万人；英国的通讯公司，1992—1993年减员3.9万人。提高劳动生产率的目的就是竞争的需要。

（5）企业的国际化及竞争的加剧，对企业人员就有更高的要求，其主要影响为：

1）竞争增加，对管理和高科技研究工作提出更高的要求，就要不断学习。2）工艺技术进步加快，需要高深的知识和技能、需要知识的更新、需要继续教育。3）新的工作方式，要求增加管理工作的才能、通信的才能和各方面的才能；产业结构对人员的才能要求即公司对职工本身的、企业核心部分的能力扩展的要求增加。4）国际化企业要求提高其人员的素质。5）对职工年龄有越来越高的要求，年龄增大，要求管理和领导能力也要增加。6）增加流动性，人员流动，要求其才能也要增加。

（二）有关国家1995年左右继续工程教育的发展情况

1. 美国

20世纪80年代以前，美国企业对职工教育重视程度低，职工念书是自己出钱，企业不管。1995年之后，大企业都有自己的培训机构，而且力量非常强，很舍得花钱。美国电报电话公司提出：具有世界级的职工队伍、世界级的技能和世界级的竞争力。美国公司

1991 年全国投资，包括技术教育、职工培训的全部费用为 2100 亿美元。这比 1991 年美国中小学教育国家预算还多 300 亿美元。美国电报电话公司有职工 31.7 万人，年销售收入 630 亿美元。它的贝尔实验室是研究机构，有 2.7 万人，其中有 4000 个博士，得过 7 个诺贝尔奖。它的职工队伍的水平、文化素质比较高。该公司设立了一个“雇员发展董事会”，专门指导职工培训，内容分为：（1）领导干部培训；（2）企业总经理、副总经理等执行、大管事者的培训；（3）对企业内部的培训；（4）计算机职业培训；（5）上大学的企业职工，学成后的学费资助；（6）合作培训支持小组，把职业培训和新技术的研究结合在一起；（7）能力的确认小组，经培训后确认其教育的效果和知识水平提高的程度。该指导委员会把整个公司的 30 多万职工的培训全部管起来。另外，该公司有强有力的培训机构并与大学、学院合作。学院根据企业的要求提供企业所需要的内容，和企业一道对职工进行培训。

总之，美国的企业对继续工程教育、职工队伍素质的提高是非常重视的。（1）终身教育的意识日益增加。企业从继续教育、职工培训和提高职工队伍素质中得到了好处。他们认为，在职工教育上投资 1 美元，几年后可以赚回 3~7 美元。因为职工素质提高了，新技术发展了，专利产品改进了，就可以赚更多的钱，所以越来越重视。（2）有关管理和产品开发技术的培训，这是美国技术培训的重点。（3）更加重视职工队伍的补课。因为需要掌握新技术的老工人较多，其基本知识需要补充。（4）培训的投资增加。摩托罗拉公司的培训费由职工工资总额的 3.5%提高到 6.8%，规定每个职工每年培训 100 小时，整个培训费用为 1000 多万美元。（5）改进操作的培训比例增加。经常与别国的产品比较，找出差距，提高质量。（6）把培训与拿学分、取得学历相结合，企业与院校相结合。

2. 日本

日本的工人和美国不一样。在美国，你不干就走，是流动的。

日本的企业，工人进去之后是终身雇用，只要你不犯法，不违反厂规，就不开除，把终生教育制作为终身雇用制的组成部分。因此，一些大公司都有自己的培训机构。富士通有自己的技术学院、技术专科大学和工业技术学院。它的培训分几个层次：（1）所有的人；（2）科长；（3）股长；（4）新任股长；（5）后备股长；（6）作业长；（7）所有的中层工人；（8）所有新入厂的工人。各层次年龄多大、学多长时间、学什么内容都有明确的规定。因此，一个大学毕业生来后，一直到各阶层，都有具体的和职位及终身雇用相适应的一整套东西要学习。

工人也一样。必须是高中毕业才能成为这些公司的新工人。也同样规定了各阶段的学习内容。工人最高可以当作业长，这是工人和干部的结合点，既可以是工人，又可以是干部。工人出身，当了作业长之后，若要再想继续晋升就必须上大学。企业里有大学，经大学培训后又可以再往上提升。比如，日电公司有自己的技术学院。日闻汽车公司则要求，除培训外，具有硕士学位和博士学位的人都必须到公司的中心实验室来工作，为期1~3年，以提高他们的理论水平。

日本政府对继续工程教育是很重视的。1990年日本政府颁布《促进终生继续教育法》，把终生教育用法律的形式固定下来。

日本继续工程教育的发展趋势可概括为两点：（1）对管理人员的教育很重视，因为企业管理要现代化，要提高劳动生产率，企业管理人员的学习势必就要加强；（2）继续工程教育采用了新手段、新方法。总的来看，在工业国家中，日本的继续工程教育、职工培训做得比较好，因此，日本产品在市场上竞争力强。

3. 欧洲

总的说欧洲各国都比较重视继续工程教育。

芬兰，全国才500多万人，然而他们的教育投资是全国职工工资总额的3.5%，比美国还高。国际继续工程教育协会秘书处设在芬兰，他们的政府赞成设在那里。这个秘书处的经费是芬兰政府拨钱，其余收为数不多的会费。协会出杂志、出通讯，都是芬兰搞的。

北欧的瑞典、丹麦和德国都很重视培训。

欧洲共同体对继续工程教育也很重视。从 20 世纪 80 年代后期，搞了好多项目：(1)“欧洲共同体大学学生流动计划”，该项目专门培养各个大学里以供交流的学生，“继共同体”出资 1.9 亿欧洲货币单位，合 2 亿美元；(2)“共同体在教育和技术培训方面的行动计划”，出资 2.5 亿欧洲货币单位；(3)“欧洲之间学外语的计划”，出资 2 亿欧洲货币单位。因为欧共体考虑到将来要成立统一的欧洲。

4. 美国、日本和欧洲的继续教育比较

(1) 在办学方面起主要作用者：欧洲是公司、共同体、大学和学院；美国是公司和个人，大学和学院；日本是公司。(2) 继续教育的主要项目：欧洲是岗位培训（重点是短期的）、全欧的合作项目（重点是操作能力及掌握战略和有关发展的能力）、成人教育、有关专题的教育；美国和日本与欧洲相比，在项目上、重点上、培训内容上和发展趋势上各有特点。

5. 美国、德国、日本在工人培训方面对比

(1) 从学校到工作岗位这阶段的差别：美国，完全看机会，有些雇主和学校有联系，从学校招人；德国，对没大专学历者要经过实习培训；日本，由人际关系定，看老板与学校关系。(2) 职业培训的差别：美国，质量有差有好；德国，质量比较好；日本，质量比较好。

（三）国际继续工程教育发展趋向

(1) 国际经济走向全球化。1）欧洲共同体走向一体化。2）跨国公司的比例和规模日益增加。3）公司国际间的联系日益加强。4）不了解国际形势就不可能在竞争中取胜，学习的必要性增强。5）货币走向通用化，大部分以美元支付。欧洲当时实行的是欧洲货币单位。6）语言。当时据统计，国际上的合同 70%以上用英文，电

话通讯80%讲英语，出版60%是英文，因此，英语成了国际语言。

（2）世界进入知识时代。1）企业由劳动密集型向技术密集型转化，新技术企业人很少。同样年产800万吨钢，我国鞍钢24万人(1995年)，日本新日铁是1.5万人。2）人员少，技术密集，对人员素质要求就提高了。3）知识时代对继续工程教育是挑战，教育搞不好就跟不上。

（3）标准的国际化。各国的贸易往来，都逐渐走向国际标准，即80标准。我国当时出的809000就是国际上通用的企业管理国际标准。这也要求提高职工素质，加强继续教育。

（4）通讯网络走向国际化。这对继续工程教育是促进，也是推动。

（5）采用先进技术。美国有的企业和院校联合培训时，两者相距几百公里，学校用电视教室上课，学生在工厂里的电视教室听课，两地用电视可相互看见。通过视频技术，学生可给教师提问题，教师讲解。现在远距离教学发展很快，好多材料都可依赖于计算机数据库。

2020年，在应对新冠肺炎疫情中，我国也基本实现大中小学生远程上网课。

（6）技术转让。不仅仅转让先进设备，更重要的是转让先进技术。单买设备不一定能发挥作用，最多也只能发挥40%；通过培训，提高操作人员的水平，把新技术掌握了，才能拿到那60%。

（7）企业与学校的合作进一步加强，继续工程教育将成为企业技术进步的组成部分。

（8）继续工程教育受到愈来愈多的有识之士的重视。其投资占工资收入的比重为美国2.1%，芬兰3.5%，法国1.5%。

三、21世纪中国继续工程教育面临的形势和任务

进入21世纪，我国经济建设处于工业化的中期，而且各地区

发展极不平衡。我国还有繁重的工业化任务必须完成，同时必须认真地对待知识经济对我国的挑战。为了不错过机遇，必须加速实现工业化的步伐，同时利用一切机会，在高新技术的某些领域，实现新的突破并用高新技术提升传统产业，以获得跨越式发展的可能性，缩小我国经济与西方发达国家的差距。只有这样，我国才能较快地实现经济社会发展的第三步战略目标（达到中等发达国家水平）。

（一）企业是技术创新的主体，要坚持科学技术进步和技术创新

我国国民生产总值2000年已超过1万亿美元，在世界各国中名列第7位。但人均国民生产总值只相当于世界的平均值，仍然是很低的。日本国民生产总值已超过4万亿美元，其国民生产总值每增长1%，每年即可增加400亿美元。而我国每增长8%，只相当于每年增加800亿美元，与日本年增长2%相当。我国经济如不能实现快速发展，与发达国家的差距不仅不能缩小，反而会拉大。

另一方面，我国经济的增长不能完全靠投资拉动，而必须靠提高科技在经济增长中的贡献率，即必须更多地依靠科学技术才能进步。

依靠科学技术进步，关键在于创新。只有实现创新，才能后来居上。二次世界大战后日本钢铁工业的快速发展就是后来居上的极好例子。二次世界大战前日本年产钢量最高只有600多万吨，在技术上落后于美国、德国、英国和法国。二次世界大战期间，日本钢铁工业遭受重创。二次世界大战后，日本钢铁工业采用了两项重大的炼钢新技术：第一项是用氧气转炉炼钢替代当时占统治地位的平炉炼钢，提高了炼钢工艺的效率和材料消耗，改善了钢的质量；第二项是用钢水的连续铸钢技术替代当时独一无二的钢水模铸等工艺，降低了消耗并为转炉炼钢发挥效益和大型化创设了条件。这两项重大新技术的发源地并非日本，但当这两项新技术出现时，世界钢铁

界对此众说纷纭，日本钢铁界却大胆引进并采用，这是有创新思维、敢于冒风险的。正是以这两项新技术为基础，日本发展了钢铁工业，用了 20 年左右的时间成为产钢强国。没有钢铁制造工艺的技术创新，就不可能有日本钢铁工业的后来居上。

技术创新需要一种有利于技术创新的社会环境，需要有利于技术创新的组织结构和制度。对一个国家来讲，需要建立国家技术创新体系，包括组织机构、科研单位、大学和企业。其中，企业是技术创新的主体。

企业技术创新是一个系统。其中最重要的是企业的创新意愿，主要是企业领导的创新意愿。只有企业领导有强烈的创新意愿，企业技术创新才能有动力，才能有创新投入能力和有效的创新管理能力，才能有技术开发能力，才能形成适应技术创新需要的生产制造能力，才能有高效的营销能力使技术创新产品在市场上取得足够的份额，使技术创新创造出新的经济效益。这六项因素组成企业的技术创新系统。建立强有力的企业技术创新系统是我国 21 世纪加快技术创新的重要条件。

（二）科技进步和技术创新离不开继续教育

20 世纪 80 年代以来，技术进步加速，新工艺、新技术不断涌现，技术更新速度加快，知识的半衰期越来越短。进入 21 世纪这方面进一步加速，这对科学技术人员是严峻的挑战，同时对企业和企业的技术创新体系也是十分严峻的挑战。企业如不能经常推出为广大顾客接受的新产品，将失去市场并被市场所抛弃。随着技术进步的加速，国际市场竞争将日趋激烈，创新能力强的企业获得新发展，新兴的创新型企业不断涌现，而在创新中落后的企业将被淘汰。

在知识经济时代，国家必须为科学技术人员建立知识更新的机制，以保证我国科学技术跟上世界科学技术前进的步伐，使我国科学技术水平处于国际的前列。同样，企业必须为工程技术人员和岗位操作人员建立知识更新体系，以保证企业工程技术跟上国际经济和工程技术的发展，使企业在国际竞争中处于优势。无论国家或企业的科技知识更新体系，都是继续工程教育的重要组成部分。

（三）必须实现国民教育制度向终身教育制度的转变

我国每位公民都有接受 9 年义务教育的权利，政府提供必要的条件，目的是培养适应工业化要求的有文化的劳动者。在义务教育的基础上，设有不同类型的高等教育机构，以培养工业化所需的各类专业人才。在工业化初、中期，科学技术发展不快，在学校学到的知识基本可以满足人们一生就业的需要。随着科学技术进步的不断加速，到 20 世纪后期，人们发现知识更新速度太快，以致原来熟悉的知识变得陈旧而无用，而不得不学习新出现的陌生知识才能适应工作需要，于是继续工程教育被提上了日程，且重要性与日俱增。

进入 20 世纪 90 年代，终身教育的观点在国际上得到广泛的认同。有人形象地描述终身教育是“人们从摇篮走向坟墓全过程都要接受教育”。终身教育包括学前教育、义务教育、职业教育、高等教育和就业过程中的继续教育。学校教育主要提供就业必需的知识和工作能力，培养基本的生存能力和与社会共处的能力，整个过程大致在 18~23 年。而人在就业以后必须接受的继续工程教育，整个过程大致为 35~40 年。随着科学技术进步的加速，继续工程教育对劳动者素质提高的作用会越来越明显。

20 世纪后期的诸多实践表明，继续工程教育在科学研究和技术开发中的作用越来越重要，成为研究开发中的一个重要组成部分。技术开发项目以团队形式组成，而团队工作过程本身就是继续工程教育的过程。从这一点可以认为，国民教育制度支持并推动人类社会走向工业化社会，而终身教育制度支持人类社会走向知识经济时代。为了在 21 世纪中期我国实现第三步战略目标，教育必须实现由国民教育制度向终身教育制度的转变。

（四）建立终身教育制度面临的挑战

从教育发展历史的观点看，终身教育制度是在国民教育制度的基础上发展起来的。国民教育制度是终身教育制度最基本的组成部分，不可能出现跨越国民教育制度的终身教育。建立终身教育制度面临的挑战有：

（1）普及义务教育的任务尚未完成。总的来看，城市好于乡村，边远贫困地区学龄儿童入学仍存在困难。我国成年人中文盲仍有一定比率，这种情况对于广大劳动者素质的提高将是严重的障碍，对我国21世纪物质文明与精神文明建设都是制约因素。

（2）高等教育改革任重道远。20世纪末，国内外对高等教育改革均十分重视，普遍认为目前的高等教育不能适应科学技术的高速发展。而我国高等教育有历史条件留下的特殊性，改革既复杂又艰巨。

（3）继续工程教育发展极不平衡。20世纪80年代，我国在大学里建立继续教育学院，成立全国性的继续工程教育协会，并作为发起单位，促进了国际继续工程教育协会（IACEE）1989年在北京成立。经过20多年的努力，我国继续工程教育有了很大发展。总体来讲，高新技术产业和传统产业中引进新技术多的企业继续工程教育发展较快，经济发达地区继续教育发展较快，但发展慢的地区仍占相当大的比重，有的地区对此尚未予以重视。这种不平衡首先来自认识上的差距，特别是领导层认识上的差距。对劳动者，只分为工人队伍、干部队伍和专业人员队伍，对这支庞大的队伍考虑最多的是如何去管理，而没有把它看成是巨大资源。在知识经济时代，知识是生产力的要素，其重要性在某种情况下高于自然资源和资金。知识的生产源于人力资源的开发。继续工程教育是人力资源开发的重要措施。对此在认识上的差距，是造成发展不平衡的重要原因。

随着信息技术的快速发展，20世纪90年代以来，发达国家利用高新技术使继续工程教育的内容和方法提高到一个新水平。我国与发达国家在此方面的差距还在继续拉大。

（五）我国企业继续工程教育应当解决的几个问题

以产业结构调整为21世纪经济发展战略的主线，就必须使企业成为继续工程教育的主体，高等学校、科研开发机构与企业构成继续工程教育体系，才能使其充分发挥人力资源开发的关键作用。

改革开放以来我国继续工程教育发展很快，一部分企业的继续工程教育促进了企业技术进步并取得显著的经济效益，总的来看，继续工程教育发展快的企业大都属于以下类型：技术密集型产业（如航空、航天、国防科技等）、引新技术的产业（如石化、化工、钢铁、汽车等）和产品出口外向型企业。这些企业必须消化掌握新技术、新工艺，必须按国际市场的质量要求生产产品并开发新产品，否则企业就搞不好。这是这部分企业发展继续工程教育的内在动力。但是必须看到，我国继续工程教育在全国范围内发展很不平衡。相当多的企业继续工程教育还未被领导者重视，领导者只抓利润，不管职工素质提高，有的还把职工教育培训与生产对立起来，更谈不上设立继续工程教育的激励机制了。这种情况如不改变，就不可能把企业工作的重点真正转到依靠技术进步和提高劳动者素质上来。改变这种企业继续工程教育发展不平衡的状况是当务之急。

1. 要提高企业领导者对继续工程教育重要性的认识

当前重点要解决以下认识问题：

（1）要使企业领导者懂得，国家深化改革只是为企业的发展创造外部条件，企业能否搞好关键在企业自身。企业增强活动力必须依靠技术进步和管理进步两个轮子的推动，必须把企业工作的重点转移到依靠技术进步和提高劳动者素质上来。

（2）继续工程教育的重点在企业。国民经济发展重点在企业。科学技术转化为生产力必须通过企业的生产活动。企业是科学技术进步的主战场，据国外资料估计，在企业中就职的工程师占工程师总数的80%。我国在企业中工作的工程师超过了工程师总数的70%。从以上几方面看，必须把企业继续工程教育作为工作重点。

（3）必须用终身教育的观点抓企业职工队伍建设。由于科学技术高速发展，产品不断更新换代，企业不进步就要在竞争中失败。

要使职工队伍素质跟上技术进步的步伐，就必须从终身教育的观点抓队伍建设，坚持继续工程教育，对企业工程技术人员不断地进行“知识技能的再生”，才能保持企业较强的竞争力。

2. 抓好重点推动全局

推动企业继续工程教育仅靠一般性的号召、动员、组织是不够的。要想使企业的领导层重视继续工程教育最好的办法是抓企业之所急，使企业通过继续工程教育受益。根据企业实际情况，可以从以下方面入手：

（1）把“四新”即新技术、新工艺、新设备、新产品的引进与开发和继续工程教育结合起来。

（2）围绕急缺人才培养开展继续工程教育。企业由于发展需要急需某类人才，而从企业外部又不能得到，只能靠自行培养。这种培养与正规学校不同，必须采用速成方式，选择与此专业相近文化素质较高的工程技术人员进行强化培训。

（3）围绕知识补缺和更新开展继续工程教育。

上述三个方面的工程做好了，企业领导者就会认识到企业开展继续工程教育的必要性和重要性，逐步树立起推动企业继续工程教育的自觉性。

根据终身教育的观点，一位大学毕业生从进工厂之日起一直到他退休的几十年中间都要接受继续工程教育，因此企业必须建立职工的继续工程教育制度，从入厂教育起到岗位培训、岗位变动、晋升以及企业技术进步所必须的知识扩充及更新，对不同类型人员不同岗位都应该明确要求和具体安排。这就要求企业必须建立一个与其管理体制相适应的继续工程教育体系。

要使继续工程教育充分发挥作用，必须将继续工程教育的工作渗入企业工作各个领域。在技术进步方面必须把技术攻关、新技术创新、新设备引进、新产品开发与从事工作的工程技术人员的继续工程教育结合起来，把出成果出人才统一起来。在人事劳动管理方面必须把继续工程教育作为人力资源开发的重要组成部分。企业管理的现代化和先进管理方法的推广也必须从继续工程教育入手。如果企业的领导者将企业技术进步与继续工程教育的重要性提高到把技术进步作为企业发展战略的中心，把继续工程教育作为人力资源再生的手段，这个企业走向兴旺发达将指日可待。

四、服务协会履职履责，当选墨西哥工程院外籍院士

国际继续工程教育协会目标：通过对继续工程教育过程的更好理解，促进国际技术交流；通过国际合作，提升工程师和技术人员的教育培训质量，提高技术信息的质量；发展并加强教育和工业的联系；促进继续工程教育机构的成立和发展；通过继续工程教育支持妇女在工程界的平等；促进并实施继续工程教育领域的研究和发展；发起继续工程教育领域的国际和区域性会议并在其实施过程中为其提供技术援助。

国际继续工程教育协会共设有三种奖项，其中包括：个人领导奖（拜登巴赫奖）、企业领导奖（马丁奖）和协会员工奖。协会主要致力于推广两个项目：继续工程教育质量评估项目（Quality Program）和继续工程教育管理者培训项目（CEE Manager Training）。

国际继续工程教育协会通常的活动，是推行继续工程教育到更多国家，采取的主要方式是介绍经验，分享各国在此方面的主要做法。国际继续工程教育协会每年召开1次理事会会议、2次执委会会议。每两年召开一次世界大会。每次开会，都能吸引众多成员国的代表参加。

其实，20世纪80~90年代，不仅中国需要大量引进别国的国际先进技术，与中国类似的发展中国家或者技术相对落后的国家，同样也有这方面的巨大需求。那么，这些国家在引进先进技术之后，也同样会面临消化和吸收问题。在这种情况下，技术人员的培训问题，引起这些国家的高度重视，并积极寻求和借鉴继续工程教育的

成功道路。

所以，国际继续工程教育协会举办的活动形成了跟着项目走的特点。具体来说，就是从某国引进技术，即由某国派遣相关方面的专家，到引进技术的国家从事继续教育方面的培训活动。

在担任国际继续教育工程协会副主席期间，我尽职尽责。我于1992年6月2日至5日，参加了在芬兰赫尔辛基举行的由国际继续工程教育协会组织召开的第五次国际继续工程教育大会；1993年1月25日至29日，参加了在美国佛罗里达州奥兰多市召开的国际继续工程教育协会的常务理事会会议；同年6月20日至24日，参加由美国继续工程教育协会在伊利诺伊州厄巴纳市伊利诺伊大学举办的会议，同时到美国纽柯钢铁公司克劳福兹维尔厂、纽柯钢铁公司西克曼钢铁厂学习考察。

除非特殊情况，我逢会必去，同大家一起组织策划，履职履责。只有一次未去，是1994年在意大利举行的会议，我在北京机场拿行李时腿摔骨折。

因为协会的工作，我到过墨西哥、巴西、日本、韩国和欧洲大部分国家，扩大了眼界，学习不少新东西，促使我对继续工程教育有了深入思考。

1994年10月10日，我在国防科技工业部门第九次继续教育专题研讨会上，作了“国际继续工程教育发展趋势”的专题演讲，分析了国际继续工程教育的发展趋势，拿出自己思考的应对措施，对中国的继续工程教育提出了具体的建议，起到很好的实效。

1995年11月，我又在国防科技工业部门第十次继续教育专题研讨会上，分两次介绍了第六次世界继续工程教育大会的概况。

在我国致力于快速发展工业、弥补与先进国家之间差距的过程中，每年需要引进大量的专利技术和生产项目，为了能尽快掌握引进的先进技术，迫切要求我国的技术人员迅速成长起来，熟悉先进设备的正确操作方式。而培养技术人员最有效的方式，莫过于接受继续工程教育，从而使他们能迅速领会先进技术的精髓，并将之运用于实践。

国内外对继续工程教育的重视和我们所做的工作，促进了我国对此项教育的推进和制度化。1995 年 11 月 1 日，国家人事部颁布《全国专业技术人员继续教育暂行规定》（人和培发〔1995〕131 号），是我国关于专业技术人员继续教育的第一部全国性行政法规。

1997 年在墨西哥参加会议时，墨西哥继续工程教育协会人员对我的学术造诣、在钢铁科技方面的贡献、在世界钢铁业的影响做了多方面了解。随后墨西哥工程院、继续工程教育协会邀请我考察了几家墨西哥主要的钢铁厂，我对他们提出的一些发展中的重要问题，给出了具体意见和建议。当年，经墨西哥工程院评审，我成为墨西哥工程院的外籍院士。

国际继续教育工程协会的宗旨是提倡继续教育，主张工程技术人员要不断进行学习。我在任期间也是努力学习，不断拓宽知识面。只要开会我都主动与代表们用英语交流，英语口语的能力大大提高。这也算是继续工程教育的成果。

因为协会的主席和副主席连任不能超过两届，所以我在连续担任了两届副主席之后于 1998 年卸任。

至 2020 年，国际继续工程教育协会有各类会员 300 多个，分布在 70 多个国家和地区，与我在任期间规模大致相同。

第二十一章　扩大硅钢优势，建设“国家硅钢工程中心”

一、扩大武钢硅钢优势

从 1978 年“一米七”轧机系统竣工投产，到 1985 年“一米七”达到核定生产能力，再到进入 21 世纪，武钢硅钢事业发展取得了长足的进步。无论是在领导岗位和后来退二线在公司总工办当顾问，还是 2004 年 2 月担任武钢专家技术委员会主任，都对组织硅钢系列新产品开发、研究硅钢发展战略非常重视，并做了许多工作。

从 20 世纪 50 年代起国内使用的硅钢（也称电工钢）一直是热轧硅钢片，用以制造变压器和电机。当世界上用冷轧硅钢片替代热轧硅钢片后，我国所用的冷轧硅钢片只能靠进口。

这里有必要简略地说说硅钢的种类和用途。硅钢即含硅量在 3%~5%左右，含碳量小于 0.08%的硅合金钢。它具有磁导率高、矫顽力低、电阻系数大等特性，因而磁滞损失和涡流损失都小。应用领域涉及电力、电子和军事工业，主要用作电动机、变压器、电器以及电工仪表中的磁性材料。硅钢分为取向硅钢和无取向硅钢。

取向硅钢：它的生产工艺复杂，制造技术严格，有普通取向硅钢（CGO）和高磁感应取向硅钢（HiB）。主要用于制造电源变压器、脉冲变压器和磁放大器等的铁芯。

无取向硅钢：在形变和退火后的钢板中其晶粒呈无规则取向分布。产品通常为冷轧板材或带材，其公称厚度为 0.35 毫米和 0.5 毫米，主要用于制造电动机和发电机。

为了制造电器时满足冲剪加工的需要，还要求硅钢材料有一定的塑性。为了提高磁感性能，降低磁滞损耗，要求其有害杂质含量越低越好，并要求板形平整，表面质量好。

（一）到改革开放20年，武钢硅钢年产量从7万吨增加到28万吨

1998年是改革开放20周年，也是武钢硅钢厂投产20周年。这20年来，武钢不仅消化掌握了具有世界先进水平的冷轧硅钢片生产技术，而且走出了一条消化、发展、创新之路。从原设计年产量7万吨发展为1998年的28万吨，从原设计的4个品种、32个牌号规格发展为10大品种76个规格。20年来，硅钢片厂共计生产硅钢片208万吨，用户遍及全国，广泛涉足于电力、通信、航天、国防、家用电器和高科技领域，为国民经济建设作出了巨大贡献，为国家节约了大量的外汇。

1988年改革开放10周年，也是硅钢厂投产10周年，但是达到核定设计产能才只过了两年多，刚刚取得一些成绩。又过了10年，情况就大不一样了。这要归功于国家的改革开放政策，让我们解放思想，学习先进国家的技术，学习先进国家的管理理论。“一米七”投产以来，武钢始终坚持科技是第一生产力的方针，加快科技进步追赶世界先进水平，不断满足市场需求。投产之初，硅钢的全套工艺是由日方提供的专利技术。硅钢职工发扬敢打硬仗、勇于创新的精神，消化吸收引进技术。1985年，硅钢厂在“一米七”系统首先用国产原料按品种规格轧制，全面达到设计能力。

1987年，日本专利技术中的6个铁损高、磁感低的老产品，被武钢研制的6个新产品所取代，填补了我国空白。其中主导产品DQ166-35取向硅钢片、DW466-50无取向硅钢片先后于1984年、1985年获国家银质、金质奖。“七五”期间（1986—1990年），国家将研制12种高牌号冷轧硅钢片列为重点科技攻关项目。到1990年，武钢就已研制成功W08等5项高牌号冷轧硅钢片，并且通过了部级

鉴定。这些产品取代了进口产品，其技术性能指标均达到20世纪80年代国际先进水平。高牌号冷轧无取向硅钢W08和W07，已分别用于制造20万~60万千瓦的特大型汽轮发电机顶替进口产品。仅此一项，每年为国家节约外汇达170万美元。用于中高频发电机的关键材料WTG200无取向硅钢片主要性能优于日本产品，使发电机的空载损耗降低40%以上；用于北京正负电子对撞机主要心脏材料的硅钢板，为我国高能物理研究提供了技术支持。

与此同时，我们组织许多攻关队伍对引进的工艺设备也进行了改造和创新。

从1988年起，针对产品产量不能满足市场的问题，硅钢片厂先后对取向硅钢作业线工艺速度进行了调整。在没有任何投资的情况下，将原设计40米/分调整为50米/分，使机组作业率提高20%。经过反复摸索，他们将罩式炉机组生产周期由原120小时缩短至90小时，使取向硅钢片高温退火能力大幅度提高。1990年，硅钢厂还与华东师范大学联合攻关，将取向硅钢表面涂层用的氧化镁全部更换成国产氧化镁，不仅每年可节约200万美元，而且结束了此材料长期依赖进口的局面。

1974年，中日双方签订合同规定，在20年内，硅钢片厂不得向第三国出口技术和产品。

1989年，硅钢片厂组织了对森吉米尔轧机塌卷问题的技术攻关，形成了专利技术，并以195万日元的价格向新日铁转让。

脱碳退火机组在运行中钢带容易跑偏造成断带，直接影响硅钢产量、质量、成材率。技术人员在消化吸收国外纠偏装置的基础上，研制出光电检测气动纠偏装置控制系统APC。这种装置可自动或手动控制，有极限位置报警等功能，设计新颖，安装维护方便。经过3年多的试用和考核，效果明显，可以大幅度减少断带造成的损失。仅此一项，每年净增效益238.78万元。1990年和1992年，该装置及其改进型两次获国家专利。令日方没有想到的是，20多年后，自已却成了硅钢片厂技术和设备外销的第一个用户。1992 年，硅钢片厂以 17.1 万美元的价格向日方转让 4 套 APC 纠偏装置，用于日方总体设计的武钢硅钢片改扩建工程。

1985 年冷轧硅钢片达产后，进行开发和部分改造，无取向硅钢生产能力有所提高，但取向硅钢研发进展较慢。进入 20 世纪 90 年代，考虑与日本的差距继续拉大，1992 年，经国务院批准，武钢自筹资金 35 亿元，实施硅钢改扩建工程。1995 年 12 月，改扩建工程第一组设备、具有世界一流先进水平的 ROF 环形炉机组建成，并一次试车成功投入生产。

1995 年，取向硅钢年产量首次突破 4 万吨大关，大大超过原设计年产 2.8 万吨的水平。硅钢片厂还相继完成了 1 号脱碳退火机组改造、增大卷重承载能力系统改造及煤气变压吸附制氢等改造项目。硅钢年产量达到了 18 万吨的水平。

1997 年 3 月，随着最后一组设备投入生产，与日本新日铁合作的改扩建一期工程提前完工。随后，国内设计配套的二期工程主体项目也陆续投产。所有这些，都为我国的冷轧硅钢事业的发展注入了新的活力。

1998 年，硅钢片厂实际年产量为 28 万吨。在产品产量大幅度增长的同时，产品实物质量也有多项指标达到国际先进水平，超过了美国和西欧。其中，国际先进水平实物质量产量比达 97.2%，国际先进水平标准产量比达 99.3%，硅钢成材率由 1991 年的 83.78%提高到“八五”末的 86.14%。2 项国优产品通过了国家复评审，其中获国优金质奖的 DW470-50 无取向硅钢片，还获“中国名牌产品”称号，成为武钢唯一获此殊荣的产品。同时，他们将研制成功的 10 余项科研成果申报了国内外专利，其中已有 7 项成果正式获得专利权，并有 2 项专利技术成果成功地打入国际市场。

2000 年，硅钢改扩建二期工程投产后，硅钢片厂具备年产 12 万吨取向硅钢的生产能力，同时无取向硅钢生产能力达到 28 万吨。

（二）面向21世纪的武钢硅钢发展部署

武钢“钢、铁双700万吨”规模建设始于20世纪90年代初期。钢、铁年产量达到双700万吨时已经是2002年了，当年产铁726万吨，产钢755万吨，产钢材607万吨。钢材产品的发展方向必须明确，当时武钢在国内具有优势的产品有冷轧硅钢、冷轧板、重轨和中厚板。

进入21世纪后，我国经济高速发展，对取向硅钢需求量大增。当时，根据国内外的市场形势和我们的技术实力，武钢在发展战略产品方面有两种意见：一种认为硅钢片已经在国内稳居第一，应该大力发展汽车板；第二种是我的意见，即巩固硅钢片的优势，扩大硅钢片的优势，继续做大做强做优硅钢片，发展硅钢片是武钢的生命工程、希望工程。武钢的汽车板在国内没有优势难以做强，力量还是应该集中在发展硅钢方面。

武钢最后采纳了我的意见，组成专家团队调研，拿出一个武钢硅钢发展的战略规划建议，在2002年提出，再用20年的时间，把武钢建设成为硅钢年产量大于160万吨，其中取向钢大于40万吨，HiB钢（即高磁感取向硅钢，是取向硅钢“家族”中的极品，磁感高、铁损低，生产工艺极为复杂，是制造特大型节能变压器的关键材料）大于20万吨，成为世界重要的硅钢生产基地。这个战略规划得到武钢的批准，以后10年，一步步实施，武钢还在2005年底成立了硅钢管理部，有利于加快硅钢高质量发展。

武钢打算先新建第2座和第3座硅钢厂，再根据实际变化建第4座硅钢厂。当时希望能与日本企业合作，被婉言拒绝，武钢不得不依靠国内力量，自主集成。考虑到一些设备国内不能提供或功能达不到要求，采取单项引进的办法来建设第二、第三冷轧硅钢厂，工艺流程由武钢确定。涉及专利技术的关键设备，武钢与国内制造厂共同在原引进技术的基础上自行开发制造。每两周我都要参加一次推进会，在集团公司层面协调解决一些问题。

硅钢二分厂是在引进、消化、吸收国内外硅钢生产技术的基础上，自主集成建设的现代化硅钢片厂。

2004 年初，二分厂分一、二期开工建设，2006 年 9 月建成投产。设备国产化率达 90%，其中有 20 多项具有武钢自主知识产权的技术创新成果，被誉为“打破国外技术垄断”的标志性工程。二分厂建有酸洗、连退、高温热处理和精整四大生产工序，主体机组 21 条，设计年产能 82 万吨，其中取向硅钢 16 万吨，无取向硅钢 66 万吨。

为了适应技术进步和市场竞争的需要，二分厂 2016 年分别进行酸轧提质提速改造和全 HiB 化改造，竞争实力更强。

硅钢三分厂是武钢“十一五”规划中的重要工程，是武钢高端硅钢的生产基地。该工程新建 28 条生产作业线，项目主体工程于 2007 年 6 月开始建设，2010 年 3 月全面建成，硅钢年产量 56 万吨，其中取向 HiB 钢 16 万吨，无取向硅钢 40 万吨，2010 年 5 月实现达产。项目建设中，充分吸收一、二硅钢建设的成功经验，装备立足国产化，坚持自主创新，在生产工艺和设备上不断升级，设备国产化达到 80%，自主知识产权达到 100%。在品种上突破了武钢不能大批量生产高磁感取向硅钢以及宽幅高牌号无取向硅钢的局面，是武钢硅钢发展史上的一个重要里程碑。三硅钢生产的高端无取向硅钢已经广泛应用于三峡 700 兆瓦级水轮发电机组、世界上发电功率最大的核电机组、高效环保节能的家电用钢等。取向硅钢已经应用于 500 千伏大型变压器，并已经制造成数十台变压器出口到国外。

武钢加大 HiB 钢攻关力度，在前工序、相关部门的通力配合和支持下，HiB 钢产量、质量取得了长足进步。2007 年完成 2 万吨，2008 年完成 5 万吨，2009 年一举突破 10 万吨大关，实现三年三大步的跨越。

硅钢四分厂于 2011 年 4 月 1 日开始建设，2012 年 12 月建成投产。该工程建有当今世界顶级水平的作业线 15 条，年生产能力为 16 万吨，产品全部为低温高磁感取向硅钢（HGO），可生产 0. 18~0. 30

毫米等多种厚度规格的产品，最宽板幅达到1200米。主要用于制造各种变压器、电抗器以及特高压直流变压器。

四硅钢厂充分吸收二、三硅钢厂建设的成功经验，坚持自主集成创新，采用最先进、有效的技术手段，结合武钢自行开发的新工艺，在生产工艺和设备上不断升级，自动化程度高，控制精度高，工艺先进，设备国产化率达到95%，自主知识产权100%，是武钢硅钢发展史上的又一个重要里程碑。它的投产，极大地增强了武钢硅钢的核心竞争力。

第1次引进硅钢专利技术，取向硅钢高温退火用的是罩式炉，耗电量高、产量低。第2次引进硅钢技术，引进环形炉替代罩式炉，产量提高，能耗降低。在21世纪硅钢扩建工程中，武钢还将罩式炉加以改造，提高了性能，实现了国产化。硅钢二、三、四分厂的建设是武钢自主集成创新的成功案例。

二、申报组建国家硅钢工程技术研究中心

2006年9月，武钢成立了国家硅钢工程技术研究中心组建领导小组，我担任顾问。当时，国家要组建一批工程技术中心，武钢认为有必要组建国家硅钢工程技术研究中心，并把它放在武钢比较合适。武钢拿出《国家硅钢工程技术研究中心组建项目可行性论证报告》，呈送科技部、国务院国有资产管理委员会。

我当顾问从来都是具体指挥或者具体干活，而不是做做样子。2007年虽然我年近80岁，一只眼睛失明，还因以前腿骨折拄着拐杖，但我仍然上北京到国资委向有关领导陈述依托武钢建立国家硅钢工程技术研究中心的建议。

（一）建立国家硅钢工程技术研究中心的重要性、必要性和可行性

冷轧硅钢的制造技术无疑代表了一个国家的综合制造技术水平。建立国家硅钢工程技术研究中心的重要性有如下几点：

一是支撑我国能源政策的贯彻落实。我国能源战略及能源政策的调整对硅钢产业提出了更高要求。

二是突破国外对我国硅钢生产技术的封锁。冷轧硅钢的生产，历来都是各国严密封锁的技术秘密，早在武钢与日本新日铁签署硅钢生产技术引进合同的1974年，日本人就在合同中明文规定："本生产技术不得转让给第三方生产""中国国内生产的硅钢产品不得出口到非中国国家"。武钢的硅钢生产技术保密期是20年，1996年武钢决定再次引进日本硅钢技术（主要是取向硅钢技术）。黄墨滨和我等一行去日本新日铁商谈，凭着武钢对第一次引进日本硅钢技术遵守保密条款20年守口如瓶的良好诚信，凭着新日铁人员对黄墨滨和我的了解与信任，引进工作顺利完成。当然，在合同中再一次签订了保密条款。

进入2000年，世界硅钢生产企业几乎都不对中国转让硅钢生产技术。宝山钢铁股份公司为了生产取向硅钢曾多次与日本新日铁和川崎公司、德国的蒂森克虏伯公司进行技术交流，以期达到引进再创新的目的，最后也没能与日本达成引进取向硅钢生产技术的协议。现在国外的硅钢生产厂家，不让我们进入他们的厂门，提到硅钢生产技术更是闭口不谈。因此中国只能依靠自己的力量来攻克当前硅钢生产技术关键，提升产品质量水平和开发市场急需品种。

国外硅钢生产企业对我国实施保密与封锁，而他们之间却正在加强合作。领导世界取向硅钢潮流的日本新日铁和欧美的硅钢生产和研发公司建立了战略联盟。

因此，成立"国家硅钢工程技术研究中心"，就是要大力提高原始创新能力、集成创新能力和引进消化吸收再创新能力，形成具有自主知识产权的硅钢生产技术、专利技术与技术诀窍，提高我国钢铁产品的国际竞争能力；通过研发高品质的硅钢产品，进一步提高我国家电行业，电子、电力行业的国际竞争能力，以突破国外对我们硅钢生产技术的封锁。

三是建设创新型国家的需要。我们与日本硅钢生产技术相比，仍然有近30年的差距，我们在此方面创新能力不足。主要表现在：硅钢研究队伍分散，研究手段落后，各类研究资源没有得到有效整合。目前，从事于硅钢研究的主要单位有武钢技术中心硅钢研究所、宝钢硅钢研究所、鞍钢硅钢一贯管理处、首钢与北科大合作成立的硅钢研究中心、钢铁研究总院、华中科技大学、北京科技大学、武汉科技大学、重庆大学、东北大学等。

因此，建立国家硅钢工程技术研究中心，可以整合国内的人力资源，做大做强硅钢研究和开发平台，提高我国钢铁技术的创新能力，为建设创新型国家作出贡献。

建立国家硅钢工程技术研究中心的必要性有如下几点：

一是提高钢铁产品全球竞争力的需要。解决我国出口的钢材绝大多数是低附加值的粗钢材，进口钢材绝大部分为高附加值、高技术含量、国内紧缺的产品问题。

二是全面提升我国冷轧硅钢的产品性能，降低能耗的需要。

三是开发国家重大工程项目用硅钢、实现重大工程项目国产化的需要。由于大型发电设备用硅钢片的牌号高、数量大及板面宽，国内的硅钢产品很难满足要求，每年需进口高牌号无取向硅钢2万吨以上。

四是以高品质的取向硅钢产品支撑国内变压器的节能、高效运行的需要。

五是建立自主创新硅钢研发体系，跨越新一代高品质硅钢生产技术难关，支撑电子、机电和国防建设高速发展，引领国际硅钢消费市场未来的需要。

建立国家硅钢工程技术研究中心的可行性有如下几点：

一是国家政策支持。“十一五”规划中要求，以自主创新提升产业技术水平。

二是符合国家的冶金产业政策。国家制定的《冶金科技发展指南（2000—2005 年）》明确了关键冶金新材料和新技术、金属功能材料的发展方向。

三是武钢具备了硅钢工程技术研究的坚实基础。武钢目前是中国冷轧硅钢片生产领域中，品种最齐全、规模最大的生产基地和研发基地。

武钢硅钢研发机构齐全，研究手段先进，研究人员训练有素，其研究实力也处于国内领先水平。目前硅钢方面已经拥有包括品种、工艺开发及生产设备等专利 50 余项。

2003 年 7 月，武钢成立了技术中心硅钢研究所，集中武钢从事硅钢生产和管理的专家、技术骨干，形成了硅钢研发创新的核心力量，其研发能力在全国同行业处于领先水平。武钢培养了一批硅钢生产、技术和管理人才，为武钢硅钢新产品和新技术开发打下了基础。

武钢硅钢的研究与生产技术方面已经具有人才、装备、体制和生产业绩等方面独特的优势。如果国家能批准武钢成立国家硅钢工程技术开发中心，将对国家的硅钢技术开发能力起到巨大的推进作用。

四是武钢通过电工钢协会，建立了稳定的伙伴关系。

五是通过多年与科研院所的合作，产-学-研一体化的框架模式基本形成。

为了促进我国硅钢事业的发展，武钢积极与冶金部钢铁研究总院、华中科技大学、武汉科技大学、北京科技大学、东北大学等高等科研院所进行了极为广泛的合作，完成了一大批科技成果，基本形成了产-学-研一体化的框架模式。

因此，将高校与科研院所作为新技术、新产品、新工艺、新材料的研发联盟是已经形成的。这为大力推进企业自主创新创造了良好的环境，提升了我国研究开发的整体水平。

（二）国家硅钢工程技术研究中心的主要任务

国家硅钢工程技术研究中心的组建目标：以武钢为主体，以宝钢、鞍钢、太钢等钢铁企业为伙伴，以钢铁研究总院、北京科技大学、东北大学、华中科技大学、武汉科技大学等科研院所为联盟，建立产-学-研一体化的“国家硅钢工程技术研究中心”。

国家硅钢工程技术研究中心的基本功能：从硅钢基础理论研究到新产品、新工艺、新技术、新材料、新设备等进行系统研究开发和自主创新，提升我国硅钢生产技术的整体水平和高等级硅钢的制造水平。

国家硅钢工程技术研究中心的主要研究内容计划如下：

无取向硅钢方面：

（1）开发高磁感、低铁损、多元化品种的无取向硅钢。为了满足电力、电器工业的不同发展需要，无取向硅钢向高磁感、低铁损、多元化方向发展，具体表现在：1）满足电机节能、小型化的发展要求，开发高效电机用无取向硅钢；2）满足中高频电器的发展需要，研发中、高频用无取向硅钢；3）满足电器产品小型化和异型化的需要，研发特殊形状的无取向硅钢；4）满足大型发电机及大型电动机的需要，开发更低铁损（$P_{1.5/50}\leqslant 2.1$ 瓦/千克）的无取向硅钢。

（2）工艺上向低成本、紧凑型方向发展。

取向硅钢方面：

（1）进一步提高硅钢磁性，研发低铁损、高磁感取向硅钢。1）开发 0.23 毫米高磁感取向硅钢；2）研究细化磁畴工艺，进一步降低铁损、提高磁感。

（2）简化工艺，进一步降低成本。1）研究低加热温度取向硅钢；2）缩短硅钢生产工艺。

（3）研究开发特殊用途的硅钢材料。1）研究制造三维磁通各向同性铁芯器件的粉末冶金新工艺；2）研究开发高强度、高韧性硅钢；3）研究开发磁浮列车用特殊电磁钢。

（4）进一步研究纯净钢生产技术。

（5）研究开发适用硅钢生产技术专用设备。

（6）开发研究新型硅钢制造工艺，形成自主的知识产权。

国家硅钢工程技术研究中心的目标：

（1）在2010年以前，在国内形成11万吨HiB钢、40万吨一般取向钢、12万吨高牌号无取向钢和110万吨高磁感低铁损（高效节能型）中低牌号无取向钢，总计173万吨的硅钢生产能力。

（2）带动我国硅钢生产水平提高，打破国外对我国硅钢生产技术的封锁，使我国的硅钢生产技术达到世界先进水平，在关键技术方面拥有独立自主的知识产权。

国家硅钢工程技术研究中心的考核目标：

在5年内将国家硅钢工程技术研究中心（以下简称“中心”）建成全球最具竞争力的硅钢新产品研发基地。

在8年内将中心建成全球最具竞争力的硅钢新技术、新工艺、新材料和新设备创新基地。

在10年内，中心在科研水平、成果数量、实验及检测设备、专业技术人才等方面达到国际一流水平。

国家硅钢工程技术研究中心的开放服务：

利用优异的研发条件与行业优势，中心建成后将具备硅钢新产品新工艺的综合研发能力，承接大型工程用钢，开发特殊专用品种，引领行业市场，主导技术发展；在信息、咨询、培训、标准化诸方面形成强有力的社会服务能力，促进行业的技术进步，为我国制造业的发展提供强有力的技术支撑。

同时加强国际合作，吸收国外先进硅钢生产技术，不断缩短我国硅钢生产技术与国外的差距。

建议中还有国内外硅钢生产技术、研究现状和发展趋势；武钢技术优势和现有基础条件；中心的总体设计与布局，这些内容就不赘述了。武钢还有一个有利条件，湖北省硅钢工程研究中心依托武钢而建，已在湖北省科技厅的指导下，有了一年半的运行实践。所以，在此基础上组建国家硅钢工程技术研究中心，已经具备非常成熟的条件，可以在比较短的时间内，完成组建并投入运行。

三、国家硅钢工程技术研究中心落户武钢

2007 年 12 月 3 日，国家科学技术部正式下文，批准国家硅钢工程技术研究中心在武钢组建。

2007 年 8 月、9 月国家科技部分别在武汉和北京主持召开专家论证会和综合专家评审会。各方专家在听取了武钢关于国家硅钢工程技术研究中心组建的可行性研究报告、审阅了相关材料、进行了现场考察后，对依托武钢组建国家硅钢工程技术研究中心给予了高度评价，并以高票通过了中心的组建方案。

专家和国家综合评审会认为：

武钢经过多次扩建，现已具备年产硅钢 142 万吨的能力，其中取向硅钢 28 万吨。适应市场需求，武钢三硅钢建成投产后，冷轧硅钢生产能力将进一步扩张。

武钢硅钢产品从最初的 32 个规格发展到 36 个品种、150 个规格。武钢已成为我国唯一能生产取向硅钢的钢铁企业。武钢还自主开发了低温取向硅钢生产技术，特别是二硅钢国产化率达 90%，有 20 多项自主知识产权的硅钢技术创新成果应用于生产。武钢冷轧无取向硅钢片和取向硅钢片曾先后获国家金质、银质奖；冷轧无取向硅钢系列产品和取向硅钢系列产品曾获冶金部“实物质量达国际先进水平”6 个金杯奖。2006 年，武钢冷轧取向硅钢和无取向硅钢产品荣获“中国名牌产品”称号。武钢冷轧硅钢产品广泛应用于变压器、发电机、电动机和家用电器等领域，深受用户信赖，为我国经济社会发展作出了重要贡献。

为适应硅钢发展的需要，武钢围绕建成我国主要硅钢生产基地这一目标，在管理体制、运行机制、试验条件、人员培训等方面开展了卓有成效的工作。尤其是近年来，先后成立和配套了先进的实验室、检验室、技术专家委员会，组建硅钢研究所和硅钢管理部，

建成中试工场等，为硅钢的研究开发创造了良好条件。

武钢具备组建国家硅钢工程技术研究中心的良好条件：

武钢是我国最早生产硅钢的钢铁企业，现已成为我国冷轧硅钢片品种最齐全、规模最大、技术最先进的生产基地；长期的生产建设积累了丰富的生产经验，形成了较强的研发创新能力；拥有一批专业技术人才和精品名牌，在国内外具有重要影响；建立健全了管理体制和研发基础设施。武钢具备的这些优势，必将为我国硅钢生产研发产生积极的推进作用。

国家硅钢工程技术研究中心在武钢落户，有利于国内硅钢研究开发技术资源的整合，国内研究院所、大学、企业专家共同研发硅钢新技术，将有力促进国家硅钢整体水平的提高；有利于武钢始终引领国内硅钢生产技术的发展方向，赶超国际先进水平；有利于支撑我国机电产品的升级换代和技术进步，不断满足市场对高端硅钢产品的需求；有利于提高无取向硅钢和取向硅钢的性能，降低铁损，大幅度降低电耗，促进我国资源节约型社会的建设。

湖北省科技厅作为中心的主管部门，成立了国家硅钢工程技术研究中心管理委员会，组织制定组建项目计划任务书，并及时协调解决中心组建过程中的相关问题。

中心组建后，我担任名誉主任。中国工程院殷瑞钰、干勇两位院士担任顾问。中心拥有一支以院士领衔、专业结构合理的优秀人才队伍，内部机构设置合理，建立了完善的管理制度。建立了高水平的工程化研究开发平台，建有硅钢表面离子溅射技术实验室、硅钢表面刻痕磁畴控制实验室等 7 个装备一流的实验室，以及装备先进的硅钢中试生产基地。

通过三年建设和试运行，中心完成了计划任务中规定的各项指标。相继突破了高磁感取向硅钢和低温取向硅钢技术瓶颈，实现了高等级取向硅钢的工程化和产业化，使我国硅钢技术和产品质量步入了国际先进水平行列，武钢也成为全球最大的硅钢产品供应商，满足了国家重大装备制造业对高性能硅钢产品的需求，打破了国外技术封锁和垄断，有力推动了我国机电等行业的发展，并且制订了硅钢领域3项国家技术标准和2项行业技术标准，为国家重大工程建设和经济社会发展作出了重要贡献。

2011年，科技部对2006年、2007年组建的国家级工程中心开展验收工作，经过专家现场检查评估和国家工程技术研究中心验收委员会综合评议，国家硅钢工程技术研究中心通过验收。

同年11月9日，国家硅钢工程技术研究中心揭牌。国家科技部发出《关于2011年度13个国家工程技术研究中心通过验收的通知》指出，经国家科技部组织专家现场检查评估和验收委员会综合评议，国家硅钢工程技术研究中心等13个中心，已完成各项组建任务，具备了较强的科技成果产业化能力及辐射扩散能力，达到各项标准，通过验收正式命名。

中心经过十年的运行，以武钢为依托，发挥武钢30年在硅钢研究开发、生产技术和管理等方面的优势，与国内科研院所和生产企业合作，大力弘扬勇于探索、勇于超越的创新精神，广泛聚集一流人才，瞄准世界一流水平和未来发展需求，加强新技术研发，扩大优势，建立产-学-研一体化的研发模式，将硅钢研究成果进行深度开发和工程化研究，为国家能源发展战略对硅钢的要求提供技术支撑，为武钢超过新日铁成为全球产能最大硅钢片生产基地提供了支撑。

2016年12月宝武重组后，基地间实现了优势互补，拓展了发展空间。2020年武钢制定完善的“十四五”发展规划，为宝武集团打造面向未来的一流制造基地注入新的活力。

四、国家硅钢产业的发展及建议

2018年10月25~26日，我和中国工程院殷瑞钰、王一德两位院士参加了在兰州举行的“中国冷轧电工钢投产40年庆典暨电工钢技术高峰论坛”。这一年我已90岁，与来自国内外电工钢上下游产业的约200名代表齐聚一堂，庆祝中国冷轧电工钢投产40周年，庆祝中国改革开放40周年，深入探讨电工钢产业未来的发展趋势，真是一件盛大的幸事，也是对自己90岁最好纪念，十分高兴。

国家硅钢工程技术研究中心常务副主任曹阳介绍了中心在武钢10年来所做的科研创新工作，同时也提出硅钢领域未来10年科技发展规划。

论坛特别邀请四大家电工钢生产企业：宝钢股份、武钢有限、太钢、首钢和大电机、中小型电机、家用电器、变压器等行业的专家，从产、学、研、用的角度，对未来电工钢发展提出建议。

我在会上作了题为“中国电工钢依靠引进先进技术，走出了一条消化吸收、掌握技术、形成能力的自我发展之路”的报告。改革开放40年来，我国电工钢产业依靠引进先进技术，走出了一条消化吸收、掌握技术、形成能力的自我发展之路。改革开放40年，也是我国电工钢产业快速发展壮大的40年。如今，我国电工钢产量位居世界第一。回顾我国电工钢产业的发展历程，总结发展经验，剖析存在的问题，目的是为了让这个产业实现更好的发展。主要有以下几个方面的思考。

（一）“一米七”轧机与我国电工钢的发展

1949年新中国成立时，我国粗钢年产量只有15.8万吨。钢铁厂技术、装备十分落后，没有全套的冶炼和冷轧生产技术，也没有自己的冷轧电工钢产品，更谈不上有满足国家经济建设需要的电工钢产业。

1978年之前，我国没有冷轧硅钢技术，只能生产热轧硅钢片，每年需要大量进口冷轧硅钢。1978年武钢引进“一米七”，其中的硅钢厂试投产后，产量很小，到1981年底共试产13.3万吨，其中合格的取向硅钢2.18万吨、无取向硅钢3.34万吨。至1982年，受前工序配套不足和技术水平限制，我国硅钢原料、表面涂层、轧辊等主要备品备件还得依靠进口。

1981年，武钢硅钢片厂引进技术，推广日本全面质量管理（TQC）经验。1982年，武钢按照日本新日铁硅钢专利技术，建立起从冶炼到冷轧硅钢的工艺流程，为我国电工钢生产打下了基础。1996年，武钢第二次引进技术，其主要引进了以Z8为代表一般取向电工钢、以Z6H为代表的HiB钢生产技术。

1978—2008年，我国国民经济快速发展，当时国内钢材的产量、品种满足不了日益增长的需求，每年还需要进口几百万吨钢材，包括高端冷轧材和硅钢，其中2001—2008年，平均每年进口硅钢约115.62万吨。

改革开放40年来，中国电工钢产业走出了一条消化引进先进技术形成生产能力的自我发展之路。而创新则是在引进先进技术基础上的尝试。

（二）从引进消化到自我开发的转变

改革开放40年来，通过学习国外先进技术，消化、掌握国外先进专利技术，我国电工钢产业不断发展壮大。40年来，我们开发了一系列具有自主知识产权的产品，完善生产工艺，对设备不断进行改进，经过长期努力，中国电工钢生产技术得到了快速的发展，电工钢产量居世界第一。我国电工钢产业发展阶段大致可分为以下几个时期：

一是引进消化期（1974—1986年）。1974年经国家批准，武钢第一次从日本新日铁引进了当时世界先进的冷轧电工钢生产专利技术及全套工艺设备，该项目年生产设计能力7万吨，其中无取向钢4.2万吨、取向钢（含HiB钢）2.8万吨。该项目从1974年9月5日开始建设，1978年下半年试投产。

二是引进吸收期（1987—1997年）。多年来，在消化引进技术的基础上，为满足国家对高磁感取向电工钢的需要，我们通过不断的管理创新和质量持续改进攻关，使电工钢各项经济技术指标和产品实物质量均达到国外同类产品水平，完成了取向电工钢全面高磁感低铁损产品化技术改造，实现了高磁感取向电工钢（HiB 钢）的稳定生产。1986 年以来，我们开发了国产取向硅钢级氧化镁、国产 T4 等无取向硅钢涂层、国产轧辊等配套产品、国内第一条隧道式取向电工钢高温退火炉、武钢二硅钢生产装备。还有一些自主开发的典范，包括世界上第一座用于取向电工钢中间完全脱碳退火目的的双层钢带连续退火炉及其相关工艺、两座高温环形退火炉等共计 23 条硅钢生产线。

三是快速开发期（1998—2015 年）。这一时期，我国电工钢生产技术得到了快速发展，电工钢产量居世界第一。

进入“十三五”以来，我国电工钢产业正在迈向高质量发展。至 2017 年底，我国累计取得与电工钢相关的专利 5497 项，其中发明专利 2993 项、实用新型专利 2504 项。至 2018 年上半年，我国无取向电工钢生产企业约 21 家、取向电工钢生产企业约 18 家，其生产能力已达到约 1231. 5 万吨。

改革开放 40 年来，我国电工钢产业发生翻天覆地的变化，电工钢产能从 1978 年 7 万吨增长到 2018 年约 1231. 5 万吨。1993 年，我国无取向电工钢开始出口，2001 年取向电工钢开始出口。2017 年，我国从电工钢净进口国变为净出口国，打破了长期依赖进口的局面。截至 2018 年 8 月底，40 年来，武钢共生产电工钢 2386. 32 万吨，其中取向电工钢 655. 17 万吨、无取向电工钢 1731. 15 万吨。

中国电工钢已大量应用在大型变压器、大型发电机、电动机和家用电器上，如小浪底工程、三峡工程、青藏铁路工程、北京正负电子对撞机工程、神六和神七载人飞船工程、高铁、机器人、新能源汽车等国家重点项目及领域。

（三）我国电工钢产业存在的突出问题

近年，我国电工钢产业存在的突出问题有以下几个：

一是结构性重复建设的产能过剩。从现有的产能和产量看，我国电工钢主要是结构性过剩，中低牌号无取向电工钢过剩20%～30%，一般取向电工钢（CGO）过剩20%。因此，必须防止高牌号、高效无取向电工钢等产能出现新的过剩。目前，国内有30多家生产冷轧电工钢的企业，但80%的企业是近几年涌现的新生电工钢生产企业。其间许多企业引进设备、扩充产能、增加产量、获取效益，其发展存在着一定的盲目性。许多企业现有质量水平和技术积累仍保持在较初级的阶段，所生产的产品也大多是低技术质量的中低档产品；生产技术多为跟踪、模仿，不关注自主知识产权的核心技术，更无暇关注新技术、新产品的开发。一些企业依靠拼成本、拼价格、拼销售来竞争有限的市场，质量提高和技术进步等也被放在了次要地位。目前还有企业在建电工钢生产线，国家应从供给、节能、环保、创新等方面制定政策和法规，控制产能的释放或扩大，加快低端落后产品的淘汰步伐，同时国家监管部门要加大监管或控制审批电工钢项目的力度。

二是顶级高端产品数量少，质量稳定性不够。从2017年我国高端电工钢产量看，顶级高端产品比例不高，用户需求还不能完全得到满足；生产控制水平须提高，且要提高原牌号合格率，减少不合格产品或有缺陷的产品数量，提高管理水平和产品综合质量；面向国内大型发电设备、节能变压器、高效节能电机、交通驱动电机、新能源电动汽车电机、无人机和高端家电等下游产业的新需求，应重点开发低噪声变压器用取向电工钢、立体卷铁芯用耐热取向电工钢、薄规格无取向电工钢、高端高效电机用无取向电工钢、中频高效电机用无取向电工钢、高强度无取向电工钢的制备技术。

三是执行产品国家标准意识不强。2017年5月1日，国家正式实施新国家标准（GB/T 2521.1—2016）《全工艺冷轧电工钢　第1部分：晶粒无取向钢带（片）》和（GB/T 2521.2—2016）《全工艺冷轧电工钢　第2部分：晶粒取向钢带（片）》。新国家标准的实施不仅淘汰了原标准中的落后产品牌号、提高了磁性能水平及指标的技术门槛，而且新标准与国际标准接轨并具有中国特色，形成了2个单独的产品标准。新标准的修订和实施将进一步规范企业行为，实现国家标准与企业标准的有机结合及应用，通过贯彻和执行新标准，将有助于改善市场竞争及供货环境。我们要借实施电工钢新国家标准的东风，大力宣传新国家标准，让用户更好地理解和认识新国家标准的重要性，在满足新国家标准的前提条件下，与用户签订更高标准的技术协议，以满足用户的需要，促进电工钢产业和下游行业的健康发展。同时，呼吁强化国家标准的权威性及市场执行力，实现市场平台的统一性和竞争方式的公平性。

另外，还要注意维护市场秩序，规范企业市场行为。新投产的企业应在产品合格后进入市场，进一步规范硅钢原材料市场并加强民企电工钢的技术进步。

（四）我国电工钢产业如何实现高质量发展

对电工钢产业发展的几点思考：

一是技术发展必须依靠自主开发和原始创新。实践证明，我国引进冷轧电工钢专利技术这一决定是正确的，也因此走出了一条消化吸收、掌握技术、形成能力的自我发展道路，但今后再想从国外引进此先进技术的可能性不大。因此，技术发展还得依靠自主开发、原始创新。面对新形势新要求，要加强战略统筹，强化顶层设计，把握关键环节，充分发挥技术研究的支撑作用。通过创新破解电工钢制造业发展难题、企业经营瓶颈，培育核心优势，以新理念、新技术改造提升传统业务，统筹推进业务创新、业态创新和商业模式创新，为实现基业长青源源不断注入新动能。

二是建立和完善专业化分工。企业应利用自身的优势，按照区域优势、资源优势、产品优势、技术装备优势，走我国钢铁工业专业化分工之路，钢厂要有钢种的分工，不能都来干同一类产品，这样会出现产能过剩和资源浪费问题。同时，企业还从专业分工中，以市场需求为导向，不断创新，大力与高校合作，开发各钢种关键技术及工艺，使电工钢产业健康、持续发展。

三是依靠自主开发形成中国原始创新技术。组织研发力量，继续开展电工钢短流程、新工艺技术的研究，实现高端电工钢的短流程工艺技术的产业化，拟打造薄带铸轧生产高端电工钢新工艺技术。中国是全世界薄板坯连铸连轧生产线最密集的国家，其生产成本低廉。现有工业研究表明，可以利用这种流程生产出高端电工钢。如果继续开展研究或突破，将有可能形成中国原始创新技术。同时，大力开展低成本电工钢生产技术的研究，重点研究冶炼、热轧、冷轧全流程工艺，如无酸酸洗工艺技术、轧制新工艺、无底层电工钢工艺技术、连续脱碳退火新工艺、磁畴细化技术等的研究。

为满足国家节能降耗需求，未来电工钢产业将向全生命周期低能耗电工钢制备技术、薄规格、低成本、低噪声，无公害方向发展。要加大研发投入，重点支持电工钢关键共性技术的研究工作，研究基于材料基因工程技术的新型电工材料设计研发平台和数字化研发平台。要加强战略统筹，强化顶层设计，充分发挥技术研究的支撑作用，培育核心技术优势，以新理念、新技术改造提升电工钢传统制造技术，为实现电工钢产业持续发展注入新动能。

第二十二章 为21世纪中国钢铁工业可持续发展献计献策

一、对21世纪钢铁工业的宏观思考

在世纪之交，面向21世纪，我对世界钢铁工业的走势，中国钢铁工业如何发展，做了一些研究，有的是中国工程院布置的课题，有的是我自己的选题。在研究的过程中，我结合国内外形势，重点是提出问题，实事求是找出我们国家存在的不足，客观公正讲真话，认真为国家决策部门提建议献良策。我觉得讲真话对于一个科技人员、对于一名工程院院士尤其重要，真话来自于深入地调查研究，来自于追求真理的一种精神，来自于对钢铁事业的感情，来自于对国家的挚爱之情。我从年轻时就坚持说真话，虽然遇到一些挫折，但一直到现在92岁，都依然如故。

21世纪之初，我对我国钢铁工业结构调整、节能减排、可持续发展等问题进行了研究，发表了多篇论文，提出了许多有价值的建议，为我国钢铁工业产业政策的制定和健康发展作出了自己的努力。当然，这些研究成果，不一定尽善尽美，有的数字预测，与后来实际发生的有一些出入，但是趋势把握还是准确的。

（一）21世纪的钢铁工业不是“夕阳产业”

20世纪，世界钢铁工业得到了大发展，但到了后半叶，钢铁工业的优势地位日趋衰退。有人问，在21世纪，钢铁工业是不是“夕阳产业”？我的回答是：“否！”所谓优势衰退，只是钢铁工业已不再处于“元帅”地位，但它在人类社会发展进步中仍是重要的支撑产业。人类区别于其他动物的决定性因素是人学会了使用工具，而“工具”是由“材料”制成的，这足以说明材料在人类文明发展史上的重要作用。可以断言，钢铁材料作为人类社会使用的最主要的结构材料和产量最大的功能材料这种格局在21世纪前半叶不会有大的改变。

这一观点的依据：一是铁是地壳中含量较多的元素之一。地壳中含量最多的元素是氧（以氧化物存在）、硅和铝，而氧不能作为结构材料使用；硅太脆，不可能代替铁；铝可以作为结构材料，但由于铝和氧亲和力强，其提炼比铁困难，所以从地壳构成看，钢铁材料的重要性不会改变，除非科学技术出现新的突破。二是钢铁材料的性能价格比最好，是所有材料中的首选。三是钢铁材料易于回收利用，有利于实现可持续发展。21世纪全球经济必将继续快速发展，在科技进步的推动下，人类社会对钢铁材料的需求也将继续增长。二次世界大战后，全球经济发展迅速，尔后的十多年间，一部分发达国家进入后工业化阶段，一部分国家进入工业化过程，尚有一些国家未步入工业化。基础设施建设完成的国家，钢材需求量下降；处于工业化过程的国家，钢材需求量增长；总的趋势是全球钢产量在波动中增长。到2020年，中国粗钢产量突破10亿吨。可见，钢铁工业在21世纪绝非“夕阳工业”。另一方面，21世纪钢铁工业虽然将继续增长，但面临的挑战也是空前严峻的。应对挑战的实质是两大课题：“如何进一步提高钢铁工业竞争力”“如何减轻钢铁工业对地球环境的负荷，将钢铁工业建成为对地球环境友好，以实施可持续发展战略”。

（二）21世纪世界钢铁工业发展趋向

人类进入了21世纪，对走过的路进行回顾是十分必要的。新中国成立以来，我国钢铁工业取得了举世瞩目的成就。1949年全国钢产量为15.8万吨，而1999年达到了1.23亿吨，此后一直保持世界第一位。尽管我国钢铁工业在数量上增长非常迅速，但在技术方向上我们走过一些弯路，有过深刻的历史教训。例如，在采用转炉方面，由于拒绝采用国外这项新专利，继续建设平炉，导致 90 年代末我国还在淘汰平炉。另外，在连铸技术的推广应用方面，我国也走了不少弯路。90 年代末我国的连铸比约为 76%，若这项工作抓得早，连铸比可能早已达到 80%～90%。

对过去进行总结，找出经验和教训，同时对钢铁工业发展趋势进行预测是非常必要的，这样才能使我们的思想更解放，不做与发展规律相违背的决策，从而为国家减少经济损失，少走弯路。

20 世纪，世界钢铁工业得到空前的发展。1900 年，世界钢产量为 2850 万吨，到 1973 年世界钢产量就超过了 7 亿吨，1997 年则达到了 7.99 亿吨，到 2000 年，全世界钢产量超过 8 亿吨，约为 1900 年产量的 28 倍。20 世纪钢铁工业发展的总态势是持续增长的。20 世纪 50 年代以前，对钢铁工业发展影响较大的是两次世界大战以及两次世界大战间的世界性的资本主义经济危机。第二次世界大战结束后，经济进入恢复发展阶段，世界钢产量迅速增长。

21 世纪钢铁工业发展的大致趋向如下：

（1）21 世纪钢铁工业将继续增长，钢铁工业发展的重点将向发展中国家转移。

世界各地区经济发展是不平衡的，因而钢铁工业的发展趋向也不同。由于钢铁工业属于技术密集、劳动密集、资本密集、污染较重的行业，因此处于后工业期的发达国家将来只生产高附加值的钢材，其他低档钢材依靠进口，而发展中国家正处于工业化期，各项基础设施的建设急需大量钢材，必须大力发展钢铁工业，才能满足其国内外的需求。可见，对中国钢铁工业来说，21 世纪是机遇与挑战并存。关于产量预测的方法，我个人认为均法、GNP 法等计算的结果与实际情况相差较大。例如，1975 年在秘鲁利马召开了一次世界钢铁发展状况的研讨会，会上提到 2000 年粗钢产量将达到 14 亿～17.5 亿吨，比实际产量大了许多。实际上，产量的影响因素很多，每个国家都有自己独特的增长曲线，不同的国家增长曲线是不同的。通常的规律是工业化期间，该国钢铁产量达到峰值，然后逐渐趋于稳定，21 世纪，各发达国家将进入后工业期，而发展中国家将进入工业化阶段，尽管它们处于不同的发展时期，但世界钢铁生产总的态势仍是增长的。我认为，在考虑了钢材利用率的增长因素的情况下，世界钢铁产量总的增长曲线应是各国增长曲线的叠加。

中国和韩国的钢产量正处于上升期。我估计，中国钢产量的增长将持续到 2020 年或 2030 年，然后下降，继而趋于稳定。2010 年全世界的钢产量预计在 8.5 亿~9.0 亿吨间，2020 年会达到 9 亿吨以上。21 世纪最主要的结构材料和产量最大的功能材料毫无疑问仍将是钢铁。

（2）钢铁工厂将趋向专业化，万能型、特大型联合企业将减少，钢铁产品的发展将更多地依赖地区经济。

现代化的钢铁企业通常都采用连铸，而连铸机是非常专业化的，一台设备不可能既生产板坯又生产方坯，这就决定了新型现代化钢厂将趋于专业化。

另外，生产厂家一般要负担产品的运输费，因此，地区经济的发展对运费乃至钢材的成本有至关重要的作用，从而使钢铁产品的发展将更多地依赖地区经济。

（3）钢铁工业的集团公司将趋向集中，集团的工厂趋向分散，集团间的兼并将促进钢铁工业的国际化。

新日铁这样的大集团公司在北海道的室兰和釜石还有两个产量所占比例较低的工厂，据其领导层透露，这样做的主要原因是为了当地生产当地销，运费低、成本低、利润较高。

蒂森和克虏伯这两大钢铁巨头的合并也是众所周知的。

（4）钢铁工业内部激烈的竞争，钢铁与其他材料的竞争，驱使钢铁工业更多地依赖科技进步。进入 21 世纪，钢铁工业的技术进步仍体现为新工艺流程的开发与现有工艺的完善化两大趋势的竞争，并在竞争中互相渗透、互相融合、互相促进。高新技术将对钢铁工业的技术进步起促进作用。

（5）废钢循环利用比例不断提高。但在21世纪前半期，金属铁主要是由铁矿石提供的，高炉炼铁仍是炼铁工艺的主流。

（6）电炉钢的比例将逐步增长，由于废钢的短缺而出现了多种废钢代用品。

（7）进入21世纪将是多种工艺并存，高炉炼铁与非高炉炼铁并存，转炉与电炉并存，传统流程与短流程并存，大型钢铁联合企业与Minimill小钢厂并存。

预测21世纪的钢铁工艺流程，炼钢前工序是传统高炉与直接还原、熔融还原并存的局面。炼钢后工序是传统工艺、薄板坯连铸、带钢连铸三者并存。

（8）钢铁产品将出现替代趋势，部分传统产品被淘汰。

对型材来说，热轧产品越来越少而冷轧产品越来越多。原因是相当一部分热轧生产的品种，冷轧也能生产，且尺寸更精确、能耗低、成本也低。

对板材来说，今后的趋向是热轧品种、规格越来越多，而冷轧供货范围越来越小。例如在美洲，热轧已能轧厚度1毫米甚至1毫米以下的钢板，热轧已部分取代了冷轧，对表面质量没有特殊要求的品种可不经过冷轧。冷轧薄板中，涂层钢板的比例越来越高，因为它的使用寿命长。中厚板中，比较薄的不需要很宽的中厚板几乎都是热连轧机生产的，而且比中厚板轧机生产的精度高、成材率高、能耗也低。

对管材来说，由于焊接质量的提高，使无缝钢管所占的比例减少，连大型的石油钻井管也将更多地采用焊接管。这样，无缝钢管在管材中的比例会逐渐会缩小。

（9）实施可持续发展战略是钢铁工业科技进步的强大动力，是21世纪研究和开发的大课题。

废钢的循环利用、炼焦工艺的革命、钢铁副产品和废弃物的利用和处理，如何使钢铁工业与地球和睦相处，更好地节约能源，进一步提高劳动生产率、开发新流程，减少单位工业产值的钢材消耗等都是我们急待解决的问题。

（10）钢铁工业的先进制造技术化。长期以来，人们习惯于把机械电器设备制造业作为制造业，钢铁冶炼不在其内。2000 年来，人们认为，凡加工生产商品的都属于制造业。按此定义，21 世纪的钢铁工业也必须开发新工艺、新产品和新装备，将钢铁生产过程进一步集成优化，将各个工序逐步改进为用信息技术支撑的全自动的工序单元。只有这样做，才能进步——提高效率，改善质量，降低消耗，降低成本，提高钢铁工业的总体竞争力。目前能基本达到这一水平的工序仅局限于某些轧钢工序，并且与机电制造业相比，在产品质量控制上，还有差距。显而易见，21 世纪钢铁工业在与其他材料工业的竞争中要想取得优势，必须在先进制造技术化方面取得突破。

（11）钢铁工业的绿色制造化。地球环境恶化是 21 世纪人类社会面临的最大威胁。为改变这一状况，全球钢铁工业在减轻环境负荷方面所面临的压力必然愈来愈大。对世界钢铁工业来讲，要减轻地球环境负荷，必须实施污染的末端治理与源头治理并举的方针，由末端治理移至源头。制造过程中排放物的再资源化、再能源化及减少排放，是实现钢铁工业绿色制造的重点。

因此，21 世纪钢铁工业竞争的策略是全面集约化，以更少的人力、物力消耗生产出适应全球经济发展需要且与环境友好的钢铁材料。21 世纪是钢铁工业重构与重组的世纪。

（三）我国钢铁工业面临的挑战

我国钢铁工业总体上属于粗放型。

新中国成立以来，特别是十一届三中全会以来，我国钢铁工业得到了迅猛的发展。尽管 1996 年全国钢产量超过了 1 亿吨而成为世界第一产钢大国，但远非钢铁强国，其表现主要有：

部分生产难度大的钢材不能全部自给，每年必须进口 800 万~900 万吨钢材。

我国钢材在国际市场上的竞争力不强，在世界钢铁贸易中所占份额不到 1%。

我国钢铁工业技术装备达到国际先进水平的不到 20%，技术经济指标落后，质量水平不高，劳动生产率低，虽然我国劳动者工资水平低，但并未使钢铁产品在国际市场竞争中占据价格优势。

粗放型具体体现在以下三个方面：

（1）起点低。我国钢铁工业的起点是日本在东北留下的钢铁厂和旧中国留下的一些小钢厂。工业技术的起点是中苏友好时代苏联援建的 156 个项目。“大办钢铁”时代，钢铁工业只有数量上的扩张。20 世纪 60 年代起，我国才独立自主开发了一批技术；70 年代武钢引进了“一米七”轧机；80 年代，宝钢整套消化、吸收日本的技术设备，虽然工业规模发展很快，但总体上看我国钢铁工业技术水平较低，技术装备呈现多层次并存的状态，相当一部分属于应该被淘汰的范围。

（2）工业布局不合理。自从“大办钢铁”以来，我国钢铁工业布局发生了很大的变化，产品配置逐渐向市场经济靠近。但是，当时的指导思想是追求规模和数量，因而建成了一批低水平重复建设项目，造成目前低水平的结构性供大于求。钢铁工业长期重产量，忽视质量；重规模，忽视效益；重投入，忽视产出；重眼前，忽视长远。

（3）在发展过程中，对科学技术进步重视不够，对世界发展趋势研究不够。科学技术是第一生产力的作用未能充分发挥，对新技术的发展方向把握不准，对新技术的采用犹豫不决，使我们走了不少弯路，拉大了与国际水平的差距。

（四）我国钢铁工业面临的机遇

（1）由于世界经济的全球化，我国钢铁工业不得不参与国际竞争。

改革开放以来，我国钢材市场基本上已与国际市场接轨，国外钢材进入中国市场事实上已难以控制。1997 年我国市场钢材的降价与国际市场的影响是密不可分的。国内的钢铁厂家不得不参与国际竞争。在加入 WTO 以后这种状况进一步加剧。

（2）我国正处于工业化进程中，钢材的需求量是增长的，但我国钢铁产品能否占领国内市场则取决于其市场竞争力。

我国国内钢材市场是滞销与短缺并存。对大路货，竞争的核心是价格；对生产难度大的产品，关键是质量和价格。加入 WTO 后，对钢材价格的压力将普遍增加，而对高附加值产品，质量则是取胜的法宝。如果我国的钢铁企业在竞争中不能取得主动权，那么将失去部分国内市场，部分钢厂将被迫关闭。钢铁企业在竞争中的失败，将会造成工人失业、国家经济下滑等问题。

（3）我国钢铁工业必须立足于国内、国外两类资源。我们的钢材必须出口才能购进资源，否则就无法维持正常生产。我国钢材出口比例必须不断增长且在世界贸易中所占份额必须不断增长。

（4）众所周知，钢铁工业属资金密集、能源消耗高、环保压力大的微利行业。工业发达国家的钢材需求下降，世界钢铁工业的重心将向发展中国家转移。

（五）实现从粗放型向集约型转变，提高总体技术水平

为使我国钢铁工业具备足够的国际市场竞争力，除了企业改革外，必须从以下五个方面着手来提高总体技术水平：

（1）淘汰落后的工艺与技术。制定政策，凡属效率低、能源高、质量差、污染严重的工艺技术装备，坚决限期淘汰。

（2）推广先进工艺与新技术。组织技术攻关，使钢铁工业主要技术经济指标和产品实物质量赶上国际先进水平。

（3）制定政策，指导钢铁企业的技术改造，使工艺流程合理化并杜绝重复建设。钢铁企业的技术改造必须符合世界钢铁工业的发

展趋势。

（4）对国民经济所需重点品种予以资金支持，完善工艺技术装备并加强技术攻关，使量大面广的高附加值产品立足国内生产，并不断开发新品种。21 世纪，我国钢材出口量应在国际钢材贸易总量中达到 3%~5%的比例。

（5）对影响钢铁工业长远发展的前沿技术组织研究开发与攻关。

二、实施钢铁工业可持续发展战略最关键是结构调整

（一）钢铁工业实施可持续发展战略的三个阶段

大家都知道温室气体 CO_2 的排放是影响地球环境的重要因素之一，而钢铁工业中 CO_2 气体的排放量大，是加重环境负荷的重要原因之一。我国钢铁工业 CO_2 排放量在工业各产业中排在第五位，钢铁工业消耗的煤炭占全国煤炭产量的 10%~11%，能源消耗占全国总能源消耗的 7%~9%。由此可见，作为资源和能源消耗大户的钢铁工业要实施可持续发展战略将是一个长久的过程。

我国钢铁工业的特点是生产规模大、中、小并存，既有年产 1000 万吨以上的大型钢厂，还有百万吨级的中型钢厂，更有数目众多的小型企业；工艺技术装备上先进与落后并存；产品水平是高档与低劣并存。实施可持续发展战略，任务不仅十分艰巨而且相当复杂。

20 世纪中期，工业发达国家工业的高速发展对自然环境造成的不良影响日益明显，它们纷纷开始治理排放，即进行末端治理，使排放物尽量无害化。一些国家制定了严格的法规来约束和监督工业排放。经过末端治理后，对自然环境的危害大大减轻，在某些国家和地区出现了许多综合环保法规要求的清洁工厂。

我从三个方面来谈钢铁工业可持续发展必须经历的三个阶段：

首先，在末端治理前，即 20 世纪 50~60 年代，在该阶段钢铁生产过程中产生的废渣、废气、废水、粉尘都没有经过任何处理，钢铁厂不仅工作环境恶劣，而且对环境造成的污染不容忽视。

其次，对末端治理后的钢铁厂经过处理后，在生产钢材产品的同时，各种废弃物得到综合利用，如炉渣用来制作建筑材料，各种余热、余能用来发电等。这样的钢铁厂不仅满足了苛刻的环保要求，而且节约了能源，努力成为名副其实的清洁工厂。目前世界上先进的钢铁生产厂正处于这一阶段。一方面，尽管末端治理为钢铁工业注入新的活力，但是仍然存在着设备投资大等缺点。环保设施不仅需要投入大量的资金，而且运行费用不菲。另一方面，环保治理获得的副产品的经济收益往往较低，因而随着环保法规的日趋严格和人们环境意识的提高，靠末端治理解决环保问题对钢厂的成本将是沉重的负担。

再次，就是人们的目光从末端治理转向源头治理，即从工艺改进和技术创新上找出路，在生产过程中减少以至消除污染源，从而构建绿色钢铁制造工艺，使钢铁工业走向可持续发展道路。通过对其制造流程的优化、集成与创新，使资源和能源的消耗达到最低，从源头上减轻环境负荷，与此同时，对末端产生的各种排放物再资源化、再能源化，并进行无害化处理。

钢铁工业下一步的目标就是走绿色钢铁工业的道路。

（二）实施可持续发展战略最关键最紧迫的第一步是结构调整

我国钢铁工业的发展不平衡，具体表现在上面说的几个“并存”。目前我国正处于实现工业化的过程中，发展是主题，尽管钢铁工业在改革开放后取得了举世瞩目的成就，但是任重道远。当然，我们不能走别国先污染后治理的老路，更不能停止发展，投入大量资金来搞末端治理。

我国钢铁工业实现可持续发展需要长期不懈努力。我个人认为，该过程大体可分为 3 个阶段：第一阶段，以结构调整为中心，在钢产量增长的同时，实现钢铁工厂排放无害化；第二阶段，构建绿色钢铁制造工业；第三阶段，构建可持续发展的钢铁工业。

由此可见，结构调整是我国钢铁工业走向可持续发展的第一步，也是最关键的一步。具体来说，首先对能耗高、产品质量低、环境污染严重的落后工艺与设备必须彻底淘汰。其次，要对不同工艺流程进行调整，以使其更趋于合理化与优化。我国高炉、转炉、电炉数量之多在世界上是绝无仅有的，对此进行重组和合理化改造是势在必行的。

另外，不同工艺流程的环境负荷差别显著，如电炉流程与高炉—转炉流程相比，能耗较低、环境负荷较低。但由于我国是典型的发展中国家，社会废钢积蓄量较少，而钢产量正处于增长期，因而电炉钢的比例不仅不会增长反而会降低。对其他工序而言，球团矿比烧结矿的环境负荷低，连铸连轧比模铸开坯和多火成材环境负荷低。

从具体国情出发，进行工艺结构调整是搞好我国钢铁工业结构调整的基础。其余如产品结构调整、企业结构调整都必须与工艺结构调整的合理化与优化相结合。在结构调整中必须大胆采用新技术，这样才能实现我国钢铁工业由粗放型向集约型的转变。

在结构调整的同时，还应对钢铁工业的排放物进行末端治理。通过调整结构、应用新技术、节能降耗，从源头上减少排放物的数量及有害物，从而减轻钢铁企业末端治理的压力并为其创造一定的经济效益。这种双管齐下的做法可使我国钢铁工业在增长过程中大大减少环境污染。这样，经过10~15年的努力，我国钢铁工业的环境质量将显著改善，并将出现一批清洁工厂。再经过10~15年的奋斗，我国将出现一批绿色钢铁制造工厂。

我认为结构调整一定是在总量控制下的调整。目前有一种倾向值得注意，即不少钢厂利用结构调整的机会盲目扩大生产规模。尽管总体来看，我国钢产量水平还要提高，但增长的速度必须得到有效控制，以达到生产规模与市场需求的基本平衡。这也是任何产业发展都必须遵循的客观规律。例如，我国家电行业竞相压价形成恶性竞争，严重影响了行业的发展后劲，其根本原因在于生产规模远大于市场需求。我国钢铁工业的结构调整必须从其他行业的沉痛教训中吸收经验，避免重蹈覆辙。

三、建议：当务之急是控制我国钢铁工业规模

我在上一节提到了，2000 年初，我在多篇论文中建议，我国的钢铁行业产量一定要控制，但实际效果不理想。2007 年世界金融危机发生后，产能过大造成的后果就凸显出来。2008 年四季度，全球钢铁工业出现严重衰退。受到国际市场出口急剧下降的影响，我国钢材价格大幅下滑，钢铁行业全面亏损，成为主要行业中最困难的之一。2008 年上半年铁矿石及煤等原燃料大幅涨价，达到历史上的最高价位。2008 年四季度以来，钢材价格大幅下降，而铁矿石和煤的价格下降幅度却很小，使我国钢铁工业的利润被挤掉而使全行业亏损。

虽然我国钢铁全行业亏损，生产水平比 2008 年高峰时期减产，但幅度远低于全球钢铁产量下降幅度。与 2007 年同期相比，我国钢铁工业并未减产，反而略有增产。2009 年以来，我国钢铁产量仍与 2008 年同期处于相同水平的根本原因是我国钢铁工业产能过剩。到 2008 年底，我国钢铁生产能力约为 6.5 亿吨。产能过剩的基本原因是进入 21 世纪以来钢铁工业固定资产投资的高速增长。

2001 年至 2005 年固定资产投资比 1986 年至 2000 年 15 年的投资总和还多。2006 年至 2008 年三年间的投资比 2001 年至 2005 年五年的投资还多 22.9%。过度投资必造成产能过剩。2007 年以后的投资项目正在建设之中，有的已形成生产能力或将形成生产能力。钢铁工业产能过剩的局面进一步加剧。

钢铁工业协会对我国钢铁产量的统计是将钢铁企业分为两类：一类是重点统计单位，包括所有加入钢铁协会的企业，一类是其他，即县以下的小钢厂（属于落后装备）。2009 年 1~4 月份的实际情况是重点统计单位减产，而落后工艺的单位增产。落后产能比例不是

淘汰而是增加。2009 年 4 月以后，我国钢坯进口大增从而成为钢净进口国。其原因在于我国铁矿石和煤的价格居高不下，而国外钢坯比我国生产的钢坯便宜使钢坯大量进口所致。

我国钢铁产能严重过剩，打乱了钢铁市场的正常秩序。发展下去钢价低，矿价高，使我国钢铁企业长期处于亏损的边缘，不仅无法振兴，而且将会影响我国实现现代化的进程。

因此我建议：

（1）对我国钢铁生产规模严格控制。既严控国有企业，同时严控各地区的生产规模，实行问责制。

（2）我国钢铁生产规模已严重过剩。在淘汰落后任务未完成前，无论新建或改造项目一律停工。国家不批地，银行不贷款。坚决禁止借淘汰落后之名扩大生产规模。

（3）补充淘汰落后的标准。除了装备规模大小之外，补充质量，能耗和环境淘汰落后的门槛，以推动淘汰落后的进程。

2009 年上半年我通过中国工程院向国务院国资委提出上述建议。同时，率领钢铁制造业可持续发展战略研究课题组，经过广泛的调查研究，完成《钢铁制造业可持续发展战略研究》报告，比较详细地拿出对策，供国家有关部门参考。下面要说的就是其中两个方面的对策和建议。

四、钢铁工业可持续发展的对策和措施

（一）完善钢铁产业发展政策

调整更新《产业结构调整指导目录》，修订完善《钢铁产业发展政策》。一是提高吨钢综合能耗、吨钢耗新水、炼铁、炼钢淘汰落后的标准；二是修改国内钢铁产业集中度指标的考核范围和比重；三是增加环保节能减排指标，包括 COD 排放、二氧化硫排放、烟粉尘排放、可燃气体回收利用率、固体废弃物综合利用等环保指标；四是明确资源配置的具体要求，储量 5000 万吨以上铁矿资源，依法优

先配置给国内大中型钢铁企业；提高矿产资源开发准入门槛。

为了适应钢铁工业转变经营模式的需要，应对钢铁工业技术经济指标进行修订，并制订出一套符合科学发展观的统计指标体系。

（二）提高能源利用效率

节约能源，提高能源效率主要从三个层次上推进：

（1）普及和推广现有成熟的节能技术，包括干熄焦、高炉炉顶余压发电、转炉煤气回收、蓄热式轧钢加热炉、热装轧制/直接轧制等；

（2）开发一批关键节能技术并实现产业化，包括烧结余热发电、转炉低压饱和蒸汽发电等；

（3）钢铁工业节能前沿技术的开发与应用，包括冶金渣显热回收、冶金副产煤气制取清洁能源等。

（三）鼓励钢铁工业重视利用废钢资源

废钢是支撑钢铁工业可持续发展的重要条件，电炉流程存在的基本立足点是大量利用社会废钢（包括折旧废钢和加工过程的废钢），发展电炉流程有利于降低整个钢铁工业的能源消耗和环境负荷，有利于推动循环经济。21世纪前20年，国内废钢产生量将明显增加，废钢供应能力也将逐步增加，应该鼓励多进口废钢、多用废钢，进一步加大废钢的利用和重视电炉短流程的发展。

处理各种不同来源的废钢，包括废汽车、废机械、废船、废家电等大宗社会折旧废钢和机械制造业等加工过程产生的切削废钢以及钢厂生产中产生的切头、罐底等自产废钢。

（四）加大冶金科技研发投入，促进技术进步及技术改造投资力度

充分发挥炼钢科技创新在新一代钢铁生产过程中的核心作用，在关键技术上加大可以研发的投入，在中央投资资金中安排技术进步专项，以贷款贴息形式支持钢铁产业技术研发、技术引进和技术改造（不包括节能技术改造）。同时，加大节能技术改造财政奖励支

持力度，鼓励、引导企业积极推进节能技术改造。满足市场对钢铁产品的需求和钢铁企业与社会和谐发展的要求，力争通过3~5年努力使中国炼钢工艺和装备水平走到世界前列。

（五）提高国内建筑用钢标准

尽快完善工业建设领域工程建设标准体系，结合提高抗震标准，确保生命财产安全，研究扩大工业厂房、公共建筑、商业设施等建筑的钢结构使用比例，修改提高地震多发地区建筑物、重点工程、建筑物基础工程等用钢标准及设计规范。

以生产高性能钢材替代普通钢材，可减少最终产品生产的原料消耗；延长产品使用年限，从而提高能源效率，减少温室气体排放。

（六）钢铁与相关产业实现协调发展

装备、汽车、造船、家电等相关产业的发展和振兴要带动钢铁产业升级，同时，钢铁产业也要满足上下游产业的升级和产品换代要求，鼓励和支持钢铁产业与上述重点用钢产业战略合作，实现协调发展。

五、对未来我国钢铁工业可持续发展的政策建议

（一）控制总量，加速淘汰落后

以能源限额标准和环保标准为准绳，加速淘汰能耗高、污染物排放量大的落后工艺、装备和产品。尽快制定具体的法规、标准和方案，出台相应的淘汰落后的补偿和扶持政策，落实淘汰落后的时间表，加强执法检查和舆论监督，按国家的要求完全淘汰落后的工艺装备和落后产品；建议国家尽早开展政策引导以及准入和考核对污染防治和源头削减中的经济性引导；同时，应对淘汰落后进行专题的系统研究，确定不同时期“落后”的标准，不能拍脑袋确定淘汰落后的大小。

（二）完善落后产能退出机制实行问责制

加大淘汰落后产能财政奖励力度，支持企业解决好职工安置、

企业转产、债务化解等问题，促进社会和谐稳定。严格实行节能减排、淘汰落后问责制，比照《国务院批转节能减排统计监测及考核实施方案和办法的通知》，对未完成节能减排、淘汰落后任务的地区，暂停项目的核准和审批。成立检查小组，加大对淘汰落后产能的监督检查，定期向土地、金融、环保、工商、质检等关口部门通报淘汰落后企业名单。各级政府对限期淘汰的落后装备严格监管，禁止擅自扩容改造和异地转移，金融机构不提供任何形式的信贷支持，国土资源管理部门不予办理用地手续。

（三）坚决推进钢铁企业的集团化重组，提高集中度

制定相关政策和调整战略，逐步实施，支持有条件的企业成为国际一流的钢铁企业集团，培育3~5个跨省市甚至是跨行业的大型钢铁集团，提高我国钢铁工业的集中度，优化产业布局。同时应加强集团管理模式以及组织架构及其协同效应的系统研究。

（四）完善企业联合重组政策

制定出台企业联合重组的政策措施，妥善解决富余人员安置、企业资产划转、债务核定与处置、财税利益分配等问题；对重组企业可采用资本金注入、融资信贷、资产划转等方式，推进联合重组；对大型企业跨省市联合重组后的项目给予支持；落实好有关支持钢铁企业联合重组的税收政策。研究提出钢铁企业联合重组条例。

（五）充分利用经济、税收手段控制出口

提高出口门槛、征收资源税、环保税等，限制紧缺资源和高能耗初级产品出口，在谈判中坚持谁消费谁负担的原则。

一是禁止生铁、废钢和钢坯出口。严格限制低附加值钢材、国内紧缺钢材和含铬、锰的铁合金出口。限制化工产品中尿素、纯碱、烧碱和黄磷等的出口。限制水泥产品出口的增长。

二是对一些国外市场依赖性强、有长期合同需要履约的资源性产品（如焦炭等）出口数量的限制逐步严格，避免高能耗产品出口所带来的隐性能源出口和转移碳排放。

三是政府应制定资源性产品进口的优惠政策，鼓励多进口废钢等资源性产品。

四是由于出口主要由市场决定，因此，在气候变化谈判中坚持谁消费谁负担 CO_2 排放的原则。

（六）推动开发和推广各类节能技术的应用

通过专项、国债和贴息贷款等方式支持节能新技术的开发和应用，鼓励通过钢厂二次能源回收集成到发电上来。政府应协调钢铁工业与电力公司（电力行业），制定钢铁企业电力并网（上网）的合理政策和价格体系，鼓励钢厂利用余热、余能、剩余煤气等建自备电厂。

（七）完善能源监测、统计和管理的体系

一是必须切实加强能源统计和管理等基础工作。要从国家、行业和企业层面，完善和加强能源计量、统计和管理体系以及相应的培训。

二是尽快组织研究和制定主要工业行业 CO_2 排放的统计方法、计算方法，适时出台相应的标准；

三是建议国家发改委和环保部适时增加 CO_2 排放指标，研究提出各行业的 CO_2 减排目标。

（八）尽快制定和实施发展循环经济政策

鼓励资源、能源节约和回收利用，建议国家和协会牵头，将废钢和废塑料的回收、分类、处理和供应发展成为一个产业；对废塑料回收和处理在技术开发上给予资金和政策支持；政府应协调钢铁工业与电力行业，制定钢铁企业电力上网的合理政策和价格体系；制定和完善冶金炉渣等用于建材行业的相关政策。

（九）引导对钢铁工业共性关键技术和前沿技术的科技投入

政府应制定相应政策，鼓励企业加强先进技术与装备的自主创新和自主集成，使企业真正成为技术创新的主体。

这些建议和意见，许多被国家有关部门采纳，取得了很好的实际效果。

第二十三章　老骥伏枥，心系钢铁强国梦

一、为建设武钢4000立方米级高炉定下初步方案

我21岁进鞍钢，29岁调入武钢，88岁经历宝武重组，可以说，当代中国钢铁工业历史性的重大节点我都在场，对我国的钢铁工业由小到大、从弱变强，有深切的体会。我在一线岗位工作43年，以后的二十七八年，虽然退二线和退休，但是仍然干着一线的事业。中国钢铁工业的发展，钢铁强国的梦想，这是我一生的追求。可谓人老心不老，在岗工作总有退休时候，但是事业可以干一辈子，关键在于是否有事业心。

退二线以后，尽管没有以前那么忙，但我每天按时上班，办公室还是原来的，集团办公室安排我去新办公室，宽敞、光线好，空调也都是新的。我谢绝了，办公室嘛，能办公就行了。再说，这间办公室就在厂区，离一线近，到基层方便。

2004年2月26日，武钢成立了技术专家委员会，武钢领导让我做主任委员，专家委员会在武钢技术创新委员会领导下开展工作。专家委员会由外聘7位委员（其中有4位中国工程院院士），内聘22名委员组成。我们的主要职责是审议武钢技术创新工作的战略、方针、规划和年度计划，审议重大技术创新项目立项的可行性，推动和促进武钢技术交流与技术开发合作，负责武钢重大技术创新项目的中间评估，接受技术创新委员会委托的技术咨询。技术专家委员会将跟踪世界最新科技发展动态，促进科技成果的快速转化，推动

武钢技术进步，增强企业的核心竞争力，为武钢形成1400万吨生产能力积极努力。武钢将在工作条件、工作环境和科研经费上给予技术专家委员会大力支持。

继5号高炉建成之后，2004年7月16日6号高炉竣工，2006年6月28日7号高炉又相继投产。武钢年产铁能力超过1000万吨。

为进一步扩大炼铁能力，武钢决定建设8号高炉。武钢让专家委员会提一个可行性研究报告，我来负责。6号、7号高炉基本上用的是5号高炉的技术。8号高炉怎样将世界上最顶尖的高炉冶炼技术融合起来，超过前面的高炉，值得我思考。我在讲建4号高炉时说过，无论是哪一家钢铁厂，也无论是哪一位专家或者设计人员，每建一座新高炉，都希望从各方面要比前面建的要好。虽然我们有过建设5号高炉集成创新的经验，但是，此次我们想建一座大高炉，技术也有了大的发展，要想将各个国家最先进的炼铁技术融合在一起，难度不小。

我们经过调研和与国内钢铁企业横向比较，确定8号高炉建成4000立方米级而不是建5000立方米级。它是迄今为止武钢最大的高炉，在世界范围内也属特大型高炉之列，为此确定了以下设计原则：不能把它当作武钢其他高炉的简单重复，而要先进、实用、可靠、经济、环保，采用国内外特大型高炉一流的先进技术和设备材料，充分考虑先进技术的发展趋势；该高炉建成后能起到提高企业竞争力的作用，采用精料、高温、高压、富氧、大喷煤的冶炼工艺，实现高产、低耗、长寿、环保和优质的目标，高炉一代炉龄无中修20年以上，高炉一代寿命单位炉容产铁量15000吨。

在采用炼铁新技术方面则必须敢于创新，8号高炉采用全冷却壁，软水闭路循环冷却系统，薄炉衬、炭砖水冷薄炉底；高炉装料采用无料钟皮带装料系统，烧结矿槽下过筛；炉顶高压操作，高风温顶燃式热风炉。

8号高炉炉体内衬和冷却系统采用了目前国内外普遍接受和认可

的薄壁炉衬配联合软水密闭循环冷却系统的设计方案。与武钢现役高炉的不同之处在于风口带冷却壁采用了铸铜冷却壁，并且对风口组合砖，上部至炉腹下部区域的内衬结构做了一些改进和优化。

根据武钢1号、4号、5号、6号、7号高炉以及国内外很多其他高炉的生产实践，证明薄壁炉衬（50~150毫米）高炉完全能取代传统的厚壁炉衬（575~805毫米）高炉。但是随着高炉冶炼强度的不断提高，薄壁炉衬高炉也暴露出一些问题，例如风口组合砖，上部至炉腹下部区域，在开炉后3个月左右的时间，可能出现大量的耐火材料脱落，且风口带冷却壁水管出现渗漏的现象。一旦出现这些问题，处理难度大，需对破损的管路用穿软管的办法来代替，重则需进行内衬修补和对冷却壁进行更新改造。导致这些问题的原因综合起来有设计、冷却设备制造、实际生产操作三个方面。专家团队对以上等一些问题进行分析论证，拿出方案优化建议，供领导拍板。

武钢8号高炉为武钢第一座4000立方米级大型高炉，从2007年5月18日正式开工建设，2008年末已具备投产条件，但由于金融危机的影响，一直到2009年8月1日才正式点火投产。

由于开炉前设备系统联动试车多次，开炉各项准备工作到位，各项开炉参数选择合理，开炉实现顺利出铁，在送风三天后有效容积利用系数达2.0吨/(立方米·日）以上，设计达产目标实现，创造了大型高炉（有效容积大于3500立方米）的世界纪录。开炉后的近一年时间里，高炉在保证入炉焦炭质量相对稳定的基础上，在炉型管理、喷煤、高富氧、炉前渣铁管理、设备维持等方面进行了合理的参数选取，维持了高炉的长期稳定与顺行，8号高炉从开炉到2010年6月，平均利用系数达2.714吨/(立方米·日)，创武钢高炉开炉10月内的利用系数最好水平，冷却壁无一烧损。

武钢8号高炉的顺利投产，也吸引了国外钢铁专家的关注，其中不乏质疑者。当时的新日铁总裁就不太相信8号高炉的先进程度，不过眼见为实，在他亲自参观之后，原来的疑虑才打消。

二、高炉专家系统，智慧炼铁的初步探索

先简单说一下什么是高炉专家系统。首先它是计算机系统，其次它不同于一般的计算机软件系统。它是具有相当于人类专家的知识经验和解决某些问题能力的计算机程序系统，它有知识信息处理、知识利用系统、知识推理能力、咨询解释能力。这种专家系统按高炉操作专家所具备的知识进行信息集合和归纳，通过推理做出判断，并提出处理措施。它是在原高炉过程计算机系统中配备专用的人工智能处理机而构成的。专家系统要有高精度控制能力，能满足和适应频繁调整的要求，具有一定的容错能力，与原监控系统有良好的包容性。在功能上一般包括：炉热状态水平预测及控制，对高炉行程失常现象如悬料、管道、难行等预报及控制，炉况诊断与评价，布料控制，炉衬状态的诊断与处理，出铁操作控制等。

我国高炉专家系统在 20 世纪 80 年代开始开发，90 年代应用于高炉上的有首钢 2 号高炉专家系统，鞍钢 4 号、10 号高炉专家系统，宝钢在引进的日本 GO-STOP 系统基础上研制完成了炉况诊断专家系统等。20 世纪末武钢 4 号高炉引进了芬兰罗塔鲁基专家系统，在生产中取得了满意的结果。后来，武钢、北京科技大学、钢铁研究总院、冶金自动化研究设计院和武汉科技大学联手创造了武钢高炉专家系统。

2003 年，我担任“武钢高炉专家系统”开发项目的顾问，武钢炼铁专家于仲洁是这个专家系统的负责人。我们一起商量，把专家系统做成高炉工长操作的一个平台，使它真正在生产中发挥作用。这个项目落实到 1 号高炉，经过两年的艰苦攻关，2005 年下半年，项目接近完成，准备申请鉴定。我想应该先自检，顾问的职责全程都要履行。1 号高炉跟其他的不同，要上去得走台阶，车子开不上去。在秘书、司机的帮助下，我拄着拐杖，登上 1 号高炉陡峭的 3 楼

平台，亲自看看专家系统的功能，找现场工长询问应用的情况。我对项目组人员说，我们搞技术开发不是为了追求成果和评奖，而是要真正解决生产技术问题。希望大家通过自检，按照操作人员提出的意见和需求，进行整改，进一步完善系统功能。在整改过程中，我上1号高炉去了五六次，主要是看整改落实的情况，有没有遇到什么困难。一直到系统整改达到要求为止。我虽然年龄大了，腿脚不利索，但在严谨务实方面还是要带头做到。

经过一年的整改试运行，2007年3月23日，湖北省科技厅组织专家对由武钢等单位共同完成的“操作平台型高炉专家系统的开发和应用”项目进行鉴定。

与会专家在认真审阅了相关技术资料、实地考察后认为：由武钢、北京科技大学、钢铁研究总院、冶金自动化研究设计院和武汉科技大学联合开发的操作平台型高炉专家系统，充分考虑了我国高炉操作人员的操作需求和习惯，以炉况顺行、炉温控制、布料控制、炉型管理等功能为主建立了面向工长的操作平台，功能优于国内现有高炉专家系统，具有良好发展前景，获得5项国家软件著作权授权证书，具有完全自主知识产权，系统达到国际先进水平，其中炉温预报和红外图像评估气流分布模型的建模技术达到国际领先水平，通过省级鉴定。

在高炉上采用专家系统，炉况更为稳定，特别在减少铁水成分波动、增铁节焦等方面效益非常显著。

2009年，武钢又着手开发5号高炉的智能监控系统，在1号高炉专家系统的基础上，又增加了一些新的功能，不但能够进行高炉布料计算、气流控制、炉温控制、炉型管理、炉缸侵蚀计算等工作，而且可以进行冷却系统的三维可视化监控，增加了关于布料、炉型管理规则内容，使得高炉控制系统更加符合高炉操作的需要。

构建高炉专家系统，这在当时算是一个全新的领域，其内容涉及计算机技术和冶金技术，是两大技术领域的交叉，如果对这两个领域缺乏基础知识，根本不可能在此方面说出个所以然来。我也是不断学习，才不掉队的，在计算机方面我就向我的学生学习，比如博士生陈令坤，他就在5号高炉专家系统项目组，我们互相学习。

三、不锈钢产线不能轻易上

2012年，不锈钢市场开始好转。武钢有的专家建议应涉足不锈钢产业，还拟定了初步的方案。武钢领导对此高度重视，有关部门也觉得有一定的价值。领导请技术专家委员会论证。我作为主任，认真了解方案内容，没有轻易下结论。首先做了调查研究，通过电话找国内有关钢铁企业人员了解不锈钢产业的生产、品种、销售情况。并且通过互联网查阅国内外与不锈钢相关产业的情况，收集了一些材料。综合分析判断，我认为上不锈钢方案不切实际，没有可行性。为了在讨论会上能够直观地表达我的分析，我还请秘书洪波帮忙做了PPT。我也要求建议者做好方案汇报，大家充分发表意见。

随后我主持召开专家委员会会议。建议者发言，从项目必要性、建设方式、竣工后产生的效益等几个方面进行论证。等他发言完毕，大家就有关问题说了一些看法。然后我才开始提问与建议者商讨。第一，如果武钢年产20万吨不锈钢，打算卖给谁，有无比较明确的用户？建议者做过一些市场调研，发现中国每年进口相当一部分不锈钢产品，武钢上不锈钢，就是要替代进口。我认为这只是宏观方面的，市场对不锈钢是有需求这不假，但是，武钢生产不锈钢算是一家新供应商，有无明确的消费者这个很重要。建议者和其他专家都不能说得更深入。我直接拿出我掌握的信息：国内不锈钢需要进口是对的，但是情况总是发生变化，大家看看今年的报表，进口量突然下降了，原因是太钢有一条新线投产了。所以进口的数量会逐渐萎缩。替代进口的这一主要目标定的就有问题了。一个企业上一条新线，它的产品一出来，不能赢得一定的市场，就没有经济效益，收回投资成本的过程会很长或者不可能，还会占用资金，影响企业的发展。对武钢来讲，得不偿失。因此，一个项目能否上马，产品是否卖得动，有无市场是关键。

第二，搞不锈钢，定位很重要。不锈钢可以做锅碗瓢勺，也可制造高档的不锈钢产品，包括管、板、容器。搞锅碗瓢勺，我们搞不赢全国那么多乡镇企业，他们的综合成本低。结果，大家都说当然是发展高档不锈钢产业。但是，这个市场很难打入。建议者只说了一个大概想法。

我接着就 PPT 表明了自己的意见。首先，太钢是我国不锈钢生产基地，拥有全球规模最大的不锈钢生产线。其次，如果武钢生产高档不锈钢产品一是有难度，二是竞争不过太钢。假若生产低档不锈钢产品，全国许多乡镇不锈钢企业已将市场基本瓜分，再说，上一条新线生产低档产品，没有意义。第三，如果为了节约投资，借线生产也是不可能的。武钢以生产低合金和碳素钢为主，与生产不锈钢的技术存在矛盾。在同一条生产线上生产不锈钢，会对碳素钢产生污染。如此，要将它们分隔开几乎不可能。世界上没有一个生产碳素钢的企业，在同一条生产线上还同时生产不锈钢。当然，如果另外建新线则讨论的方面就不同了。第四，从发展战略来看，武钢是我国的硅钢生产基地，生产优势明显，集中精力扩大这一优势比从头发展不锈钢要科学合理和有把握。经过充分的讨论，大部分专家同意我的观点，武钢上不锈钢产线的建议被否定。

说来巧合，2014 年，有一个机会我去太钢参观考察。太钢的王一德院士和一位副总经理全程陪同，他们对我很尊重，专门制订的活动计划，让我从头看到尾，对太钢生产流程的系统有了了解。

例如，太钢在全国第一个采用活性炭脱硫方式，而别的企业普遍使用单纯脱硫装置，烟气中还残留有氮氧化物等，这些处理起来仍然是老大难问题。炼钢时掺入活性炭，则能将上述排放物一并处理干净，产生的副产品浓硫酸还可再利用。在国家日益重视钢企环保措施的形势下，太钢使用活性炭脱硫装置，比国内大多数钢企的单纯脱硫法，更能减少二次污染。我还了解了太钢的高炉余热余压发电、炼钢和轧钢生产。克服行动不便的困难到实地参观考察爆炸复合焊接钢板的情况。他们除注重完善管理外，重要的是引进欧洲先进技术，并得益于先进技术的引进和使用。太钢不锈钢生产一流的新技术新装备让我再一次认识到，当时武钢未上不锈钢生产线是正确的选择。

四、专家建议，站位要高

2014 年，武钢集团收购的利比亚一座矿山一期工程投产。

这座矿山原定的生产规模为 100 万吨，而在开采不久，有人提议将规模扩张到 1000 万吨。意味着追加的投资数额不小。提议者在调研的基础上，做了一份全面的可行性分析报告。武钢领导非常重视。我想重视归重视，我和专家们该怎么发表意见就怎么发表意见。在征求其他专家意见后，我也表达了自己的意见。总的来说，投资风险太大，不宜实施。

具体理由有如下几点：第一，中国钢铁产量已经足够高，供大于求的形势会持续较长时间。未来几年之内，矿石供应不会紧张，价格还可能回落。另外，扩大规模基础设施建设需付出大量投资。第二，从成本角度考虑，扩大非洲采矿的规模也不划算。利比亚矿山，露天开采，虽然比国内多数矿山井下采矿成本要低，但是运输成本高昂。利比亚地处非洲北部，毗邻地中海，矿石从苏伊士运河向东，取红海、印度洋、太平洋一线，运往国内。第三，利比亚国内局势紧张，时有战乱，铁路运输经常遭到破坏，矿石的输送因此而经常受阻，采矿生产能否持续不断是要考虑的问题。

后来，我得知此举与当地想扩大经济发展规模有关，已超过了武钢层面的战略。我即提出具体对策，将 1000 万吨的生产规模作为总目标，先把 100 万吨生产抓好，采取分步实施，根据实际情况再决策，把投资的风险降到最小。不久，国际矿石价格下降。武钢在扩大投资方面采取稳健措施，避免了投资损失。

对外投资需要考虑的问题很多，不仅有成本、市场、行业的发展趋势等，还包括政治、外交等都应统筹思考，全面考量。

2012 年，韩国的浦项钢铁公司研制开发出 FINEX（多级流化床反应器熔融还原）炼铁技术，并且已经投入实际运行。这项技术以非焦煤为能源，在高温熔融态下还原铁氧化物得到铁水，主要包括 COREX（竖炉，直接用块矿、煤块来炼铁）和 FINEX 两种工艺。FINEX 的基础是 COREX，但针对 COREX 存在的问题进行了集成创新，形成特有的技术如流态化还原炉、煤压块、还原铁压块等，已成为目前世界上技术相对成熟、工业生产适应性较好的熔融还原炼铁工艺。

这项新技术是否能够在中国发展呢？对此，钢铁业专家意见不一，我在对这项新技术进行认真审视后，结合中国的资源条件，认为并不适合在中国大力推广。高炉炼铁还是主流，原因在于非高炉炼铁还有很多实际问题没有解决。FINEX 工艺与高炉工艺相比，还原效率不如竖炉，其金属化率只有 80%~85%，增加了熔融气化炉的还原负担，使得每吨生铁耗用的煤量要比高炉高得多。有专家估算，在国内情况下，FINEX 与大型高炉相比（产量相当），高炉比 FINEX 生铁成本低 12.5%。FINEX 较高炉投资要大许多。FINEX 替代大高炉工艺在中国可能还不具备条件。

我还应中冶南方的邀请，赴韩国实地考察了该项新技术，也由此更进一步坚定了自己当初的判断。

2011 年 5 月 11 日，我通过“院士建议”渠道，建议在西部大开发中，新疆不宜大上钢铁产能，受到国家有关部门的重视。

2000 年，国家开始实施西部大开发战略。2011 年是西部大开发“十二五”规划的第一年。可能正值“十一五”收官、“十二五”起步，大小媒体对西部大开发的成就和愿景报道不少。我在收集新疆钢铁产业建设的报道后，初步估计，新疆在普钢的生产能力上已超过年产3000万吨（八一钢铁1500万吨和其他钢铁企业在新疆的产量）。5月7日《中国冶金报》消息：新疆特钢产业将在“十二五”期间有望达到1100万吨的产能规模（江西钢厂克州300万吨，新兴际华金特和钢300万吨，奎屯西姆莱斯100万吨，阿勒泰富蕴县300万吨，甘肃酒钢哈密100万吨）。从有关报道看，新疆钢铁产量过剩的趋势明显。

我认为，我国钢铁产业产能过剩，钢铁产品总体生产能力大于需求，新疆再增加几千万吨钢，就会产生过剩。就新疆人口和经济规模看，其钢材需求是有限的，不可能消化这样大的钢材生产能力。受新疆交通运输条件的限制，如此多的钢材也不可能运出来。向周边国家出口，这片市场能否接受也是问题。新疆在开发中大上钢铁产能，对本地区的发展和国家钢铁产业布局都是不利的。建议政府有关部门及早采取措施，避免造成损失。

西部大开发中突出新疆的开发是十分正确的。大开发中工业如何开发，工业中各产业如何开发，则必须根据国家的总体布局与新疆的具体条件统筹平衡。

五、传承技术，更传承作风

钢铁企业和钢铁事业的发展需要一代代人的努力，技术、作风需要薪火相传。从炼铁厂到公司机关，再到武汉科技大学、武汉理工大学，培养骨干，培养学生，让他们成为钢铁专业的人才是我的责任。我们有时是一个团队的成员，有时是上下级，有时是“师带徒”，有时是学校的师生，不管哪种方式，我都注重把自己的理论和实践经验传授给他们，用严谨和踏实的作风影响他们，为他们的成长和发展创造有利条件。

在武钢炼铁厂早期的有从鞍钢来的技术人员刘真、樊哲宽，中期的有大学毕业分配到炼铁厂的于仲洁、文学铭，后期有傅连春、陈令坤、李向伟。我算是他们的师父吧。我和他们一起工作，一起搞科研攻关，一起合作写论文，我带着他们探索实践，他们也支持了我。

刘真大学毕业到鞍钢一直跟着我，是一位管生产的好手。1957年我离开鞍钢，他在鞍钢炼铁厂生产科管生产。20世纪80年代初期他从鞍钢调到武钢炼铁厂搞技术工作，可惜不久由于疾病，他过早离世。

樊哲宽早在20世纪50年代末就对高炉风口有研究。他的论文《高炉风口鼓风动能问题的研究》，就炉缸大小、炉料好坏和燃烧强度高低之不同，相应调整鼓风动能的规律及其过程进行了探讨。文章指出，随着高炉冶炼的强化，风量大大增加了，对鼓风动能的调整被我国高炉工作者逐步认识和普遍采用。上下部调剂相结合的论点，已成为高炉调剂的指南。国外高炉工作者都重视风口鼓风动能对高炉冶炼的影响。他们曾经认为，在一定的炉子与炉料条件下，动能应保持一定才能最有利于高炉作业。

樊哲宽研究的结果是：随着高炉风量的改变，风口鼓风动能不应保持一定，必须相应朝相反的方向改变。对他的实验，我大力支持和鼓励。

另外，1978年冷轧厂投产以后对钢的质量提出了严格的要求，炼钢则要求高炉生产低硅低硫的铁水。1983年，樊哲宽、薛学文、于仲洁在论文《武钢高炉改善生铁质量的研究和实践》中总结了武钢高炉改善生铁质量的研究和实践结果，对实际操作发挥了指导作用。

于仲洁，1962年毕业于武汉钢铁学院，是第一届本科毕业生。毕业后分配到武钢炼铁研究室，担任技术员。在1962年到1966年期间，他主要从事炼铁实验研究。1964年，我任炼铁研究室主任，主持技术攻关工作，于仲洁任科技小组长。

1970年，4号高炉投产，生产经常出问题。炼铁研究室以于仲洁为首的研究团队，通过实验发现，球团矿在煤气作用下爆裂变成粉末，影响高炉内的透气性，造成高炉运行不顺，出铁减少。

找到问题的症结，于仲洁将其写成报告。我认为他的此项研究结论正确，并支持他在 1979 年的全国炼铁年会上发表论文。后来，我大力支持于仲洁对 3 号、4 号高炉料槽下烧结矿过筛的技术改造，改善了炉内料柱的透气性。同时加强高炉操作，使高炉利用系数、焦比有了明显改善。从 1979 年开始，我们一起研究高炉长寿问题。

1982 年，我前往加拿大，第一次出国参加国际学术会议，提交会议的论文是和于仲洁联合撰写的。回国之后，我推荐他学 TOFEL 的教材和磁带。说来也巧，1983 年，于仲洁以冶金部英语第一名的成绩通过考试，赴苏联乌克兰培训三个月。冶金部组织的英语出国考试，采用的就是 TOFEL 模式，分口试和听力两大部分。当时苏联的切钢（切列波维茨）建有一座 3200 立方米的高炉，是世界上最好的高炉，我嘱咐于仲洁一定要到实地深入了解。在对这座高炉充分调研的基础上，他对武钢高炉改造问题提出了自己的设想，这也是他撰写培训结业报告的主题。培训结束，大使馆的批文对他的这份报告给予了极高评价。我赞同于仲洁的设想，采纳了他的意见。

1986 年，我和于仲洁合写了论文《武钢炼铁系统的技术改造》，1978 年，在讨论武钢如何实现年产 400 万吨生铁的目标时，我曾著文，从理论和实践两方面强调了改善原燃料质量、提高高炉料柱透气性对改变武钢炼铁生产落后面貌的特殊意义。当时指出，武钢高炉要达到利用系数 1.8 吨/(立方米·日)、入炉焦比 450 千克/吨的水平，一要贯彻精料方针，二要克服设备缺陷，三要改善高炉操作，四要加强企业管理。并提出了对武钢的炼铁系统，包括矿石场、烧结厂、焦化厂、炼铁厂进行全面的技术改造的设想。

至 1985 年，武钢炼铁系统的技术改造就是在以上指导思想的基础上进行的。根据武钢的生产实践，我们切磋商量，得出以下体会：(1) 提高炼铁生产水平，必须用系统的观念对整个炼铁系统加以考虑。炼铁生产的优劣，绝不只是炼铁厂一家的责任，更不单纯属于高炉操作问题。炼铁生产必须从原料抓起。1978 年以来，武钢炼铁系统的技术改造和技术进步基本上是以贯彻精料方针为中心进行的，因而对增铁节焦起了作用。（2）现代化的新工艺最终都要渗透到设备改进中去。因此必须利用一切大中修机会，从实际出发，对现有设备进行技术改造。（3）要使我国炼铁事业赶上国际先进水平，必须从原料抓起，把投资用在原料准备、烧结、炼焦方面，以及高炉技术装备的改善方面。

培养人才，合写论文是一个好方法。1985 年以后，于仲洁调至武钢技术部任副部长，配合我抓 5 号高炉建设。于仲洁成长为武钢炼铁方面的技术权威之一。1993 年以后，于仲洁担任技术中心副主任，管理科研和炼铁专业的事务，包括炼铁以前的烧结、焦化甚至矿山这些与炼铁相关的工作，取得了显著的业绩。

文学铭算是我的女弟子，她从东北工学院分配来武钢，20 世纪 80 年代中后期调到宝钢，成为少有的女炼铁专家。1978 年，我支持她对武钢高炉渣含 Al_2O_3 较高，而 MgO 含量在 4.0%以下，炉渣流动性差，脱硫能力低，不利于炉况稳定顺行，风、渣口破损多等问题做过研究，发表了论文《武钢高炉渣性能试验》，提出选择合适的造渣制度，改善武钢高炉渣的性能。她到了宝钢后，在工作上遇到了困难，经常打电话来咨询。她还写出了《延长宝钢 1 号高炉的寿命》的论文。1996 年，文学铭编著出版专著《宝钢炼铁生产工艺》（黑龙江科学技术出版社）。1997 年，她还在中国钢铁年会上发表论文《宝钢 1 号高炉长寿实绩及其操作实践》。

傅连春是从 5 号高炉一步步成长起来的，从工程师、炉长，到厂技术科、集团机关，最后走上武钢总工程师的岗位。1991 年 10 月 19 日 5 号高炉开炉，由于是多国集成的新技术，一段时间不正常。这期间，我去 5 号高炉也多，大家一起想办法让高炉顺行。运行不正常的主要原因是经常发生设备故障，而且风口损坏也很严重。傅连春带领技术人员抓改进，解决长期困扰的设备问题。同时，在改善设备运行和控制高炉操作方面，采取了一系列措施来强化高炉冶炼。因此，5 号高炉的操作上了几个台阶。不久，5 号高炉正常运行。1993 年 5 月，其利用系数达到 2.0 吨/(立方米·日)，并且焦比显著降低。傅连春把这一过程提炼总结，写出了论文《武钢 5 号高炉的操作进步》，其中提出，必须从管理、操作及设备等方面解决 5 号高炉所存在的与利用率和设备运行相关的一些问题，才能保证其稳定顺行。

陈令坤也是从炼铁厂成长起来的高级工程师，我的在职博士生。2015 年，武钢申请到中国工程院咨询研究项目——“大型高炉高效冶炼技术开发与推广应用”。我们成立研究小组，我支持陈令坤做负责人，我退到幕后。研究小组依托武钢 8 号高炉（4117 立方米）2009 年投产以来的生产数据，并辅以必要的工业生产试验，在提高利用系数的同时，降低燃料比，实现高炉的高效冶炼。通过试验及总结达到以下目的：一是立足于武钢波动变化的原燃料条件，实现大型高炉的高效冶炼；二是总结大型高炉高效冶炼的经验，提出可推广的技术措施；三是结合国内大型高炉状况，探讨在其他高炉进行高效冶炼的可行性。

到 2014 年底，国内共有高炉 1450 余座，其中大于 1000 立方米高炉有 630 座。每座高炉都对环境有影响，要减少炼铁对环境的污染，只能千方百计减少高炉座数，最主要的方法是提高单座高炉的效率，即提高高炉利用系数、降低燃料比。实际上，国际先进钢铁企业特大型高炉已经基本实现了高效冶炼，如浦项 5600 立方米高炉在 2010 年 10 月投产后，利用系数实现了 2.662 吨/(立方米·日)，燃料比低于 500 千克/吨。

我们对大型高炉总结出以下结论：（1）高炉必须满足强化冶炼的设计要求。大型高炉要实现高效冶炼，长寿设计是基础，只有具备足够冷却能力的高炉才能实现高效冶炼。（2）不断改进高炉操作。高炉操作必须适应原燃料的波动，首先要确定合理的高炉操作制度，在日常调剂中要维护好操作炉型。武钢 8 号高炉的实践表明，尽管原燃料条件差，只要改进高炉操作，大高炉也可以实现高效冶炼。(3) 利用软件改善高炉过程监控。为了实现高炉过程实时监控，建议开发高炉过程参数控制软件，实时计算高炉重要过程参数。这些数据实时表征了高炉状态的变化，可以作为高炉炉况分析及控制的依据。(4) 高炉高效冶炼技术推广的可行性。通过武钢 8 号高炉和国内部分 4000 立方米以上高炉在利用系数及燃料比、炉料结构、高炉主要操作参数、布料调剂、炉渣成分、焦炭质量、烧结矿质量等方面的对比，可以看出，除了冷却能力不足的高炉外，其他高炉均具备实施高效冶炼的条件，时机成熟时都可以进行高效冶炼的相关工作。

最后我们形成了论文《武钢 8 号高炉高效冶炼实践》(陈令坤 李向伟 陆隆文 张寿荣)，发表在《钢铁》(2016 年第 5 期)，为全国的炼铁厂提供借鉴经验。我的名字放在最后，我愿意为“后浪”们站台。

李向伟也是我的在职博士生，现任武钢有限炼铁厂副厂长。2017 年，李向伟针对 5 号高炉因入炉矿石粉末大量增加而不断重复发生的炉墙黏结问题，提出了“防黏结，早动手，微调整”的方法。发表了论文《武钢 5 号高炉防止炉墙黏结操作实践》。另外，李向伟团队的论文《武钢 7 号高炉降料面停开炉操作实践》入选《2018 第六届炼铁对标、节能降本及新技术研讨会论文集》，对武钢 7 号高炉降料面停炉以及半装料赶料线法开炉恢复过程进行了总结，阐述了降料面停炉前的准备工作，停炉过程中的风量风压及顶温控制等，重点介绍了开炉的装料计算及半装料赶料线法的运用。

以上这些骨干，都取得了许多成果，有的成为炼铁专家，有的被提拔为厂、处级干部，有的还成为宝武集团的领导干部。我看到他们成长起来，心中十分欣慰，我指导、支持和帮助过他们，但是，他们自己勤奋、刻苦、努力更为重要。

2011 年武汉理工大学党委联系武钢集团党委，请我指导学校工程管理专业学科建设和人才培养工作。经武钢集团党委同意，我受聘为武汉理工大学兼职教授、博导，担任土木工程与建筑学院专业负责人及管理学院名誉院长，学校希望我在人才培养和专业建设两个方面做一些工作。

我深入调研，发现他们存在教师数量、年龄结构、知识结构等方面的短板，我认为要下大力气抓师资培养，这是人才培养的基础，教师自己先成为人才。应该选拔、培养博士研究生充实工程管理专业教师队伍。

我抓人才培养跟抓产品一样把质量放在第一。工程管理专业需要复合型的人才，对生源的要求，除了有扎实的理论基础之外，有一定的工程实践经验，是招收博士生的必要条件。我每年招收一个博士生，保证有充分的精力进行培养。要求每个博士生脱产全日制学习，保证学习质量。在陆佑楣等学部院士的支持下，博士生在三峡工程项目进行科研历练，与我国重大工程项目管理密切结合，增长学生才干。

10 年来，我在工程管理教学和实践领域共培养 8 名博士毕业。其中，对当时已在校工作的青年教师车春鹂、李红兵及陈晓关进行了博士阶段的培养。选拔陈伟、胡韫频、蔡玉春、郭树元、柳慧中及杨双全进行脱产学习、严格培养。这些学生均具有一定的理论基础，有工程管理经验，且热爱工程管理专业，他们通过博士阶段的学习，迅速成长，在工程管理专业的教学、科研以及工程管理实践中发挥了积极的骨干性作用，取得了许多研究成果。

在加强武汉理工大学工程管理专业建设方面，我主要从指导教师队伍、适应我国经济与社会发展需要、充分发挥武工大优势办出特色、优化工程管理学科知识体系、加强与重大工程项目管理实践的联系等方面开展工作。经过大家的共同努力，2009 年，武汉理工大学工程管理专业首次通过国家建设部（现住房和城乡建设部）高等教育工程管理专业评估，2014 年再次通过专业评估；2019 年第三次通过专业评估（有效期 6 年），专业建设成绩斐然。

管理学院教授吴学军博士协助我工作，我带领学生们开展重大工程项目的决策机制、投资控制机制、知识管理、集成化管理、风险管理以及开展三峡船闸通行能力研究、钢结构工程管理以及航空装备保障研究等方面的科研，促进了工程管理专业科学研究的发展。我还邀请中国工程院郭重庆、何继善、陆佑楣、马伟明等院士到学校参与博士生的开题和答辩，参与学校多项专业建设活动，举办学术讲座，为工程管理专业建设发展作出了应有的贡献。

六、人生不老，奋斗不息

（一）院士应深耕一线

2008 年初，几番推辞不过，我还是接受公司为我召开 80 华诞座谈会的安排。2 月 15 日，座谈会举行。全国政协副主席、中国工程院院长徐匡迪，中国科协副主席刘玠，中国金属学会名誉理事长殷瑞钰发来贺信。武汉科技大学校长孔建益、武钢科协主席张明达、武钢炼铁厂厂长熊亚飞、武钢研究院常务副院长刘振清、武钢原技术中心副主任于仲洁在座谈会上发言。武钢一些老领导到会祝福。

我在会上回顾了自己的工作经历。面对各级领导和同事们的赞誉，我觉得自己做得还不够好。我说："我取得的成绩和成长为一名钢铁专家，这是机遇。从 1949 年到现在的 60 年来，党和国家一直把我放在钢铁生产第一线，才使我能在钢铁生产的实践中学习，不断增长知识，总结实践经验。这些知识和经验都是国家给我的，我要把我所有的知识和经验毫不保留地贡献给我国的钢铁事业，传授给青年一代。"

90 岁以后，虽然我的精力和体力都比以前差多了，但我以此为新的起点，打起精神前进。我觉得时间更加宝贵，想更加抓紧多做一些事情。90 岁之前只要不出差，我每天要去办公室，上午开会或和大家讨论工作，下午回去写文章或发言材料。后来，许多领导关心我说，我们需要您来时再来，我就隔三差五去办公室。在家里，我仍是按照上下班的时间来安排自己，一般早上 7 时起床，8 时开始工作，晚上10时准备睡觉。

我认为科学家应酬和社会活动过多是科研工作的最大障碍。作为一名工程院院士，我觉得休息之外60%的时间都应该用在学术研究上，否则，就难以取得什么成绩。为了珍惜宝贵的时间，我不参加与自己学术无关的活动。

有时候有些单位会邀请我去当评委鉴定成果，我一般的做法就是请对方先提供电子版材料，所有材料我都要阅读了解思考，做到心里有底。到达现场后，实地再认真考察鉴定。在鉴定会上，我喜欢开门见山，直奔主题，好就是好，签通过的意见。如果不行，我会直接指出不足与改进意见。我觉得做评委，最根本就是实事求是。如实评价成果既是对创造者负责，又是对用户负责，更是对国家负责。坚持学术的严肃性和公正性，维护一名科学家、院士的尊严。不然，我们的科技创新力怎么上得去。我这是有感而发。我就遇到过，有的成果鉴定会就是走形式，大家事前不了解成果，会上发言，说些好话、套话，先表扬做了大量的工作，肯定成果完成的总体质量不错，然后再加上“但是”，指出一些细枝末节。鉴定结果就过了，皆大欢喜。这种做法要不得。我按我的原则来，不满意我就不参加了。

地处曹妃甸的首钢京唐钢铁公司炼铁厂2009年刚投产时，5500立方米高炉故障较多。由于是世界上最大的高炉，驾驭难度确实大。时任中国工程院院长徐匡迪让我牵头，邀请国内一些高炉专家，主要包括宝钢等拥有大高炉钢企的专家组成一个班子帮助解决。我请宝钢一位专家先收集资料，分析情况，初步推断问题的症结，再进行决策。通过运用以往的经验和实践，高炉生产恢复正常。

解决高炉不顺的问题，是一个系统工程，没有对高炉前工序和高炉生产全面深入的了解，是拿不出方案的。一名工程院院士不仅仅要理论功底深厚，更重要的是积累实际经验，那些方案、措施，都是经验堆出来的。我解决问题的能力来自于一线实践，即使在武钢总工程师和负责生产的副经理任上，我也都没离开一线，无论哪个生产环节，包括能源、烧结、炼铁、炼钢、轧钢，我都要深入现场，坐在办公室，或者一般地浮在现场是不行的，永远不会有实践经验，解决实际问题的本领来自于实践。

学习和对外学术交流，向先进国家同行学习很重要，我十分愿意参加这样的活动，多次率团赴国外参加国际性学术会议。2011 年，德国钢铁年会在杜塞尔多夫召开。实际上相当于欧洲的钢铁年会，国际性很强，参会者来自世界各地。我组织国内有关专家前往与会。我成为此次会议的专家委员会委员，还任炼铁分会的主席。会议主办方请我对会议收到的所有论文进行审核，确定哪些论文选出来发表，哪些入选会议论文集。

当年我已经有 83 岁，尽管年纪这么大，坐飞机的时间极长，但到德国后，我的精神状态却不错，好像我对时差不敏感。在会议期间，我一坐就是半天，许多比我年轻的专家比不赢我，有的坐不住。这还是一个热爱专业程度的问题和学习愿望强烈的问题。我的年龄这么大，坐半天累不累？当然累，可是对我来讲，是累而快乐。我抓紧一切机会与外国同行交流，都是说英语，没有障碍。英语这门语言就是要经常说，越练越顺，越说越好。

我学英语，学了几十年没断过，尤其是到了老年更加重视。每天都为自己安排固定的学习时间，下午会抽出大约半个小时专门用于听英语。

20 世纪 70 年代初期，女儿张志红学英语，每天都坚持听湖北人民广播电台的英语节目。我也跟着在一旁听，那时哪有出国说英语机会。这个英语不听，耳朵不练到时候就忘记了。改革开放之后，美国之音有一个称为“Special English”的节目，我每天都要听，适时掌握新词汇，不能离时代太远，语言不用就会遗忘。我还订了一本英文杂志，每月一期。经常在电脑上放一些原声视频，每天至少看 20 分钟。

收听《空中英语》节目，是儿媳李云梅推荐的，她在听，觉得好。每天下午我打完太极拳后就开始听《空中英语》了。这个节目挺好的，每次20分钟左右，坚持了10年，天天听，放假、出差，事后一定会补上。

还有，我年龄越来越大，听力功能衰退，要是经常不听，别人讲的就听不明白。每天听听英语广播，以免失聪，一举两得。即使每年春节期间前往海南过冬，我的生活习惯还是和平常一样，午休之后，照样是学习英语。

只要坚持，英语水平可以保持较高的水准。大约是2007年，我参加武汉大学举办的一次国际性学术会议上，会议要求每位与会者发言，先讲一段汉语，再讲一段英语。我说汉语带一点山东口音，会后组织者对我打趣道，他们担心我的英语会不会也带口音，让国内外的代表听得费劲。一听我讲的是标准的美式英语就放心了。我告诉他们，我虽然没有留学经历，但在北洋大学就读期间，受过严格正规的英语训练，更重要的是坚持每天用英语“磨耳朵”，才能保持现在的英语水平。只要有机会，我都会用英语直接与国外专家对话。

我坚持学术自律，自己动手撰写论文不搞挂空名。投中文期刊的稿用中文写，投英文期刊的用英文写，不找别人翻译。写英文文章也是一种重要的训练，要是长期不写，就写不出来了。在大学时期，我们的考试、作业都是用英文，后来这个习惯保持下来。现在英文写作水平有所下降，英文论文往往要改好多遍，手边还得放上字典，以备及时翻查核对。

我每天下午除了学习英语之外，还会浏览与行业有关的一些资料。通常准备两套，办公室和家里各一套。以便在两处都可翻阅。专业知识要保持连续性，不能断。技术问题首先要从学术期刊杂志上看最新的东西。对目前前沿技术要了如指掌。要经常看书，除了工作就是看资料，以了解最新的知识。搞技术的人要是不跟着时代走，以前掌握的技术就没有用了。

从20多岁到92岁，我发表了约百余篇学术论文，出一本自己的书也是很容易的。但是我对自己有严格的要求，即80岁之前不著书。为什么？我知道学无止境，学术领域广阔无边，取得一些成果不用着急著书立说，有的成果的价值还有待于实践反复检验。某些方面获得点滴突破，实在不值得炫耀和卖弄。学贵沉潜，术益求精。还有一个重要原因就是我想把更多的时间留在解决问题的现场，我这个院士的任务就是要不断地解决生产和科研中的问题。我不是单纯的研究理论、搞理论创新或者建立一个学说、一套理论。对此，我有清醒的认识，我是一名从现场成长起来的钢铁冶炼方面的实践型专家。

2008年，也就是在我80岁以后，我组织武钢和国内著名炼铁专家耗时七八年在冶金工业出版社出版了《武钢高炉长寿技术》（张寿荣、于仲洁等编著，2009年7月）《高炉失常与事故处理》（张寿荣、于仲洁等编著，2012年1月）《高炉高效冶炼技术》（张寿荣、王筱留、毕学工等著，2015年5月）等专著。这些著述对我国高炉炼铁技术的发展和创新起了很大的推动作用，特别是服务全国炼铁厂起到了指导作用。

2009年9月11日，对我来说是具有特殊意义的一天。这一天我荣获首届"魏寿昆科技教育奖冶金奖"。在北京科技大学，我的老师、103岁高龄的魏寿昆院士亲自为我和几位获奖者颁奖。中国工程院院长、"魏寿昆科技教育奖"评审委员会主任徐匡迪院士出席颁奖典礼。经过评审委员会评审和公示，我获得首届"魏寿昆冶金奖"，北京科技大学朱鸿民教授、宝钢集团公司王利博士获得首届"魏寿昆青年冶金奖"。首届奖主要奖励在组织我国钢铁冶金重大生产科技项目攻关、开发新钢种及生产新产品、冶金过程新流程及其基础理论研究等方面有重大贡献，获得国家科学技术进步重大奖励者。魏院士是我在北洋大学读书的老师，他一直关心我的成长，我还记得读书时他对学生的"五要"训诫。魏先生是坐轮椅来到会场的，他亲自为我颁发证书和金质奖章，师生两个以这样的方式相聚，他 103 岁，我 81 岁，他坐着，我站着，两个人都非常激动，泪水在眼眶里打转。我在心里说，学生按老师要求，60 年刻苦学习，勤奋工作，没有辜负先生的期望。我祝福先生保重身体并站在先生的轮椅旁边和先生一起合影。

5 年之后，先生离世。我大学毕业后，因为从事钢铁生产，与魏先生的联系频繁。他在冶金热力学理论及其应用中获得多项重大成果。首次提出“转化温度”概念及运用活度理论，为红土矿脱铬、金川矿提镍、包头矿提铌、攀枝花钒钛磁铁矿提钒、华南铁矿脱砷、贫锰矿脱磷等多反应中金属的提取和分离工艺奠定了理论基础，并在国内率先开拓固体电池直接快速定氧技术。

如果将钢铁专家分为实践型和理论型两类的话，魏先生显然属于后者，因为解放前我国的钢铁行业落后，专家们实践的地方少、机会少。

我经常想起我到他家里看望他的情景，每年我都会去北京看望他一次，哪怕我的年龄超过了 80 岁。我感念他对我的关怀，魏先生一直像当年爱护 20 岁的学生那样爱护我。

“魏寿昆科技教育奖”一直坚持下来了，奖励范围是冶金科学与工程领域，每两年评奖一次。北京科技大学教育发展基金会以此形式，让魏先生呕心沥血、无私育人的精神流传下来。

（二）感谢亲人支持

我的心思绝大部分在工作上或者钢铁工业的研究方面，对妻子和家庭关心得少。2003 年 11 月 8 日晚，妻子张好学去世。

当时我在日记中悲痛地写道：“你先走我一步，我还有些事情没做完，还要为中国的钢铁工业做一些事情，你就先安心地走吧，我把这些事情做一做，做完了我就随你而去。”

我对妻子深怀内疚之情，现在想起来也是这样。陪伴她少了，甚至是退休后也没有改善。

其实，妻子张好学也是事业型的人。1957 年，她随我来到武钢。建立子弟中小学，她是武钢三小的第一任校长。后来，她又成为武钢四中的校长。最后任武钢教育处机关的科长，直到退休。她工作一直很忙，但大力支持我干事业，牺牲了自己许多精力和时间。

在子女的教育成长上，主要是妻子负责，我偶尔抓一下重点。她要求严格，两个小孩的成长也都还不错。

我对子女管得少，但并不意味着不管。在生活当中，我看到有的老同志对孩子的教育不尽心，孩子很不像样子。有的觉得自己对革命贡献挺大，所以溺爱下一代。天底下没有不疼爱子女的父母，但爱的方式却有差别，它产生的效果也不同。

我在子女的教育上，首先要求孩子吃穿必须与普通家庭的子女一样，不能高于平均标准。因为生活一旦特殊化，小孩就会有优越感，很容易坏事。其次，不能让子女形成一切依靠父母的观念，认为家长应该为自己铺就一条坦途，无需个人努力。一旦产生这种想法，他们的意志品质就不可能得到应有的砥砺。

我讲原则性的东西比较多，比如为人诚实、正派，学习努力勤奋。自己要有能力，要有本事。你自身没有能力，你做什么都是一事无成。

我认为孩子的教育，就是学习一定要好，这是一条重要的标准。

我在小孩的教育上相对民主，会在家里搞类似谈心会的活动，主张通过学习增长知识和能力。对孩子的影响更多来自于我的“身教”。我回家就是读书、看报，读英语、讲英语。我就是想用勤奋敬业的工作态度和好学习的精神影响孩子们。

儿子张亦平生于 1960 年 1 月，成长在 70 年代。在那个年代，大家不太重视教育，学校也没有压力，学习全靠小孩自己，玩玩打打。尽管整体环境如此，我对儿子提出了特殊要求，希望他能有一技之长。后来儿子在他姨夫的引导下喜欢在家里钻研无线电，装矿石收音机，这比整天疯玩好多了。

儿子上中学，经常学工学农，学文化的时间少了。1977 年提前一年参加高考，成绩不理想。后来，我轻微中风，在家休病假一段时间，我趁此机会督促他学习并为他补课，内容是数学、物理和化学。街坊、邻居的几个同龄孩子也来听，终于让他弄懂了在课堂上没有搞清楚的东西。1978 年，儿子从武钢一中应届毕业，考上了大学。因对无线电感兴趣，报考了北京邮电学院，结果没被录取，却被当时的北京钢铁学院录取，还是没有离开钢铁，属于“钢二代”。

女儿张志红生于 1962 年 10 月，在语言学习上有天赋，而她英语的启蒙老师，就是我。大约在 1973—1974 年时值“文革”期间，我托人从上海买回一台留声机和一些英语塑料唱片，供她学英语使用，还亲自教她英语。她中学时参加武汉市的各类英语竞赛经常拿名次。1980 年，她从武钢三中毕业，考入武汉医学院。毕业后，她留校在器官移植研究所工作。大约 5 年之后，她去德国乌尔姆医学院进修攻读博士，之后留校任教。

我对孩子们的要求是热爱学习，培养兴趣爱好，比如搞无线电、练毛笔字。以启发教育为主，加上以身作则、做出示范。即使孩子们大学毕业后，我仍然教导他们爱学习，有时他们回家来，休息时我们一起读原版的《钢铁冶金》，读几页之后，我会挑出一段，让他们翻译成汉语，我来评分，既学习又好玩。往往张亦平翻译得好一些，这与工作和经历有关。

儿子张亦平、儿媳李云梅，女儿张志红、女婿李峰都曾接受过高等教育，并在各自的行业取得了一定的成绩，没有辜负我的期望。儿子、儿媳细心照顾我的生活，女儿、女婿虽然不在身边，但是他们发挥从医的优势，对我就医治病、健康养生给了许多有益的指导。

家里的事我基本不管，连我的父亲来我这里养病，都是妻子一手操持。1974 年在得知我父亲生病的消息后，她主动提出将老人接到武汉和我们住在一起便于照顾。妻子为了支持我的工作，任劳任怨，主动承担了老人衣食方面的任务，儿子当时虽然只有 14 岁，也帮着伺候爷爷起居。我父亲在汉期间调理得不错，基本恢复正常，这都是妻子细致周到照顾的结果。

1979 年，我的家扩大房子，从红钢城六街坊搬到十五街坊。妻子张罗儿子的同学和她的同事把家给搬了。他们知道我很忙，有意没告诉我。后来，他们忙搬家，也忘了告诉我新家的地址。结果傍晚下班，我坐厂里的车回家，推门一看里头是空的，什么都没有，人就晕了，完全没有想到搬家的事。好在电话机没有拆，我就打电话给办公室，小车司机又把我接到厂里。那时又没有手机，跟家里联系不上。司机问我，怎么刚刚回来又走呢？我只好说，搬家了，新地址也没在意记下来，先回办公室，边加班边联系家人。我的家到哪儿去了呢？这居然成了一个问题，想起来好笑。到第二天，我才回到新家。家人都不愿让我为这些琐碎的事分心。

在家庭生活上，妻子低调，要求不高，自然普通就好，不喜欢穿金戴银。感情也比较含蓄。我陪她的时间少，但她很关心我。有一次，教育处组织到炼铁现场参观，了解一线生产。当时武钢的生活环境、工作条件和现在比差得很远，烟尘很大。那时候我管生产，所以在生产现场我和工人穿的一样，全身白工作服都是黑乎乎的。她当时没看出来是谁。后来，她认出我，说哎呀这里条件原来这么差，她被感动了。她回家后就对我说，真没想到这些年你一直在这种环境中工作，艰苦程度超出了想象。她感到心疼，非常理解我为什么一直在拼命抓炼铁厂的科技创新和各项技术改造。

我们没有像一般的夫妻那样，在一起做菜、一起逛商场。孩子们对我说，妻子退休后经常扒着窗户看我坐车去上班或者看看我快下班没有，我还是陪她少了。我当“右派”分子的时候想保护她，曾经商量离婚，但她坚决不同意。

在妻子生病期间，我实在是因为工作太忙，请来妻妹照顾她，也没有好好陪护她。

唯一感到欣慰的是我和妻子去了一趟墨西哥。那一次，她很开心，打扮得漂漂亮亮的。

我与妻子几十年甘苦与共，相濡以沫，相伴相依，我觉得她什么事都是以我为中心来考虑。她离世很长时间，我一直都很自责，我为她着想的地方太少。每年，我都要去她的墓地两次，一次是清明节，一次是她的忌日，风雨无阻。我站在她的墓地旁，怀念我们在一起的时候，怀念她对我的默默支持，也自责总是埋头自己的事业，没有好好陪伴她。

（三）人生不老，奋斗不息

我 80 岁以后，领导和老同事都很关心我，让我多多保重，减少工作量，多休息。但是我习惯了工作的忙碌，停不下来。我想，趁着体力还行，脑子还清晰，多为钢铁行业和中国工程院做一些事情，干不动了，就不干了。到今年（2020 年）我已经 92 岁了，我总结自己的一生，前 20 年是学习，后 70 年是工作加学习。

2010 年 4 月 21 日，工业和信息化部原材料工业司在北京召开了钢铁工业“十二五”发展思路研究课题评审会。我和中国钢铁工业协会名誉会长吴溪淳、中国工程院院士殷瑞钰及部分大型钢铁企业的代表应邀出席了会议。

我们对课题研究提出的钢铁工业“十二五”期间发展目标、发展思路和发展重点进行了讨论，认为我国钢铁工业的发展应同我国经济的发展目标及经济发展方式的转变相结合，立足国内需求，满足国内经济增长的需要。

我们对“十二五”期间我国钢铁工业的发展提出如下建议：第一，应围绕结构调整和转变发展方式这一主线，坚决限制盲目新增生产能力，加快推进城市钢厂搬迁，实施产业布局优化，大力推进节能减排，发展循环经济和低碳经济；第二，钢铁企业的兼并重组切忌单纯追求规模，要以提高效益为原则，注重区域性、关联性和多元化；第三，在我国现有钢铁生产装备总体达到国际先进水平的情况下，应着力开发自主技术和产品，增强管理和控制等方面的软件实力；第四，推广应用一批关键、共性实用技术，不宜强调在行业内全面推广应用一些前沿性的研发技术；第五，提高原燃料保障能力，高效利用国内外两种资源；第六，重视信息化在钢铁工业的推广应用，以信息化促进产业升级。

2011 年 10 月底，我又来到首钢京唐公司，两年前，我和几位专家同京唐公司炼铁厂的技术员一起解决了高炉的一些故障，这次算是“回访”吧。上上下下看了一遍，我站在 5500 立方米高炉旁，对首钢京唐充满信心，中国人能够干好大高炉。

建设大型高炉是世界冶金行业的一个趋势。大高炉能耗低、劳动生产率高，经济性和稳定性都好，符合节能减排和可持续发展的要求，这个方向是正确的。当时在研究首钢京唐公司高炉设备选型方案时，我和许多专家都坚持上容积 5500 立方米以上的高炉，这是针对中国钢铁业以往过于分散以及高能耗、高污染、技术水平和资源利用率低的具体国情提出来的。我认为，不提高产业集中度和整体技术水平，中国就不可能实现从钢铁大国向钢铁强国转变。

西方先进国家现代钢铁业起步比我国要早得多，英国从工业革命时就开始了，美国、德国和日本的钢铁业在“二战”前就比较发达了，中国才不过三四十年，要赶上先进国家的水平，步子就必须快一些。干大高炉我们没有经验，但没有经验不等于不干。不干就不能前进，就要永远落在别人后面。中国人一定能够干好大高炉！首钢向前迈了一大步，积累经验做出示范后，其他的企业就能跟上来，全行业从量变到质变，中国的钢铁业就一定能够强大起来。

从首钢京唐公司目前的装备水平看，已经达到国际一流水平，但要把一流的装备水平发挥出来，还需要一个过程。依我的工作经验，一个大型钢铁厂建成以后，一般需要五六年的调整适应时间，有的甚至需要十几年，调整好了，就会发挥很好的效益。首钢这样一个大型钢铁企业，从内陆搬到沿海，还有那么多的职工需要安置，确实不容易，能够在这么短的时间建成这么好的钢铁厂，首钢干得不错。首钢京唐公司从基本建成到现在才一两年的时间，高炉焦炭负荷（指加入高炉冶炼的矿石与焦炭之比，表示高炉冶炼强度和生产能力的指标）已经达到 5.0 以上，已经接近国际上同类型高炉的日常运行水平，这是个了不起的成绩，再过一段时间，首钢京唐公司的先进性就一定会体现出来。现在要做的，就是如何尽可能地缩短这个时间。

现在我们的装备水平上来了，最大的差距应当说就在于管理水平了。装备是硬件，管理是软件，硬件好是一个必不可少的前提条件，硬件上去了，软件也要跟上来。京唐公司采用的是扁平化管理，这个路子是对的，但各个企业情况不尽相同，要根据实际进行调整完善，才能发挥好作用。只有这样，先进装备的优势才能发挥出来，才能产生协同效益，才称得上真正的一流企业。

随着我国钢铁工业结构调整、优化产业布局，高炉大型化步伐明显加快。为总结生产经验教训，加强相互交流与合作，尽快掌握大高炉生产规律，提升大高炉的运行效率，中国钢铁工业协会于 2011 年成立高炉生产技术专家委员会，我任专家委员会主任。

我组织高炉生产技术专家委员会做了不少事情。2013 年 10 月 10 日，中国钢铁工业协会高炉生产技术专家委员会 2013 年下半年会议在包钢召开。宝钢、马钢、沙钢、鞍钢、首钢、梅钢、安钢、武钢、本钢和包钢等多家钢铁公司的 60 余名专家、代表齐聚一堂，就包钢新高炉开炉提出建议，并深入交流达产经验。

我和几位专家针对包钢新 1 号高炉设备情况与原燃料特点，以首钢、安钢、梅钢等企业大高炉设备为例，讲解了高炉生产准备、开炉达产注意事项、大高炉的开炉技术、新建高炉开炉操作中的问题。与会人员围绕开炉填充料平均焦比、装料制度等展开深入讨论和广泛交流，为包钢新高炉开炉操作提出意见和建议。我在总结时指出，高炉的开炉操作要把握好市场需求和炼铁生产两方面；要落实单体设备全部达到功能要求、全系统状态下联合运行和岗位人员的操作演练；要把安全放在第一位，按工艺要求顺序投产。

高炉生产技术专家委员会将做好企业间的沟通工作，为企业相互交流经验搭建平台，促进共同发展。

我们还了解了包钢建设发展和稀土钢板材公司项目建设情况，到包钢会展中心、轨梁厂1号轧钢生产线和稀土钢板材公司施工现场实地参观考察。稀土钢板材公司项目是包钢“十二五”规划结构调整主体工程，项目依靠技术创新提升产品档次，加大稀土在钢中应用科技力度，重视环境保护和资源循环利用。

新形势对高炉炼铁提出新要求。我国2016年淘汰高炉91座，2017年以来淘汰高炉30座。目前，我国约有高炉1000座，其中3000立方米以上的高炉有45座。

2017年11月16日，全国炼铁厂厂长管理经验交流座谈会在武汉举行，来自国内钢铁企业炼铁厂的厂长、炼铁专家以及炼铁相关领域人士参加了会议，就高炉炼铁技术与操作管理等问题展开了交流。

如何进一步改善铜冷却壁运行情况，并延长铜冷却壁使用寿命，是钢铁企业要解决的一个重要问题，也是一项系统工程。钢协专家姜曦给出以下建议：一是改善铜冷却壁的设计工艺，提高制造质量，主要包括改善冷却壁的尺寸和材质、水管的形状和材质、燕尾槽的尺寸、镶砖材质等；二是提高冷却壁安装及镶砖、捣料等的施工质量；三是优化高炉内型参数，确保煤气流合理分布；四是提倡精料，完善高炉操作管理制度，调整气流分布，提高铜冷却壁渣皮稳定性；五是开发新技术，提高冷却壁的监测及修复水平。

宝武集团、马钢、安钢、沙钢的炼铁厂代表分别介绍了自己厂在生产技术、操作管理、设备维护等方面的经验。2017年是宝武集团重组、武钢有限成立、铁厂整合、劳动效率提升的一年。武钢有限炼铁厂对标宝山基地，不断优化组织结构，理顺管理流程，稳步提质增效，系统降低成本，兼顾现状和后续规划，按公司机构改革的整体安排，分步、有序、稳定推进原炼铁和原烧结（含代管工业港料场部分）的全面整合，并在此基础上取得了技术进步与成本降低的成效。

宝钢股份本部炼铁厂 2 号高炉（2 代）投产已近 11 年，处于炉役后期；当前在长寿维护方面面临冷却板破损增多、炉皮本体开裂、冷却板根部焊缝开裂跑煤气、炉缸侧壁温度升高等问题。他们采取了铁板焊补或通水十字筋板、炉身喷涂和硬质压入、冷却板查漏更换，以及一系列炉缸长寿维护措施，使高炉得以稳定顺行。

宝钢股份两个厂一个在管理上使劲，一个在技术上加强，都是在解决炼铁的效率提高的问题。

新形势下，随着我国环保方面的要求越来越严，我国对炼铁系统的要求也会越来越高。这将促使我国炼铁生产技术发生较大的变化。我国高炉炼铁将朝着高炉座数减少、大型化、智能化、成本优化、安全绿色、长期稳定运行的方向发展。

我在会上强调了下述观点：我国钢铁工业在全球钢铁市场上的地位很高，粗钢产量已经占据全球粗钢产量的半壁江山，不应该再一味追求数量，而应该提高质量，在提高炼铁效率上下功夫，切实提高炼铁技术水平，做炼铁技术的领先者。

2018 年 9 月 18 日至 19 日，全国炼铁厂长座谈会在河北邯郸召开。中国金属学会、生态环境部环境规划院、北京科技大学、中国环境科学院土壤与固体废物研究所、河钢邯钢等专家领导以及宝武、鞍钢、首钢、太钢、马钢等近 70 家企事业单位 200 余名代表参加会议，围绕高炉主要技术经济指标完成情况，高炉的停、开炉和大中修等情况，环保应对以及耐火材料设备等相关问题展开了研讨。本次会议意在促进高炉长周期稳定顺行，提升技术经济指标和炼铁厂厂长综合管理水平，为炼铁生产提供一个后续努力的大方向。这次炼铁厂长座谈会是中国金属学会炼铁技术服务平台成立后的首次会议，中国金属学会炼铁技术服务平台，将针对行业热点和炼铁生产遇到的问题和难题开展更多炼铁技术工作，组织厂长交流等系列活动，为行业服务。

我认为，中国的钢铁产量已占世界钢铁产量的半壁江山，但是中国钢铁的技术创新仍有待加强，必须开发新技术，做到不仅在数量上领先，也要在技术上领先。学会应组织成立全国炼铁厂长委员会等工作形式，组织炼铁厂长座谈会就是一个很好的办法，促进各铁厂交流，才能提高我国炼铁技术水平。

会议特邀我做报告。我在报告中分析了我国钢铁与世界钢铁的关系和差别，发表了我的观点。虽然我国在钢铁生产中新的技术不断涌现，但高炉-转炉的主要地位短时间内不会动摇。我国大约有1000座高炉，生铁产量超7亿吨；日本25座高炉（其中4000立方米以上20座），欧洲45座高炉，各自具备9000万吨以上的炼铁产能；韩国12座高炉，具有4000万吨炼铁产能。同时，铁前系统能耗占钢铁工业总能耗的70%左右。

要想实现我国钢铁工业节能降耗、绿色发展，高炉炼铁流程结构的完善与优化势在必行。现代炼铁工艺流程的完善与优化主要表现在大型化、合理化、智能化和高效化。

我还对氧气高炉、氢还原研究、FINEX工艺及实践、COURSE50高炉等炼铁新流程的进展及核心问题进行阐释，这也是大家十分关心的。全氧鼓风引起的高炉上冷下热问题无法解决；氢还原技术的关键是氢气来源问题；FINEX工艺生产的铁水温度、质量以及工艺能耗与高炉工艺相当，单体产能可达200万吨左右，对传统高炉工艺形成一定竞争，但现有商业规模的FINEX装备还只有浦项一家。

当前最可能实现的低碳炼铁新技术中，从改善炉料性能的角度考虑，使用预还原炉料（30%）、使用铁焦（30%）、使用轻薄废钢（100~150千克/吨）等措施最可行，预计能够降低燃料比40~70千克/吨；从喷吹氢还原角度考虑，使用天然气（80千克/吨）的措施是可行的，可降低排放50~60千克/吨，另外还可考虑使用焦炉煤气，但不经济；从氧气高炉角度考虑，包括大富氧、大喷煤、煤气循环等措施，可降低排放 50~60 千克/吨，但此类技术有待开发。

高炉炼铁需关注的重点问题，包括两方面：一是低成本炼铁问题（原燃料品质的劣化），面临的情况是含高 Al_2O_3 和高结晶水铁矿的大量使用、弱/非黏结性煤的大量使用、优质焦煤资源世界性匮乏及焦炭供应不足；二是超大型化和超高冶炼效率问题，涉及超大型高炉、常规技术已取得高效率（达极限）、低成本原燃料的使用等内容。

2018 年初，我担任了中国工程院“中美钢铁产业结构调整对比研究——思考与借鉴”项目组组长，王一德院士和殷瑞钰院士担任副组长，项目主要依托冶金工业信息标准研究院开展研究工作。我在 2018 年 1 月的项目启动会上指出，目前中国钢铁产量虽然世界第一，但并不是世界最强，应该进行深入的研究和学习，实现我国由钢铁大国向钢铁强国的转变。本项目研究非常有必要，希望通过该项目的研究和交流，为下一步中国钢铁工业发展提供借鉴和指引。

到了 5 月份，我在北京主持召开项目中期汇报会，推动了项目进行。包括我在内有钢铁研究总院殷瑞钰、太原钢铁王一德、钢铁研究总院翁宇庆、中信集团刘玠、北京矿冶研究总院邱定蕃、东北大学王国栋、北京矿冶研究总院孙传尧、宝武集团毛新平等九位院士及中国工程院、冶金工业信息标准研究院的领导出席会议并参与讨论。院士们对课题中期工作给予充分肯定，并对下一步工作提出建议。

项目在年底顺利完成。2018 年 11 月 5 日，“中美钢铁产业结构调整对比研究——思考与借鉴”结题专家咨询会在中国工程院召开。5 位院士和有关领导及课题组相关人员参加了本次会议。冶金工业信息标准研究院杨梅梅代表项目组围绕美国钢铁工业结构调整轨迹、原料和能源结构变化、钢厂工艺流程变化和模式的转变、企业结构变化以及环境负荷削减、化解钢铁过剩产能的经验教训和采取的相关政策与措施、中美两国钢铁产业结构调整规律的趋同性和特殊性、中美钢铁进出口变化情况等方面进行了项目汇报。

与会专家认真听取了汇报，一致认为该项目非常契合中国钢铁工业面临的形势和发展实际。冶金工业信息标准研究院能够在国内首次对美国钢铁工业近100年的发展历程进行系统性、结构性、历史性、战略性的分析和梳理，这为落实《中国制造2025》和《国务院关于钢铁行业化解过剩产能实现脱困发展的意见》等相关文件，推动中国钢铁工业以去产能为中心的供给侧结构性调整和下一步转型升级、高质量发展提供了较好的现实指导意义和应用推广意义。

我们专家组对冶金工业信息标准研究院的研究成果给予了充分肯定和高度评价，认为该研究报告具有很强的战略性、前瞻性和公益性，是一份很务实、高质量、有价值的咨询报告。

2018年9月13日，宝钢股份武钢有限公司召开座谈会，纪念武钢投产60周年，并举行《纪念武钢投产60年技术论文集》首发式。我和武钢老领导刘本仁，还有武钢有限公司的代表参会，回顾武钢60年发展的峥嵘岁月，并展望未来。

我在会上发言，60年前的今天，毛泽东主席视察武钢，观看高炉出第一炉铁。今天武钢为《纪念武钢投产60年技术论文集》举行首发式，我非常感谢，也非常感动。我提议编纂这本书，就是为了汇编武钢这60年的主要项目和重要技术进步，如果有疏漏，希望大家批评指正。

我的一生，与钢铁密不可分。1949年，我进入鞍钢，参与鞍钢的恢复生产工作。1956年、1957年筹建武钢，我又投身武钢参与生产设计，一转眼就是几十年。在当年异常艰苦的条件下，我们和全国建设大军一起把武钢建设起来，把“一米七工程”开动起来，把武钢发展得越来越好，没有辜负党中央、国务院的信任和全国人民的期待。

武钢的发展是整个中国钢铁工业的缩影。经过60年的发展，武钢已成为年产量千万吨级的国际化钢铁企业。宝钢与武钢实行战略重组成立中国宝武钢铁集团，更是成为了钢铁航母。现在中国宝武是世界五百强企业，在全球钢铁企业里排名第二。这证明党中央、国务院实施宝钢与武钢联合重组的决策是英明正确的，企业发展前景是雄伟壮阔的。下一步，中国宝武要在中国钢铁工业由大变强的过程中发挥更加重要的作用。祝愿中国宝武的明天更加美好、更加辉煌!

会议结束了，我的心情久久不能平静。2018 年，武钢投产 60 年，我已满 90 岁，时间过得真快。总觉得时间不够用，事情做不完。

两钢重组之后，宝武的宝钢股份形成了上海宝山、武汉青山、南京梅山、湛江东山四大钢铁生产基地布局。

宝山基地智慧炼铁已走在前列。2015 年，宝钢股份编制完成了《炼铁厂自动化及工业 4.0 提升规划》，确定炼铁厂智慧制造总体目标是建成以环保智慧型料场为源头的智慧型炼焦、智慧型烧结、智慧型高炉，以及为智慧产线保驾护航的智慧型设备管理体系。智慧制造将带来管理体系、工作流程的深刻变革，炼铁工序将从传统冶炼单元转型为装上“智慧芯”的钢铁自动化制造单元。

2018 年 3 月 28 日，宝钢股份高炉控制中心投运。2019 年 8 月，炼铁控制中心投运。从两座高炉中控室的集中自动化改造的设想，到四座高炉集成的高炉控制中心，再到全流程炼铁控制中心，经过持续的推进，炼铁控制中心具备了对本区域、异地高炉的远程操控能力，还整合原料、炼焦、烧结等炼铁区域 4 大工序的自动化控制，从而实现真正意义上的炼铁全流程智慧制造。这带来的不仅是炼铁管控技术手段上的改变，还将倒逼相关生产管理、作业流程内容、效率提升等方面进行全流程的管理变革与流程再造，提高炼铁产量和质量。

青山基地要全面对标，效率提升、成本削减、绿色发展、奋勇追赶。在新时代的历史大背景下，宝武的发展，中国钢铁工业的发展面临新的挑战，科技人员任重而道远。花园式工厂、智慧制造……一道道难题等待我们去攻克。

2020年上半年，抗击新冠肺炎疫情武汉保卫战、湖北保卫战取得决定性成果，全国抗击疫情取得重大战略成果。进入下半年，全国复工复产率大幅提高，交给我的新任务也来了。

2020年8月19日，湖北省金属学会第八次会员代表大会在武汉召开。中国宝武总经理、党委副书记、湖北省金属学会第七届理事长胡望明发来贺信。大会选举产生25名新任理事，武钢有限党委书记吴小弟当选第八届理事会理事长并聘请我继续担任第八届名誉理事长。

我将一如既往履行名誉理事长的职责，同广大科技工作者一起，在湖北省推进供给侧结构性改革的重要时期，在应对钢铁行业严峻形势、加快转型发展的攻坚时期，围绕推进冶金行业绿色制造、智能制造的时代主题，为中国冶金行业高质量发展作出贡献。

2020年9月13日，是武钢投产62周年纪念日。当天上午，中国宝武"重走钢铁长征路"系列活动第二站——武汉片区活动在武钢厂前广场举行，我受邀参加了活动。活动内容丰富，领导们很重视。宝武集团党委书记、董事长陈德荣，湖北省副省长曹广晶，宝武集团总经理、党委副书记胡望明等都来了。湖北省政府和中国宝武还在现场签署战略合作框架协议，双方将在能源、环保等领域进一步深化合作。这正好与我即将开展的"武汉市钢铁工业生态化发展路径及实施方案研究"项目密切相关，上下都重视企业和城市的绿色发展，才能促进国家高质量发展。

最后，我和几位老同志上台，一起为青年员工传递火炬和授旗。他们大多数30岁左右，充满朝气，让我们无比羡慕。我把象征"薪火传承"的火炬递给了一位年轻人，希望他们把艰苦奋斗、勇于创新、追求卓越的精神发扬光大。一代人有一代人的理想，一代人有一代人的责任，一代人有一代人追求，衷心祝愿他们在中国钢铁事业的新发展中大展宏图。

我一直有一个心愿，想好好总结一下武钢从选址设计，到“老三轧”“一米七”，以及实现一千八百万吨产能的技术发展历程。这中间有成功、有辉煌，也有失败和曲折，希望能总结出来给年轻人以借鉴。

今年，我还和毛新平院士牵头承接了中国工程科技发展战略湖北研究院“武汉市钢铁工业生态化发展路径及实施方案研究”咨询研究项目，想为宝武生态圈建设、武钢生态化发展、实现钢厂与城市相互融合共生再做点工作。

总之，要做的有关钢铁方面的事情不少，想研究的相关课题还有许多。为了实现钢铁强国梦，为了人民的生活更幸福，干到干不动为止吧！

人生不老，奋斗不息。这就是我的人生追求！

附录一

张寿荣大事记

1928年2月17日　出生于山东省济南市

1945年9月—1949年9月　北洋大学冶金系学习毕业，获工学学士学位

1949年9月—1956年5月　任鞍钢炼铁厂高炉工长、技术科长、厂长助理

1956年5月—1964年12月　任武钢生产筹备处工程师、炼铁厂生产科长

1964年12月—1965年9月　任武钢中央实验室炼铁研究室主任

1965年9月—1980年3月　任武钢炼铁厂副总工程师

1980年4月—1981年3月　任武汉钢铁公司副总工程师

1981年3月—1993年5月　任武汉钢铁公司副经理、总工程师

1990年　“武钢一米七轧机系统新技术开发与创新”（第一完成人）获国家科技进步特等奖

1992—1998年　任国际继续工程教育协会副主席

1992—2002年　任湖北省科学技术协会副主席，中国质量管理协会副理事长，中国材料研究学会副理事长

1995年　当选中国工程院院士

1997年　当选墨西哥工程院外籍院士

2002年　获第四届光华工程科技奖

2009年　获首届魏寿昆冶金奖

附录二

张寿荣主要论文著作目录

张寿荣发表的部分文章：

炼铁技术

1. 高炉的炉顶调剂法．鞍钢，1951（26)：8~19.

2. 我国炼铁生产发展中的几个问题．钢铁，1957（1)：17~28.

3. 武钢高炉降低焦比的前景．武钢技术，1963（1）.

4. 关于武钢高炉的设计问题．武钢技术，1975（2)：38~46.

5. 关于武钢高炉利用系数达到1.8吨/(立方米·日）以上、焦比降至450千克/吨以下的若干问题．武钢技术，1979（1)：19~33.

6. 高炉设计不宜定型化．武钢技术，1980（1)：25~28.

7. 原料对高炉操作制度的影响．钢铁，1980，15（4)：47~52.

8. 碱金属与维护高炉合理操作炉型．武钢技术，1981（2)：1~7.

9. 武钢高炉炉身结构及寿命分析．炼铁，1985（1)：8~13.

10. 武钢炼铁系统的技术改造．武钢炼铁40年，1998：5~13.

11. 武钢高炉寿命与高炉结构的技术进步．武钢炼铁40年，1998：333~343.

12. 关于今后10年我国高炉的技术改造问题．钢铁研究，1991（6)：3~8.

13. 我国炼铁工业的回顾与展望．炼铁，1995，14（2)：9~12.

14. 当代高炉炼铁发展趋向及我们的对策．钢铁，1996，31

（5）：1~16.

15. 当前炼铁精料技术的发展．武钢技术，1997，35（1）：11~26.

16. 面对新世纪挑战的我国炼铁工业．钢铁，1999，34（增刊）：57~67.

17. 延长高炉寿命是系统工程 高炉长寿技术是综合技术．炼铁，2000，19（1）：1~4.

18. 进入21世纪中国炼铁工业面临的挑战——结构重组与节能降耗．中国冶金，2000，10（6）：1~6.

19. 武钢3200m^3高炉的建设——我国高炉炼铁走向可持续发展的一次尝试．炼铁，2001，20（增刊）：2~7.

20. 高炉冶炼强化的评价方法．炼铁，2002，21（2）．

21. 试论进入21世纪我国高炉炼铁技术方针．中国冶金，2002（5，6）：8~9，5~10.

22. 高炉造渣过程的优化与提高喷煤量的关系．2003年中国钢铁年会论文集，2003：408~411.

23. 构建可持续发展的高炉炼铁技术是21世纪我国钢铁界的重要任务．钢铁，2004，39（9）：7~13.

24. 中国高炉炼铁的现状和存在的问题．钢铁，2007，42（9）：1~8.

25. 高炉高温综合操作指数的研究与开发．炼铁，2007，26（5）：1~5.

26. 高炉长寿技术展望．钢铁研究，2009（4）：1~3.

27. 21世纪炼铁发展趋势及对中国高炉炼铁的挑战．中国冶金，2009（9）：1~8.

28. 2011年欧洲炼铁技术考察报告．炼铁，2011（6）：52~57.

29. 关于我国炼铁高炉的长寿问题．2012年全国炼铁生产技术会议暨炼铁学术年会论文集，2012：11~16.

30. 进入 21 世纪后中国炼铁工业的发展及存在的问题．炼铁，2012（1）：1~6.

31. 中国炼铁技术 60 年的发展．钢铁，2014（7）：8~14.

32. 中国炼铁的过去、现在与展望．炼铁，2015（5）：1~6.

33. 中国大型高炉生产现状分析及展望．钢铁，2017（2）．

34. A Study Concerning Blast Furnace Life and Erosion of Furnace Lining at Wuhan Iron and Steel Company. Optimization of Blast Furnace Lining Life，1982：130~143.

35. The Past，Present and Future of Iron making in WISCO. Reprinted from 1985 The 1st International Symposiumon Ironmaking Technology in China，1985.

36. Practical Experieces in all Carbon Blast Furnace Bottom with Underhearth Water Cooling at Wuhan Iron and Steel Company. 1987 The 4th Sino Japanese Academic Conference on Steel，1987.

37. Maintenance of Furnace Hearth and Bottom Linging by Using Titania-bearing Material. 1988 Ironmaking Conference Proceedings，1988：537~542.

38. Technological Progress of Ironmaking in Wuhan Iron and Steel Company. 1989 Ironmaking Conference Proceedings，1989：361~367.

39. The Development of China's Ironmaking Technology in Past Decade. Reprinted from The Fifth China Japan Symposium Science and Technology of Iron and Steel，Shanghai，1989：1~8.

40. Construction and Commissioning of New No. 3 Blast Furnace at WISCO. Reprinted from the Sixth Japan China Symposiumon Science and Technology of Iron and Steel，1992：56~68.

41. A Review of China's Ironmaking Industry in the Past Two Decades. 1998 ICSTI/Ironmaking Conference Proceeding，1998：219~228.

42. Problems Relating to High Coal Rate Injection into Blast Furnaces

and the Prospects of Ironmaking Technology. 2001 Ironmaking Conference Proceedings, 2001: 495~507.

43. Experience for Prolongation of Blast Furnace Campaign Life at Wuhan Iron and Steel Corporation. 2002 Ironmaking Conference Proceeding, 2002: 105~120.

44. Technological Progress of China's Ironmaking Industry. Stahlund Eisen, 2003, 123 (6/7): 57~61.

45. Practice for Extending Blast Furnace Campaign Life at Wuhan Iron and Steel Corporation. 34th Mcmaster Symposium on the Science and Technology of Ironmaking, 2006.

46. On the Concept of "Permanent Lining" for the Prolongation of Blast Furnace Campaign Life. 2007 AITI Proceedings, USA, 2007.

战略思考

47. 挖潜、革新、改造是当前发展我国钢铁工业的正确途径. 武钢技术, 1980, 18 (3): 1~6.

48. "六五"期间武钢低合金钢的发展. 武钢技术, 1986, 24 (3): 1~4.

49. 武钢30年的技术进步. 钢铁, 1988, 23 (10): 1~4.

50. 关于我国钢铁工业的发展战略. 炼铁, 1989 (5): 12~16.

51. 武钢"八五"技术进步的新起点. 钢铁研究, 1992, 20 (1): 3~4.

52. 美国纽柯公司薄板坯连铸连轧工艺新流程. 武钢技术, 1994, 32 (8): 3~11.

53. 当前国际钢铁工业的发展趋势. 钢铁, 1995, 30 (1): 81~85.

54. 台湾科学研究及钢铁工业概况. 武钢技术, 1995, 33 (3): 3~16.

55. 面临国际市场挑战的我国钢铁工业．上海金属，1997，19（1）：1.

56. 世纪之交的钢铁工业新技术．世界科技研究与发展，1997，19（2）：21~29.

57. 21 世纪的钢铁工业及对我国钢铁工业的挑战．天津冶金，2001（1）：5~15.

58. 关于 21 世纪我国钢铁工业的若干思考．炼钢，2002，18（2）：5~10.

59. 20 世纪中国钢铁工业的崛起．世界科技研究与发展，2002，24（3）：9~12.

60. 钢铁工业的过去、现在和未来．武汉科技大学学报（自然科学版），2002，25（5）：331~334.

61. 钢铁工业绿色化问题．钢铁，2003，38（增刊）：135~138.

62. 可持续发展战略与我国钢铁工业的结构调整．冶金经济与管理，2004（1）：14~16.

63. 我国钢铁工业发展的潜在危机．中国冶金，2004，14（1）：1~5.

64. 薄板坯连铸连轧技术在我国的确大有可为．炼钢，2004，20（6）：1~2.

65. 钢铁工业与技术创新．中国冶金，2005，15（5）：1~6.

66. 从引进消化走向自主集成创新——武钢投产 50 年的技术回顾．武钢技术，2008（4）：5~8，37.

67. 钢铁冶金工程的演化过程与规律．工程研究——跨学科视野中的工程，2010（3）：251~263.

68. 中国钢铁工业绿色发展工程科技战略及对策．钢铁，2015（10）：1~7.

69. 中国钢铁企业固体废弃物资源化处理模式和发展方向．钢铁，2017（4）.

70. On the Trends of Restructuring of China's Steel Industry Beyond 2000. Proceedings of ICETS 2000 ISAM，2000：1091~1099.

科技管理

71. 推行科学管理 狠抓技术进步．武钢技术，1985，23（1）：1~3.

72. 关于武钢“一米七”轧机系统的“四恢复”工作．武钢技术，1985，23（7）：1~7.

73. 提高质量降低消耗推动技术进步．钢铁，1986，26（9）：1~3.

74. 坚持以质量为中心——关于1988年的生产技术工作．武钢技术，1988，26（1）：4~8.

75. 建设“质量彻底优先”的企业文化．武钢技术，1989，27（1）：1~5.

76. 以全面质量管理为中心 推行企业管理现代化 走质量效益型发展道路．大众企业管理，1990（1）：6~8.

77. 坚持以质量求效益．武钢技术，1990，28（3）：1~5.

78. 依靠技术进步以质量求效益．武钢技术，1991，29（1）：2~6.

79. 工程管理的范畴及工程管理的重要性．武汉理工大学学报（信息与管理工程版），2002，24（3）：7~10.

80. 工程哲学管窥．工程哲学，2007，1：1~5.

继续工程教育

81. 始于教育 终于教育——从国际继续工程教育发展趋势看企业继续工程教育的重要性．中国公务员，1994（1）：32~33.

82. 国际继续工程教育发展趋势．继续教育，1995（1）：18~21.

83. 国际继续教育发展趋势．继续教育，1998（1）：5~10.

84. 广泛而深入地推动继续教育——迎接21世纪挑战的重大措施．继续教育，1998（1）：4.

85. 深化继续教育适应知识经济需要．继续教育，1999（1）：10.

86. 关于知识经济问题．武汉冶金管理干部学院学报，1999（2）：5~7.

87. 21世纪中国继续教育面临的形势和任务．继续教育，2001（1）：29~30.

张寿荣出版的部分著作：

1. 张寿荣文选，湖北科学技术出版社，2008年；
2. 武钢高炉长寿技术，冶金工业出版社，2009年；
3. 高炉失常与事故处理，冶金工业出版社，2012年；
4. 高炉高效冶炼技术，冶金工业出版社，2015年；
5. 张寿荣文集，冶金工业出版社，2016年；
6. 中美钢铁产业结构调整对比——思考与借鉴，冶金工业出版社，2020年。

后　　记

中国工程院院士张寿荣的口述回忆录《张寿荣自传——钢铁人生》，是一部珍贵而特别有价值的书。张院士人生经历丰富而厚重，1949年从北洋大学冶金系毕业即赴鞍钢，以后参加了鞍钢恢复生产，武钢兴建与发展，见证“宝武”重组。中国钢铁工业具有重要历史意义的阶段，张院士都身在其中。不仅如此，他曾任武钢副经理、总工程师，在企业许多重要事件和重大改革创新之中都是主要角色，从他的视角来看中国钢铁工业和钢铁企业的发展，具有重要的史料价值、研究价值和学习借鉴价值。

本书的出版，凝聚着中国宝武宝钢股份武钢有限公司科协（以下简称“武钢科协”）的辛勤汗水。武钢科协一直热心服务科技人员，是湖北省先进“科技人员之家”。他们根据张寿荣院士“80岁之后再著书立说”的想法，建议他除了撰写钢铁专业著作之外，采取口述历史的方式写一本回忆录，得到首肯。2019年下半年，武钢科协秘书长李铁林几经思考和比较邀我当本书的采写者。当时我处境艰难，母亲肺癌晚期住院，需要照顾；头一年11月，28岁的女儿因病离世，悲痛未消，手头上的事情非常多。犹豫再三，我最终接下这项任务，一是我将近40年都在武钢，怀有特殊的感情；二是我在《武钢工人报》当记者编辑15年，了解张院士。

2019年9月，我在病房守护母亲的间隙，用手机的“记事本”写下全书的大纲，经武钢科协、有关专家、张院士逐一审阅修改后通过。武钢科协接着召开本书启动座谈会，张院士及他的老同事、学生、有关专家与会，为此项工作提出建议和期望。

10月中旬，我母亲未能抵御病魔而去世。处理完丧事，我立即调整状态一心扑在采写中。

每回到张院士家里采访，李铁林都会陪我前往，可见他服务的热忱和周到。我每写出三四个章节便传给张院士审阅，待听他讲新章节内容时，再征求他对前稿的意见，如此循环推进。未曾料到，2020年1月下旬，武汉遭遇新冠肺炎疫情。好在元旦一过，张院士按习惯到海南过冬，让我们少了许多担心，毕竟老人家有92岁了，属于病毒易侵人群。当面采访只好暂停，我在完成抗疫写作任务后集中精力写后续章节。张院士在海南十分关注武汉疫情，关心我和武钢科协人员，专门打电话嘱咐我们做好防疫，保护好自己。

武汉“解封”后，张院士顺利返回。为了老人家的健康，不管天冷天热，我去见他，行前必全身喷洒酒精，戴好口罩。2020年11月，经过4次修改，全稿终于完成。

为了写好本书，我认真阅读《李宗仁口述回忆录》《冀朝铸口述回忆录》《丘吉尔·二战回忆录》《华罗庚传》《走近钱学森》《富兰克林传》《爱迪生传》等，汲取营养，力求出新。我紧紧抓住张院士在中国钢铁工业发展中的主要经历、取得的重大成就和重要技术成果，扣住“钢铁人生”这个主题，使他的讲述重点突出，避免面面俱到，着力展现一位钢铁专家卓越作为；对照《鞍钢志》《鞍钢科技志》《武钢志》《武钢年鉴》《武钢史话》《中国当代钢铁工业》等准确描述他讲到的历史事件，让整本书读起来生动、自然、权威。

张院士不仅是我国著名的钢铁冶金专家，而且还是一位有战略眼光的企业家。他既有扎实的学术功底，又有很强的管理能力。自20世纪80年代中期至90年初期，他具体抓武钢走质量效益型道路，受到国务院充分肯定，其经验在全国推广。他对我国钢铁工业的结构调整、环境资源对钢企发展的限制、钢铁工业对国民经济发展战略影响等有许多高瞻远瞩的思考。

新世纪以来，年逾九旬的张院士参加了国家中长期发展战略规划、冶金行业节能减排、绿色制造、循环经济、钢厂产城融合等一系列重大项目研究，殚精竭虑，贡献巨大。

在采写过程中我强烈地感受到张院士报效国家的高尚情怀；几十年勤奋好学，深入实践，追求真理，敢讲真话的精神；理论联系实际，严谨细致的学风；面对挫折，坚强乐观的人生态度。张院士活到老、学到老、钻研到老、奉献到老的境界令我十分敬佩，他是我国钢铁行业优秀科技人员的代表。他的事迹，成为我为理想而奋斗的强大动力。

本书的出版是我国钢铁业界和学术界值得庆幸的事情，相信读者阅读后，一定会在了解新中国钢铁工业由小变大、从弱到强和助力自己事业进步、成长成才方面受益良多。

最后，向细心审阅稿件的武钢专家于仲洁、陈令坤表示感谢。武钢科协李铁林、林亚萍、顾钧及张院士身边工作人员张文皓、李松林，为本书提供了图文资料，承担了许多联络工作，谢谢各位的辛苦付出！

本书成稿于防疫抗疫特殊时期，囿于时间、客观条件和自己的学识，不免存在不当和疏漏之处，敬请读者指正。

钟 钢

2021 年 6 月 30 日